# A FISIOLOGIA DO GOSTO

BRILLAT-SAVARIN

# A fisiologia do gosto

*Tradução*
Paulo Neves

*2ª edição*
*3ª reimpressão*

Copyright © 1995 by Companhia das Letras
Copyright da introdução © 2009 by Bill Buford
Todos os direitos reservados

*Grafia atualizada segundo o Acordo Ortográfico da Língua Portuguesa de 1990, que entrou em vigor no Brasil em 2009.*

*Título original*
Physiologie du goût

*Capa*
Elisa von Randow

*Imagem de capa*
DEA/ G. Nimatallah/ Getty Images

*Preparação*
Márcia Copola

*Revisão*
Isabel Cury Santana
Rosemary Cataldi Machado
Laura Victal
Pedro J. Ribeiro

*Coordenação editorial*
Página Viva

Dados Internacionais de Catalogação na Publicação (CIP)
(Câmara Brasileira do Livro, SP, Brasil)

Savarin, Brillat-
    A fisiologia do gosto / Brillat-Savarin ; tradução Paulo Neves.
— 2ª ed. — São Paulo : Companhia das Letras, 2017.

    Título original: Physiologie du goût.
    ISBN 978-85-92754-05-1

    1. Culinária 2. Gastronomia 3. Gosto — I. Título.

17-4819                                      CDD-641.013

Índices para catálogo sistemático:
1. Gastronomia : Educação doméstica    641.013

Todos os direitos desta edição reservados à
EDITORA SCHWARCZ S.A.
Rua Bandeira Paulista, 702, cj. 32
04532-002 — São Paulo — SP
Telefone: (11) 3707-3500
www.companhiadasletras.com.br
www.blogdacompanhia.com.br
facebook.com/companhiadasletras
instagram.com/companhiademesa
twitter.com/ciadasletras

# Sumário

Introdução — *Bill Buford* .................................................. 13

Aforismos ........................................................................ 21
Diálogo entre o autor e um amigo ................................... 23
Biografia .......................................................................... 28
Prefácio ............................................................................ 32

MEDITAÇÃO 1 — DOS SENTIDOS
Número dos sentidos ....................................................... 39
Ação dos sentidos ............................................................ 40
Aperfeiçoamento dos sentidos ......................................... 41
O poder do gosto ............................................................. 43
Propósito da ação dos sentidos ....................................... 44

MEDITAÇÃO 2 — DO GOSTO
Definição do gosto ........................................................... 46
Mecânica do gosto ........................................................... 47
Sensação do gosto ............................................................ 49
Dos sabores ...................................................................... 50

Influência do olfato sobre o gosto .................................................. 50
Análise da sensação do gosto ......................................................... 51
Ordem das diversas impressões do gosto ..................................... 53
Prazeres ocasionados pelo gosto .................................................... 53
Supremacia do homem .................................................................... 55
Método adotado pelo autor ............................................................. 57

MEDITAÇÃO 3 — DA GASTRONOMIA
Origem das ciências ......................................................................... 59
Origem da gastronomia ................................................................... 60
Definição da gastronomia ................................................................ 61
Objetos diversos dos quais se ocupa a gastronomia ..................... 62
Utilidade dos conhecimentos gastronômicos ............................... 63
Influência da gastronomia nos negócios ....................................... 63
Academia dos gastrônomos ............................................................. 64

MEDITAÇÃO 4 — DO APETITE
Definição do apetite .......................................................................... 65
Anedota ............................................................................................... 66
Grandes apetites ................................................................................ 68

MEDITAÇÃO 5 — DOS ALIMENTOS EM GERAL
Definições .......................................................................................... 71
Estudos analíticos ............................................................................. 71
Osmazoma .......................................................................................... 72
Reino vegetal ..................................................................................... 74
Observação particular ...................................................................... 76

MEDITAÇÃO 6 — ESPECIALIDADES
Introdução ......................................................................................... 78
Cozido, sopa etc. ............................................................................... 78
Carne cozida ..................................................................................... 79
Aves domésticas ............................................................................... 80
O peru (*coq-d'Inde*) ....................................................................... 81
Apreciadores de peru ...................................................................... 82

Influência financeira do peru ............................................................. 83
Façanha do professor ............................................................................. 83
Animais de caça ...................................................................................... 87
O peixe ....................................................................................................... 90
*Muria-garum* ........................................................................................... 92
Reflexão filosófica .................................................................................. 94
Trufas ......................................................................................................... 94
Virtude erótica das trufas ................................................................... 95
O açúcar .................................................................................................... 100
Origem do café ....................................................................................... 104
Origem do chocolate ............................................................................ 108

MEDITAÇÃO 7 — TEORIA DA FRITURA
Introdução ................................................................................................ 115

MEDITAÇÃO 8 — DA SEDE
Introdução ................................................................................................ 120
Causas da sede ....................................................................................... 123
Exemplo .................................................................................................... 123

MEDITAÇÃO 9 — DAS BEBIDAS
Introdução ................................................................................................ 126
Bebidas fortes ......................................................................................... 127

MEDITAÇÃO 10 — SOBRE O FIM DO MUNDO
Reflexão filosófica .................................................................................. 130

MEDITAÇÃO 11 — DA GOURMANDISE
Introdução ................................................................................................ 133
Continuação ............................................................................................ 135
Poder da *gourmandise* ...................................................................... 135
Retrato de uma bela gastrônoma .................................................... 137
Efeitos da gastronomia sobre a sociabilidade ............................. 138
Influência da gastronomia sobre a felicidade conjugal ............ 139

MEDITAÇÃO 12 — DOS GASTRÔNOMOS
Não basta querer ser gastrônomo .................................................. 141
Predestinação sensual ..................................................................... 142
Gastrônomos por condição ............................................................. 145
Os médicos ....................................................................................... 145
Objurgação ....................................................................................... 147
Os homens de letras ........................................................................ 148
Os devotos ........................................................................................ 149
Os cavaleiros e os abades ............................................................... 150
Longevidade anunciada aos gastrônomos ................................... 151

MEDITAÇÃO 13 — TESTES GASTRONÔMICOS
Introdução ........................................................................................ 153

MEDITAÇÃO 14 — DO PRAZER DA MESA
Introdução ........................................................................................ 158
Origem do prazer da mesa ............................................................. 159
Diferença entre o prazer de comer e o prazer da mesa ............. 159
Efeitos ............................................................................................... 160
Acessórios industriais ..................................................................... 161
Séculos XVIII e XIX ........................................................................... 162

MEDITAÇÃO 15 — DOS DESCANSOS DE CAÇA
Introdução ........................................................................................ 169
As damas .......................................................................................... 170

MEDITAÇÃO 16 — DA DIGESTÃO
Introdução ........................................................................................ 173
Ingestão ............................................................................................ 173
Função do estômago ....................................................................... 175
Influência da digestão ..................................................................... 177

MEDITAÇÃO 17 — DO REPOUSO
Introdução ........................................................................................ 180
Tempo do repouso .......................................................................... 182

MEDITAÇÃO 18 — DO SONO
Introdução .................................................................................... 184
Definição ...................................................................................... 184

MEDITAÇÃO 19 — DOS SONHOS
Pesquisa a ser feita ..................................................................... 188
Natureza dos sonhos ................................................................... 189
Sistema do doutor Gall ............................................................... 189
Influência da idade ..................................................................... 192
Fenômenos dos sonhos ............................................................... 192
Segunda observação ................................................................... 193
Terceira observação .................................................................... 194

MEDITAÇÃO 20 — DA INFLUÊNCIA DA DIETA SOBRE O REPOUSO,
O SONO E OS SONHOS
Introdução .................................................................................... 196
Efeitos da dieta sobre o trabalho ............................................... 196
Efeitos da dieta sobre os sonhos ................................................ 197
Continuação ................................................................................. 198
Resultado ..................................................................................... 198

MEDITAÇÃO 21 — DA OBESIDADE
Introdução .................................................................................... 200
Causas da obesidade ................................................................... 203
Continuações ............................................................................... 204
Anedota ........................................................................................ 205
Inconvenientes da obesidade ..................................................... 207
Exemplos de obesidade .............................................................. 207

MEDITAÇÃO 22 — TRATAMENTO PRESERVATIVO OU CURATIVO DA OBESIDADE
Introdução .................................................................................... 210
Generalidades .............................................................................. 211
Continuação do regime ............................................................... 214
Perigo dos ácidos ........................................................................ 214
Cinturão antiobêsico ................................................................... 216
Quinquina .................................................................................... 217

**MEDITAÇÃO 23 — DA MAGREZA**

Definição .................................................................................. 219
Efeitos da magreza ................................................................. 219
Predestinação natural ............................................................ 220
Regime de engorda ................................................................ 221

**MEDITAÇÃO 24 — DO JEJUM**

Definição .................................................................................. 224
Como se jejuava ..................................................................... 225
Origem do relaxamento ........................................................ 227

**MEDITAÇÃO 25 — DA EXAUSTÃO**

Introdução ............................................................................... 229
Cura operada pelo professor ................................................ 230

**MEDITAÇÃO 26 — DA MORTE**

Introdução ............................................................................... 232

**MEDITAÇÃO 27 — HISTÓRIA FILOSÓFICA DA CULINÁRIA**

Introdução ............................................................................... 235
Ordem de alimentação .......................................................... 236
Descoberta do fogo ................................................................ 237
Cozimento ............................................................................... 238
Festins dos orientais e dos gregos ....................................... 240
Festim dos romanos .............................................................. 242
Ressurreição de Lúculo ......................................................... 245
*Lectisternium et incubitatium* ............................................. 246
Poesia ....................................................................................... 248
Irrupção dos bárbaros ........................................................... 249
Séculos de Luís XIV e de Luís XV ....................................... 252
Luís XVI .................................................................................. 254
Melhoramentos sob o aspecto da arte alimentar .............. 255
Últimos aperfeiçoamentos .................................................... 256

MEDITAÇÃO 28 — DOS RESTAURATEURS
Introdução ................................................................................. 258
Estabelecimentos ..................................................................... 258
Vantagens dos restaurantes ................................................... 259
Exame do salão ........................................................................ 260
Inconvenientes ........................................................................ 261
Emulação .................................................................................. 262
Restaurantes a preço fixo ...................................................... 262
Beauvilliers .............................................................................. 264
A gastronomia no restaurante .............................................. 265

MEDITAÇÃO 29 — A GASTRONOMIA CLÁSSICA EM AÇÃO
História do sr. de Borose ....................................................... 266
Cortejo de uma herdeira ....................................................... 275

MEDITAÇÃO 30 — BUQUÊ
Mitologia gastronômica ......................................................... 276

TRANSIÇÃO ................................................................................ 281

VARIEDADES
1. A omelete do cura .............................................................. 283
2. Ovos ao suco de carne ....................................................... 286
3. Vitória nacional .................................................................. 287
4. As abluções ......................................................................... 291
5. O professor ludibriado e um general derrotado ........... 292
6. O prato de enguia .............................................................. 295
7. O aspargo ............................................................................ 296
8. A armadilha ........................................................................ 297
9. O linguado .......................................................................... 300
10. Três receitas revigorantes ............................................... 304
11. A galinha de Bresse .......................................................... 306
12. O faisão .............................................................................. 308
13. Indústria gastronômica dos emigrados ....................... 310
14. Outras lembranças da emigração. O tecelão ............... 313

15. O feixe de aspargos ...................................................................... 318
16. A *fondue* ........................................................................................ 319
17. Desapontamento ........................................................................ 320
18. Efeitos maravilhosos de um jantar clássico ............................... 321
19. Efeitos e perigos das bebidas fortes ........................................... 322
20. Os cavaleiros e os abades ............................................................ 323
21. Miscelânea .................................................................................. 325
22. Uma jornada entre os bernardinos ............................................ 326
23. Felicidade em viagem ................................................................. 330
24. Poética ......................................................................................... 335
25. O sr. H. de P. ............................................................................... 344
26. Indicações ...................................................................................345
27. As privações. Elegia histórica .................................................... 346
Mensagem aos gastrônomos dos dois mundos ............................... 349

# Introdução

UM TODO MAIOR DO QUE SUAS PARTES

O título original é longo — *A fisiologia do gosto ou Meditações sobre gastronomia transcendental* —, porém cada um dos termos exóticos de sua composição é resultado de uma reflexão calculadamente deliberada. O subtítulo é quase tão revelador quanto (*Uma obra teórica, histórica e contemporânea, dedicada aos gastrônomos de Paris, de um professor e membro de diversas sociedades literárias e eruditas*), mas, considerado irônico e autodepreciativo, nunca mais foi usado. Em geral, até o próprio título costumava ser ignorado. Em 1859, uma edição do livro foi publicada como *The Handbook of Dining* [Um manual do jantar]. Em 1884, o texto foi promovido a *A Handbook of Gastronomy* [Um manual de gastronomia]. Uma edição de 1889, mais grandiloquente, foi publicada como *Gastronomy as a Fine Art* [A gastronomia como forma de arte]. A segunda parte do título, mais problemática (*Meditações sobre gastronomia transcendental*), quase nunca sobreviveu, como na edição brasileira, a não ser como uma espécie de menção implícita de que deveria haver um complemento, como *Corpulency and Leanness* [Corpulência e esbelteza] (1864), ou *Science of Good Living* [Ciência do bem-viver] (1879). Na Grã-Bretanha, ainda é possível encontrar a edição da década de 1970 da coleção Penguin Clássicos com o título *The Philosopher in the Kitchen* [O filósofo na cozinha]. Não é necessário ser nenhum filósofo para saber que as páginas internas de uma obra são bem mais vulneráveis que a capa, e devemos agradecer que a primeira editora do livro, a Sautelet, de Paris, tenha tratado o texto com indiferença e desprezo. Em 1825, o professor Brillat-Savarin enviou um manuscrito para avaliação, um trabalho de três décadas, extraído de um "diário secreto". O texto foi recusado. Sem se deixar abalar, ele pagou pela impressão de quinhentos exemplares, com a condição de que seu nome não fosse vinculado à obra, e continuou vivo por somente dois meses depois de sua publicação, apenas o bastante para testemunhar o sucesso do livro. Em 21 de janeiro de 1826, desafiando o destino e se expondo ao escárnio da história, compareceu às celebrações do 33º aniversário da execução de Luís XVI, contraiu pneumonia na úmida e gelada catedral de Saint-Denis e morreu duas semanas depois.

Seu livro é… o quê? Será que alguém sabe? De certa forma, é uma autobiografia, porém narrada principalmente na forma de anedotas à mesa do jantar (com exceção de uma, que é sobre um café da manhã, mas que se estende de tal forma que também acaba sendo sobre o jantar). Não é um livro de receitas, embora ensine o que fazer quando você se deparar com um linguado do tamanho de uma bicicleta pequena (grande demais para caber no forno, tal criatura marinha pode ser preparada no vapor). A dificuldade se impõe pela abertura do livro, que nos convida a esperar por algo que nunca se confirma. Nas primeiras duas páginas, aprendemos que uma refeição sem queijo é incompleta como uma mulher sem um olho, uma comparação das mais inquietantes. Aprendemos também que um jantar nunca é tedioso — a não ser pela primeira hora —; que um novo prato contribui mais para a felicidade humana do que a descoberta de uma estrela; que se, no fim de uma refeição, você estiver estufado e sonolento, é porque não sabe comer e beber; e, mais celebremente, que você é aquilo que come, uma expressão sucinta da relação entre alimentação e identidade repetida de forma tão incessante que ganhou o aspecto de slogan publicitário banal na modernidade. Esses "Aforismos" do professor ("para servir de prolegômenos a seu livro e de base eterna à ciência") representam uma vida inteira de conhecimentos condensados, um material que, revisado e anotado em um caderno, garantia que o erudito solteirão sempre tivesse companhia para jantar. Mas, a partir da segunda página, os aforismos desaparecem. Em vez disso, começa um relato histórico. Será que é confiável? O professor não é historiador. Ou será que é? E há também a ciência, mais ciência do que história — na verdade, um montão de ciência. Devemos ignorar tudo já que hoje temos mais conhecimento e fontes mais confiáveis? É isso? Quem é esse cara, afinal?

Nem químico, nem historiador. No fim, nem ao menos professor. Certa vez foi confundido com um e, como gostou da ideia, resolveu perpetuar o título e seu uso: uma vaidade reveladora, ainda que confusa. Jean-Anthelme Brillat-Savarin era advogado e magistrado. Escreveu seu livro sobre culinária quando era juiz de apelações, muitas vezes durante as horas em que estava no tribunal, comandando algum procedimento legal. (Ele era conhecido por carregar seu manuscrito para todo lado, chegando a perdê-lo uma vez.) Seu pai, nascido Marc-Anthelme Brillat, também fora advogado, um promotor público; Savarin, o sobrenome de uma tia, acabou incorporado ao seu com um hífen como condição para receber uma herança. Sabemos muito pouco sobre a infância do autor — não há menção a pratos feitos por mães e avós — ou sobre as origens de seu interesse por gastronomia. Ele nasceu em 1775 em Belley, capital da província de Bugey, no leste da França, no meio de uma rota romana entre Lyon e Genebra, até hoje conhecida por seus queijos alpinos e, na época, famosa por seus vinhedos (mais tarde dizimados pela praga de filoxera). Honoré de Balzac, no único perfil escrito por alguém que de fato conheceu Brillat, se refere corretamente a ele como um autor até então inédito, mas cujos escritos demonstravam uma diversidade considerável — um tratado arqueológico das montanhas de sua infância, dois artigos sobre teoria judicial, um ensaio sobre política econômica e outro sobre a prática dos duelos (além de algumas histórias pornográficas que permaneceram inéditas) — e não continham nem sequer uma pista das longas horas que dedicava à contemplação de jantares. Era um admirador da beleza feminina — o que fica evidente ao longo de *Fisiologia* —, mas nunca se casou.

Combatente do lado vencedor da Revolução, Brillat foi eleito para os estados-gerais em 1789 e continuou servindo à Assembleia Nacional em Versalhes e em Paris, onde, para a consternação dos fãs adquiridos postumamente, argumentou contra a abolição da pena de morte e contra a admissão de júris populares nos tribunais. Em 1791 voltou a Balley, e um ano mais tarde foi eleito prefeito, mas, em 1793, quando se viu do lado perdedor da Revolução e foi convocado para um interrogatório em uma de suas cortes, fugiu pelos Alpes para a Suíça, mais tarde atravessando a Alemanha até a Holanda, de onde embarcou para Nova York em julho de 1794. Nos Estados Unidos, foi professor de francês e membro da orquestra de um teatro na John Street (como primeiro violinista). Conheceu Thomas Jefferson. Caçou perus selvagens. Em 1796, voltou à França. Para sua sorte, sua família conseguira manter a posse de boa parte de suas propriedades confiscadas (embora Brillat nunca tenha conseguido obter a devolução de um de seus vinhedos de um camponês local a quem as terras foram vendidas). Após uma breve retomada da carreira de juiz, perdeu o cargo de novo depois do golpe republicano de 18 de frutidor, mas conseguiu escapar do olho do furacão, arrumando um emprego na burocracia do exército. Um ano depois, foi indicado ao prestigioso cargo de promotor estadual em Versalhes.

Foi uma época notória de rebelião e reinvenção na política. Mas, talvez um aspecto menos estudado, foi também uma época de rebelião e reinvenção na culinária. A vida de Brillat contempla as duas coisas. Ele foi testemunha do que a França deixou de ser e do que estava prestes a se tornar — em especial em termos da relação com a comida. Ao longo de sua vida, o preparo dos alimentos passou de cozinhas domésticas (onde o jantar era um evento dispendioso às custas da casa ou da propriedade que os organizava) para estabelecimentos públicos (o jantar como uma transação no varejo). Antoine Beauvilliers, considerado o inventor do restaurante, nasceu em 1754, um ano antes de Brillat. Em 1833, seis anos depois da morte de Brillat, Antonin Carême, recém-alçado a chef mundialmente famoso, começou a publicar sua obra em três volumes *L'Art de la cuisine française*, um compêndio da cozinha francesa moderna. Entre essas duas figuras — e as origens do *menu*, do *plat du jour*, do *buffet*, da codificação envolvendo o *pot-au-feu*, da toalha de mesa xadrez, do crítico gastronômico, do fornecedor especializado, do comensal e da curiosa apropriação de ovas de peixe russas pretas e oleosas como um condimento francês caríssimo — estava Brillat, provando tudo, fazendo anotações, lendo, assistindo a aulas de química, refletindo, tentando dar sentido a tudo aquilo, fazendo ligações entre ideias que pareciam desconexas, criando uma biblioteca de reflexões, forjando uma gastronomia, se aproximando de uma compreensão sempre elusiva, um feito fugaz que pode ser resumido pelas seguintes duas palavras de seu proposto título: "fisiologia" e "transcendental".

*A fisiologia do gosto* — a beleza da coisa está em sua quase feiura. "Fisiologia" nesse caso era, e continua sendo, uma palavra absurda, eficiente para associações científicas, mas que provoca uma vaga porém irresistível estática mental gerada por sua quase inadequação. Trata-se de um conceito metafísico: fisiologia é o estudo das partes móveis de um organismo. O "gosto" (*goût*) — e todos os demais sentidos obviamente concentrados nessa palavra — pode ser objeto de estudo fisiológico? Bem, sim; quer dizer, talvez; na verdade, não. Trata-se da ciência de uma não ciência, uma combinação sempre atraente, que conta com uma notável ancestralidade intelectual: os consolos filosóficos do século XI, as anatomias da melancolia do século XVII, os discursos do coração, a botânica do desejo. (Balzac também foi contaminado e publicou *Fisiologia do casamento* em 1826, um ano depois da aparição do livro de Brillat.) E, no entanto, existe, *sim*, de forma manifesta, uma ciência na culinária — a química em vez da fisiologia; a botânica, talvez; a física, em certas ocasiões; e uma cozinha é, sim, um *laboratório*, onde os elementos são testados, combinados, sujeitos a temperaturas extremas e estudados.

"Senhor La Planche", diz Brillat, repreendendo seu cozinheiro depois de preparar uma solha molenga com cor de ceroula manchada. "Esse infortúnio lhe aconteceu por ter negligenciado a teoria [da fritura], cuja importância não percebe. O senhor é um pouco renitente, e tenho dificuldade em fazê-lo compreender que os fenômenos que se passam no seu laboratório não são mais que a execução das leis eternas da natureza; e que algumas coisas que o senhor faz sem atenção, somente porque viu outros fazerem-nas, mesmo assim derivam das mais altas abstrações da ciência." Tal meditação, apesar do tom de autoparódia, chega ao cerne da maneira como as pessoas pensam sobre a culinária hoje em dia: nós cozinhamos imitando outros cozinheiros, sem parar para ver os princípios da ciência em ação (ou, às vezes, a ausência deles) no que estamos fazendo. Hervé cita essa passagem em sua introdução a *Molecular Gastronomy: Exploring the Science of Flavor* [Gastronomia molecular: Explorando a ciência do sabor]. Harold McGee a situa na página de abertura de sua obra seminal *Comida & cozinha: Ciência e cultura da culinária*. Ninguém nunca fizera essa afirmação antes, e ninguém jamais conseguiu aprimorá-la. Nos fatos científicos que servem como base para o livro de Brillat, há muita coisa que, como seria de esperar, ele não interpreta de forma precisa. Alguém por acaso usa o termo "osmazoma" ou acredita que seja isso o que dê a um caldo de carne seu sabor (ou a um molho, ou ao suco que escorre de um assado)? Ainda assim, nós temos discernimento suficiente para reconhecer a elegância no esforço de Brillat, em especial hoje em dia, em uma era de conhecimento gastronômico bastante disseminado: afinal, por que fazemos caldos dessa maneira, em fogo bem baixo, com apenas uma camada de vapor na superfície, sem nunca deixar ferver, e sem usar nenhuma carne, mas obtendo uma consistência misteriosamente translúcida com sabor de carne? (Na verdade, Brillat formula essa pergunta; e McGee a responde, mais de cem anos depois.) A boa prática científica começa com uma dúvida, um questionamento do porquê. Em seguida empreende um escrutínio, realizado com serenidade. Brillat, apesar de não ser um homem de formação moderna, entende o que é ser um cientista na cozinha. Ele chegou ao cerne da questão.

E ele entende como diversos outros elementos — muitos, muitos outros elementos — também estão envolvidos na questão. Seriam eles "transcendentais"? Entre esses elementos está a história: o relato de Brillat sobre o açúcar parece tão incomum porque foi escrito de um ponto de vista que já abandonamos há muito tempo — sua visão como um novo ingrediente que ainda não tinha conquistado um lugar permanente em nossa despensa. E também a dieta: o professor foi plagiado pelos atuais defensores da alimentação com baixo índice de carboidratos? E também o erotismo (quantos relacionamentos já não foram afetados por um tubérculo aromático detectado apenas pelo nariz de um porco treinado?), além da novidade dos novos ingredientes trazidos do novo mundo, a companhia íntima à mesa, a companhia anônima no restaurante, as filosofias por trás dos excessos (mais de 384 ostras *antes* do jantar... *sério?*), a filosofia da autenticidade (uma ave de caça comida crua e por inteiro, com penas, entranhas e bico intactos) — tudo. Até mesmo as poucas revelações pessoais — as dificuldades de Brillat no exílio, por exemplo — são narradas no contexto da comida: a refeição que desconhecidos compartilharam com ele quando estava sozinho e necessitado (nas montanhas, em uma pousada, na companhia deles em torno do fogo, incapaz de determinar se estava diante de alguém amigável ou de um potencial agressor); o jantar mais formal, que garantiu sua passagem para a Suíça (novamente sem saber se estava diante de alguém amigável ou de um potencial agressor). Em todos os lugares a mesma mensagem: a comida é mais do que se revela em si mesma. Pode não ser tudo, mas envolve quase tudo: memória, condições climáticas, sujeira, fome, química, o universo.

Isso tudo não está no nível da escrita; é inspirado por ela, e surge de forma desordenada: são sintomas que aparecem na leitura, quando somos arrebatados de forma sutil e transcendental. Brillat faz com que seus leitores se sintam mais inteligentes, como observou Balzac. O segredo está em sua abrangência. Brillat ("Botânica, zoologia, química, agricultura, anatomia, medicina, higiene, economia política — Brillat experimenta de tudo!") faz com que seus leitores se sintam cultos. Mas, como Balzac também assinala, não sem certa reserva — uma hesitação.

Balzac localizou a origem da hesitação no anonimato do autor: tais pensamentos que ele acreditava que Brillat devia ter não eram dignos e apropriados à figura de um juiz. Roland Barthes, em sua introdução a uma edição francesa de 1970, faz uma observação no sentido oposto — que Brillat parece sempre distante de seu material: um "professor" falastrão e irônico que na verdade compõe uma paródia com seu estilo pomposo. Ele não quer ser levado muito a sério. Mas me pergunto: é possível que a tese de Brillat remeta a uma condição mais complexa do que Balzac ou Barthes captaram? Às vezes acho que essa condição é o carisma da comida, sua capacidade de ser qualquer coisa. Comida é identidade, cultura e história. É ciência, natureza e botânica. É o próprio planeta. É nossa família, nossa filosofia, nosso passado. É a questão mais importante de nossa vida. É mais do que os ingredientes que a compõem. É transcendente. Brillat entendia isso. Mas também é uma simples refeição. Não significa grande coisa. E Brillat entendia isso também. É uma coisa séria, e ao mesmo tempo não é.

*Bill Buford*

# Aforismos
*Do professor para servir de prolegômenos a seu livro e de base eterna à ciência*

i. O Universo nada significa sem a vida, e tudo o que vive se alimenta.

ii. Os animais se repastam; o homem come; somente o homem de espírito sabe comer.

iii. O destino das nações depende da maneira como elas se alimentam.

iv. Dize-me o que comes e te direi quem és.

v. O Criador, ao obrigar o homem a comer para viver, o incita pelo apetite, e o recompensa pelo prazer.

vi. A gastronomia é um ato de nosso julgamento, pelo qual damos preferência às coisas que são agradáveis ao paladar em vez daquelas que não têm essa qualidade.

vii. O prazer da mesa pertence a todas as épocas, todas as condições, todos os países e todos os dias; pode se associar a todos os outros prazeres, e é sempre o último para nos consolar da perda destes.

viii. A mesa é o único lugar onde jamais nos entediamos durante a primeira hora.

ix. A descoberta de um novo manjar causa mais felicidade ao gênero humano que a descoberta de uma estrela.

x. Os que se empanturram ou se embriagam não sabem comer nem beber.

xi. A ordem correta do comer é dos pratos mais substanciais aos mais leves.

xii. A ordem correta do beber é dos vinhos mais suaves aos mais capitosos e perfumados.

xiii. Afirmar que não se deve mudar de vinhos é uma heresia; o paladar se satura; e, depois do terceiro copo, o melhor vinho não provoca mais que uma sensação obtusa.

xiv. Uma sobremesa sem queijo é uma bela mulher a quem falta um olho.

xv. Aprende-se a ser cozinheiro, mas se nasce assador.

xvi. A qualidade mais indispensável do cozinheiro é a pontualidade: ela deve ser também a do convidado.

xvii. Esperar muito tempo por um conviva retardatário é falta de consideração para com os que estão presentes.

xviii. Quem recebe os amigos e não dá uma atenção pessoal à refeição que lhes é preparada não é digno de ter amigos.

xix. A dona da casa deve sempre ter certeza de que o café é excelente; e o dono, de que os licores são de primeira qualidade.

xx. Entreter um convidado é encarregar-se de sua felicidade durante o tempo todo em que estiver sob nosso teto.

# Diálogo entre o autor e um amigo
*(Após as primeiras saudações)*

O AMIGO: Hoje, no café da manhã, chegamos à conclusão, minha mulher e eu, de que o senhor deveria mandar imprimir o mais cedo possível suas *Meditações gastronômicas*.

O AUTOR: *O que a mulher quer, Deus quer.* Eis aí, em sete palavras, toda a cartilha parisiense. Mas não sou parisiense; e um solteiro...

O AMIGO: Santo Deus! os solteiros se submetem às mulheres tanto quanto os outros, e às vezes para nosso grande prejuízo. Mas aqui essa condição não o irá salvar, pois minha mulher sustenta que tem o direito de ordenar, porque foi na casa dela, no campo, que o senhor escreveu suas primeiras páginas.

O AUTOR: Caro doutor, conheces minha deferência para com as damas; mais de uma vez louvaste minha submissão às ordens delas; também eras dos que diziam que eu daria um excelente marido... No entanto, não mandarei imprimir.

O AMIGO: Mas por quê?

O AUTOR: Porque, tendo realizado estudos sérios, temo que os que tomarem conhecimento de meu livro pelo título venham a pensar que me ocupo apenas de ninharias.

O AMIGO: Terror infundado! Acaso trinta e seis anos de serviços públicos e contínuos não estão aí para estabelecer uma reputação contrária? Além disso, minha mulher e eu acreditamos que todos quererão ler seu livro.

O AUTOR: Será mesmo?

O AMIGO: Os eruditos o lerão para descobrir e aprender o que o senhor apenas indica.

O AUTOR Isso poderia de fato acontecer.

O AMIGO: As mulheres o lerão por perceberem que...

O AUTOR: Caro amigo, estou velho e aprendi com a vida: *Miserere mei...*

O AMIGO: Os gastrônomos o lerão porque o senhor lhes faz justiça e lhes designa finalmente o lugar que merecem na sociedade.

O AUTOR: Desta vez dizes a verdade: é inconcebível que tenham sido ignorados por tanto tempo, os nossos queridos gastrônomos! considero-os como se fossem filhos; são tão gentis, têm os olhos tão brilhantes!

O AMIGO: Além do mais, o senhor não disse com frequência que seu livro faltava em nossas bibliotecas?

O AUTOR: Disse, é verdade, e deixaria que me estrangulassem a ter que desdizer essas palavras.

O AMIGO: Mas o senhor fala como homem inteiramente persuadido. Venha então comigo até...

O AUTOR: Oh, não! Se o ofício de autor tem suas doçuras, tem também seus espinhos; e lego tudo isso a meus herdeiros.

O AMIGO: Mas o senhor deserda seus amigos, seus conhecimentos, seus contemporâneos. Terá realmente coragem de agir assim?

O AUTOR: Meus herdeiros, meus herdeiros! Ouvi dizer que os espíritos dos mortos são regularmente adulados com os louvores dos vivos; e é uma espécie de beatitude que quero me reservar para o outro mundo.

O AMIGO: Mas tem certeza de que esses louvores serão bem endereçados? Está igualmente certo de poder confiar em seus herdeiros?

O AUTOR: Mas não tenho razão alguma para acreditar que eles possam negligenciar um dever em favor do qual os dispensaria de muitos outros.

O AMIGO: Acaso eles terão, poderão ter por sua obra esse amor de pai, essas atenções de autor sem as quais um livro sempre se apresenta ao público com um certo ar canhestro?

O AUTOR: Meu manuscrito será corrigido, passado a limpo, acabado em cada detalhe; ficará faltando apenas imprimi-lo.

O AMIGO: E a possibilidade de acidentes? Ah, quantas obras preciosas já se perderam em circunstâncias similares, entre outras a do famoso Lecat, sobre o estado da alma durante o sono, trabalho de toda a sua vida!

O AUTOR: Essa foi uma grande perda, certamente, e estou longe de aspirar a tais lamentos.

O AMIGO: Acredite que seus herdeiros estarão muito ocupados com a Igreja, com a justiça, com a universidade, consigo próprios, e que lhes faltará, se não a vontade, ao menos o tempo para se dedicarem aos diversos cuidados que precedem, acompanham e seguem a publicação de um livro, por menos volumoso que seja.

O AUTOR: Mas o título? e o assunto? E os gracejos maldosos?

O AMIGO: A simples palavra *gastronomia* faz levantar todas as orelhas; o assunto está na moda: e os gracejos maldosos são tão gulosos quanto os outros. Assim não há por que se preocupar; aliás, está esquecendo que as personalidades mais graves fizeram às vezes livros superficiais? Montesquieu, por exemplo.*

O AUTOR: (*vivamente*): Por Deus, é verdade! Ele escreveu *Le temple de Cnide*, e se poderia afirmar que há mais verdadeira utilidade em meditar sobre o que é, ao mesmo tempo, a necessidade, o prazer e a ocupação diários, do que em nos informar o que faziam ou diziam, há mais de dois mil anos, dois garotos nos bosques da antiga Grécia, um dos quais perseguia o outro, que não fazia muita questão de escapar.

O AMIGO: Então o senhor se rende, finalmente?

O AUTOR: Eu? Em absoluto. Foi apenas o autor mostrando a ponta das orelhas por um momento, e isso me traz à memória uma cena de certa comédia inglesa que muito me divertiu; ela se encontra, se não me engano, na peça intitulada *The natural daughter* (A filha natural). Tu mesmo irás julgar.**

Trata-se de *quakers*, e sabes que os que aderem a essa seita se tratam sem-

---

* O sr. de Montucla, conhecido por uma excelente *História das matemáticas*, elaborou um *Dicionário de geografia gastronômica*; ele mostrou-me trechos do livro durante minha estadia em Versalhes. E afirma-se que o sr. Berryat-Saint-Prix, que professa com distinção a ciência do procedimento legal, escreveu um romance em vários volumes.

** O leitor deve ter percebido que meu amigo se deixa tratar por "tu" sem reciprocidade. É que minha idade está para a dele como a de um pai para o filho; e porque, mesmo tendo se tornado um homem de consideração em todos os aspectos, ficaria desolado se eu mudasse o tratamento.

pre por "tu", vestem-se de maneira simples, não vão à guerra, nunca fazem juramento, agem com fleuma, e sobretudo jamais devem se encolerizar.

Ora, o herói da peça é um belo e jovem *quaker*, que aparece em cena com uma roupa escura, um chapéu de abas largas e cabelos lisos; o que não o impede de estar apaixonado.

Ele tem por rival um sujeito vaidoso que, animado por essa aparência e pelas supostas disposições de *quaker*, o ridiculariza e o ultraja, de tal maneira que o jovem, perdendo gradativamente a paciência, acaba se enfurecendo e aplicando uma sova de mestre no impertinente que o provoca.

Dada a lição, ele prontamente retoma a compostura anterior, medita por um momento e diz com tristeza: "Ah, meu Deus, acho que a carne prevaleceu sobre o espírito!".

Agi da mesma maneira e, após um lapso bastante perdoável, retorno à minha primeira opinião.

O AMIGO: Isso não é mais possível; o senhor, conforme confessou, mostrou a ponta das orelhas; já há como pegá-lo e o levarei até o editor. Devo inclusive dizer-lhe que mais de um já descobriu seu segredo.

O AUTOR: Toma cuidado, pois falarei de ti em meu livro; e quem sabe o que vou dizer a teu respeito?

O AMIGO: O que poderia dizer? Não pense intimidar-me.

O AUTOR: Não direi que nossa pátria comum\* se orgulha de ter-te originado; que aos vinte e quatro anos já havias publicado um livro elementar, desde então tornado clássico; que tua merecida reputação atrai a confiança dos pacientes; que tua presença conforta os enfermos; que tua habilidade os espanta; que tua sensibilidade os consola: todos sabem disso. Mas revelarei a toda Paris (*soerguendo-me*), a toda a França (*empertigando-me*), ao universo inteiro, o único defeito que conheço em ti.

O AMIGO (*num tom sério*): E qual é, posso saber?

O AUTOR: Um defeito habitual, que todas as minhas exortações não puderam te corrigir.

---

\* Belley, capital do Bugey, encantadora região de montanhas, colinas, rios, regatos límpidos, cachoeiras, despenhadeiros, verdadeiro jardim inglês de cem léguas quadradas, onde, antes da Revolução, o Terceiro Estado detinha, pela constituição local, o poder de veto perante as duas outras ordens.

O AMIGO (*seriamente preocupado*): Vamos, diga logo; não me torture por mais tempo.

O AUTOR: Comes muito depressa.*

Aqui, o amigo pega seu chapéu e sai sorrindo, com o pressentimento de que esteve pregando a um convertido.

---

* Dado real, não ficcional.

# Biografia

O doutor que introduzi no Diálogo que precede não é um ser fantástico como as Clóris de outrora, mas uma pessoa realmente viva; e todos os que me conhecem logo terão adivinhado o doutor RICHERAND.

Ao ocupar-me dele, remontei aos que o precederam, e constatei com orgulho que o distrito de Belley, no departamento do Ain, minha terra natal, há muito vem oferecendo à capital do mundo médicos de alta distinção; e não resisti à tentação de erguer-lhe um modesto monumento numa curta nota.

Nos dias da Regência, os doutores GENIN e CIVOCT foram médicos de primeira classe, e fizeram refluir à sua terra de origem uma fortuna honrosamente adquirida. O primeiro era inteiramente *hipocrático* e procedia segundo as normas consagradas; o segundo, que tratava muitas senhoras da nobreza, era mais brando, mais acomodatício: *Res novas molientem*,* teria dito Tácito.

Por volta de 1750, o doutor LA CHAPELLE distinguiu-se na carreira perigosa da medicina militar. Temos dele alguns bons livros, e lhe devemos a importação do tratamento das pneumonias pela manteiga fresca, método que cura como por encantamento, quando dele nos servimos nas primeiras 36 horas de manifestação da doença.

---

* Tentando coisas novas. (N. E.)

Por volta de 1760, o doutor DUBOIS obtinha um grande sucesso no tratamento dos "vapores" mórbidos que subiam ao cérebro, doença então em moda e tão frequente quanto os males de nervos que a sucederam. A fama que obteve era tanto mais surpreendente por ele estar longe de ser um médico bem estabelecido.

Infelizmente, chegou muito cedo a uma fortuna independente, deixou-se envolver nos braços da preguiça e contentou-se em ser comensal agradável e divertido contador de histórias. Era de uma constituição robusta e viveu mais de 88 anos, apesar dos jantares, ou melhor, graças aos jantares do antigo e do novo regime.*

No final do reinado de Luís XV, o doutor COSTE, natural de Châtillon, veio a Paris; era portador de uma carta de Voltaire para o duque de Choiseul, cuja benevolência teve a ventura de conquistar desde as primeiras visitas.

Protegido por este senhor e pela duquesa de Grammont, sua irmã, o jovem Coste logo se destacou e, em poucos anos, Paris começou a contá-lo entre os médicos de grande futuro.

A mesma proteção que o havia produzido o arrancou dessa carreira tranquila e frutífera, para colocá-lo na chefia do serviço de saúde do exército que a França enviava em apoio aos Estados Unidos, que combatiam por sua independência.

Após cumprir essa missão, o doutor Coste voltou à França, passou meio despercebido nos tempos ruins de 1793, e foi eleito prefeito de Versalhes, onde todos ainda se lembram de sua administração ao mesmo tempo ativa, suave e paterna.

Depois o Diretório voltou a convocá-lo para a administração da medicina militar; Bonaparte o nomeou um dos três inspetores gerais do serviço de medicina dos exércitos; e o doutor foi constantemente o amigo, o protetor e o pai dos jovens que se destinavam a essa carreira. Enfim, foi nomeado médico do hospital real Des Invalides, e cumpriu essa função até a morte.

---

* Eu sorria ao escrever este artigo; ele me fazia evocar um grande senhor acadêmico, de quem Fontenelle deveria fazer o elogio fúnebre. A única coisa que o falecido sabia era jogar bem todos os jogos; mesmo assim, o secretário perpétuo teve o talento de montar um panegírico muito bem escrito e de tamanho adequado. (Veja-se também a "Meditação sobre o prazer da mesa", em que o doutor aparece em cena.)

Tão longa lista de serviços não podia ficar sem recompensa sob o governo dos Bourbon; e Luís XVIII realizou um ato de inteira justiça ao conceder ao doutor Coste a condecoração de Saint-Michel.

O doutor Coste faleceu há poucos anos, deixando uma memória venerada, uma fortuna inteiramente filosófica, e uma filha única, esposa do sr. de Lalot, que se distinguiu na Câmara dos Deputados por uma eloquência viva e profunda mas que não o impediu de soçobrar num naufrágio.

Num dia em que jantávamos na casa do sr. Favre, vigário de Saint-Laurent e nosso compatriota, o doutor Coste contou-me a discussão que teve, naquele mesmo dia, com o conde de Cessac, então ministro da Administração da Guerra, a propósito de uma economia que este queria propor para cortejar Napoleão.

Essa economia consistia em retirar dos soldados enfermos a metade de sua porção de sopa, e mandar lavar as bandagens de linho que cobriam seus ferimentos, para utilizá-las uma segunda ou uma terceira vez.

O doutor havia reagido com violência contra medidas que qualificava de *abomináveis*, e continuava tão envolvido no assunto que voltou a se encolerizar, como se o objeto de sua indignação ainda estivesse presente.

Não pude saber se o conde foi realmente convencido e deixou sua economia na pasta; o certo é que os soldados enfermos sempre puderam tomar sopa à vontade, e que se continuou a jogar fora toda bandagem de linho servida.

Por volta de 1780, o doutor BORDIER, nascido nos arredores de Ambérieux, veio exercer a medicina em Paris. Sua prática era suave, seu sistema expectante e seu diagnóstico seguro.

Foi nomeado professor da faculdade de medicina; seu estilo era simples, mas suas lições eram paternais e frutíferas. As honras vieram procurá-lo quando não pensava mais nelas, e foi nomeado médico da imperatriz Maria Luísa. Mas não gozou por muito tempo desse cargo: o Império desmoronou, e o próprio doutor sucumbiu a seguir em consequência de uma doença da perna contra a qual havia lutado toda a sua vida.

O doutor Bordier tinha um temperamento tranquilo, um caráter bondoso e um procedimento firme.

Lá pelo final do século XVIII surgiu o doutor BICHAT... BICHAT, cujos escritos trazem todos a marca do gênio, que consumiu sua vida em trabalhos para o avanço da ciência, que aliava o ímpeto do entusiasmo à paciência dos espíritos limitados, e que, morto aos trinta anos, mereceu que honras públicas fossem oferecidas em sua memória.

Mais tarde, o doutor MONTÈGRE trouxe à clínica um espírito filosófico. Redigiu com sabedoria a *Gazette de Santé* [Gazeta da Saúde], e morreu aos quarenta anos, em nossas ilhas, onde fora recolher subsídios para os tratados que pretendia escrever sobre a febre amarela e o *vômito negro*.

No momento atual, o doutor RICHERAND ocupa uma das posições mais altas na medicina operatória, e seus *Éléments de physiologie* foram traduzidos em todas as línguas. Cedo nomeado professor na faculdade de Paris, está investido da mais augusta confiança. Não há palavra mais consoladora que a dele, nem mão mais delicada, nem bisturi mais rápido.

O doutor RÉCAMIER,* professor na mesma faculdade, leciona ao lado de seu conterrâneo...

Assegurado assim o presente, o futuro se prepara; e, sob as asas desses poderosos professores, elevam-se jovens da mesma região que prometem seguir tais honrosos exemplos.

Os doutores JANIN e MANJOT já percorrem as ruas de Paris. O doutor Manjot (rua du Bac, 39) dedica-se principalmente às doenças infantis; suas intuições são acertadas, e ele deve comunicá-las ao público em breve.

Espero que todo leitor bem-nascido perdoe essa digressão a um velho que, tendo vivido 35 anos em Paris, nem por isso esqueceu sua terra natal nem seus conterrâneos. Já me é bastante custoso guardar silêncio sobre tantos médicos cuja memória continua sendo venerada na região que os viu nascer, e cuja ciência, cujo mérito, não são menores por não terem tido a oportunidade de brilhar num grande palco.

---

* Afilhado do autor; foi ele que o medicou durante sua última e breve enfermidade.

# Prefácio

Para oferecer ao público o livro que entrego à sua benevolência, não me impus um grande trabalho, apenas coloquei em ordem materiais reunidos de longa data; é uma ocupação divertida, que eu tinha reservado para a velhice.

Ao considerar o prazer da mesa sob todos os seus aspectos, cedo percebi que havia algo de melhor a fazer a esse respeito do que livros de culinária, e que havia muito a dizer sobre funções tão essenciais, tão corriqueiras, e que influem de maneira tão direta sobre a saúde, a felicidade e mesmo os negócios.

Uma vez definida essa ideia-mãe, o resto brotou naturalmente: olhei a meu redor, tomei notas, e muitas vezes, em meio a festins os mais suntuosos, o prazer de observar me salvou do tédio das conversas.

Não que, para cumprir a tarefa que me propus, eu não tenha precisado ser físico, químico, fisiólogo, e mesmo um tanto erudito. Mas fiz tais estudos sem a menor pretensão de ser autor; era levado por uma curiosidade louvável, pelo temor de não acompanhar meu século e pelo desejo de poder conversar, sem desvantagem, com os homens de ciência, cuja companhia sempre apreciei.\*

---

\* "Venha jantar comigo na próxima quinta-feira", me disse um dia o sr. Greffuhle; "poderá reunir-se com homens de ciência ou com homens de letras, escolha." "Minha escolha está feita",

Sou sobretudo médico amador; chega a ser uma mania, e conto entre meus mais belos dias aquele em que, ao entrar pela porta reservada aos professores, e em companhia deles, para a defesa de tese do doutor Cloquet, tive o prazer de ouvir um murmúrio de curiosidade percorrer o anfiteatro, cada aluno perguntando a seu vizinho quem podia ser o importante professor estrangeiro que honrava a assembleia com sua presença.

Há um outro dia, porém, cuja lembrança me é igualmente cara: foi o dia em que apresentei, ao conselho de administração da Sociedade de Estímulo à Indústria Nacional, meu *irrorador*, instrumento inventado por mim, e que é só uma fonte de compressão adaptada para perfumar os ambientes internos.

Eu trouxera, no bolso, meu aparelho bem carregado; girei a chave e de dentro escapou, com um silvo, um vapor perfumado que, elevando-se até o teto, voltava a cair em gotículas sobre as pessoas e os papéis.

Foi então que vi com um prazer inexprimível as cabeças mais inteligentes da capital se curvarem sob minha *irroração*, e não cabia de contentamento ao notar que os mais molhados eram também os mais felizes.

Pensando às vezes nas graves elucubrações a que a amplitude de meu tema me arrastou, tive sinceramente o temor de ter podido chatear; pois eu também de vez em quando bocejo sobre os livros de outrem.

Fiz o que estava em meu poder para escapar a esse reproche; apenas rocei de leve os assuntos que poderiam não interessar: espalhei anedotas por todo o meu livro, algumas das quais de experiência pessoal; deixei de lado um grande número de fatos extraordinários e singulares que a razão manda descartar; chamei a atenção para certos conhecimentos que pareciam reservados aos entendidos, tornando-os inteligíveis a um grande público. Se, apesar de tantos esforços, não apresentei a meus leitores ciência fácil de digerir, ainda assim dormirei tranquilo, na certeza de que a maioria me absolverá pela intenção.

Poderiam me censurar também o fato de que às vezes deixo correr demais a pena, e o de que ao contar caio um pouco na garrulice. Será minha culpa se estou velho? Será minha culpa se sou como Ulisses, que viu os costumes e as cidades de muitos povos? Será então condenável fazer um pouco de minha biografia? Enfim, é preciso que o leitor leve em conta que lhe ofereço minhas

---

respondi; "jantaremos duas vezes." O que efetivamente aconteceu, e a refeição com os homens de letras foi notavelmente mais delicada e mais cuidadosa (ver a "Meditação 12").

*Memórias políticas*, que ele deveria realmente lê-las como tantas outras, uma vez que, há 36 anos, estou nos primeiros camarotes para ver passar os homens e os acontecimentos.

Acima de tudo, que ninguém me classifique entre os compiladores: se tivesse me reduzido a isso, minha pena teria repousado, mas não viveria feliz.

Como Juvenal, eu diria: "*Semper ego auditor tantum! Nunquamne reponam!*"* e os que sabem logo perceberão que, igualmente acostumado ao tumulto da sociedade e ao silêncio do gabinete, fiz bem em tirar partido dessas duas posições.

Enfim, trabalhei em grande parte para satisfação pessoal; mencionei vários de meus amigos que não contavam muito com isso; chamei de volta algumas lembranças agradáveis; fixei outras que iam me escapar; e, como se diz no estilo familiar, *tomei meu café*.

É possível que algum leitor solitário, da categoria dos que franzem o cenho, venha a exclamar: "Gostaria realmente de saber se... O que ele pensa ao afirmar que... etc. etc.?". Mas estou certo de que todos os demais haverão de lhe impor silêncio, e que uma maioria imponente acolherá com bondade essas efusões de um sentimento louvável.

Resta dizer alguma coisa sobre meu estilo, pois *o estilo é o homem*, diz Buffon.

E não pensem que venho pedir uma indulgência jamais concedida aos que dela têm necessidade, trata-se apenas de uma simples explicação.

Eu deveria escrever maravilhosamente bem, pois Voltaire, Jean-Jacques, Fénelon, Buffon, e mais tarde Cochin e D'Aguesseau foram meus autores favoritos; sei-os de cor.

Mas é possível que os deuses tenham ordenado de outro modo; e se for assim, eis a causa da vontade dos deuses.

Conheço, mais ou menos bem, cinco línguas vivas, o que me propiciou um repertório imenso de palavras de todo tipo.

Quando sinto falta de uma expressão, e não a encontro no compartimento francês, pego do compartimento vizinho; e daí, para o leitor, a necessidade de me traduzir ou de me adivinhar: é seu destino.

---

* *Sátiras*, I, v. 1: "Serei sempre apenas um ouvinte? Nunca irei repor de volta?". (N. E.)

Claro que poderia fazer de outro modo, mas sou impedido por um espírito de sistematização ao qual me apego de maneira invencível.

Estou convencido de que a língua francesa, da qual me sirvo, é comparativamente pobre. O que fazer em tal situação? Tomar emprestado ou roubar.

Faço ambas as coisas, porque esses empréstimos não estão sujeitos a restituição, e porque o roubo de palavras não é punido pelo código penal.

Terão uma ideia de minha audácia quando souberem que chamo *volante* (do espanhol) todo homem que mando levar um recado, e que eu estava decidido a afrancesar o verbo inglês *to sip*, que significa "beber aos pouquinhos", se não tivesse exumado a palavra francesa *siroter*, que possuía mais ou menos a mesma significação.

Naturalmente, os puristas invocarão os nomes de Bossuet, Fénelon, Racine, Boileau, Pascal e outros do século de Luís XIV; parece-me ouvi-los fazendo um alarido assustador.

Ao que respondo tranquilamente que estou longe de negar o mérito desses autores que nomeei ou dos que poderia ter nomeado; mas o que se segue daí?... Nada, exceto que, tendo feito algo bom com um instrumento ingrato, eles teriam feito algo incomparavelmente melhor com um instrumento superior. Assim é de supor que Tartini teria sido um violinista ainda melhor se tocasse com um arco tão comprido quanto o de Baillot.

Sou portanto partidário dos *neólogos* e mesmo dos *românticos*; estes descobrem tesouros ocultos; aqueles são como os navegadores que vão buscar ao longe as provisões de que necessitam.

Os povos do Norte, e sobretudo os ingleses, têm, sob esse aspecto, uma imensa vantagem sobre nós, franceses: lá o gênio jamais é embaraçado pela expressão; ele cria ou toma emprestado. Assim, em todos os assuntos que admitem a profundidade e a energia, nossos tradutores limitam-se a cópias pálidas e descoloridas.

Lembro de ter ouvido há tempos, no Instituto, um discurso muito gracioso sobre o perigo do neologismo e sobre a necessidade de ater-se à nossa língua tal como foi fixada pelos autores do grande século.

Como químico, coloquei esse discurso na retorta e não restou mais do que isto: *Fizemos tão bem que não há como fazer melhor, nem de outro modo.*

Ora, vivi bastante para saber que cada geração diz o mesmo, e que a geração seguinte jamais deixa de zombar do que disse a anterior.

Aliás, como as palavras não mudariam quando os costumes e as ideias experimentam modificações contínuas? Se fazemos as mesmas coisas que os antigos, não as fazemos do mesmo modo, e há páginas inteiras, em alguns livros franceses, que não poderiam ser traduzidas para o latim ou para o grego.

Todas as línguas tiveram seu nascimento, seu apogeu, seu declínio; e todas as que brilharam, do tempo de Sesóstris ao de Filipe Augusto, agora sobrevivem apenas em monumentos. A língua francesa terá a mesma sorte, e no ano 2825 só serei lido com a ajuda de um dicionário, se é que serei lido...

Tive, a esse respeito, uma discussão a tiros de canhão com o amável sr. Andrieux, da Academia francesa.

Lancei-me com disposição e o ataquei vigorosamente, e o teria forçado a render-se se não tivesse empreendido uma pronta retirada, à qual não coloquei muitos obstáculos, tendo me lembrado, para sorte dele, que ele era o responsável por uma letra no novo dicionário.

Concluo com uma observação importante, que reservei para o final.

Quando escrevo e falo de *mim* no singular, isso supõe uma confabulação com o leitor; este pode examinar, discutir, duvidar e até mesmo rir. Mas quando me armo do temível *nós*, falo de cátedra; cumpre então submeter-se.

*I am, Sir, oracle,*
*And when I open my lips, let no dog bark.**
                    Shakespeare, *Merchant of Venice*, primeiro ato, cena 1

---

* "Sou Oráculo, Senhor/ E quando abro os lábios, nenhum cão deve latir." (N. T.)

# A FISIOLOGIA DO GOSTO

# Meditação 1
## *Dos sentidos*

Os sentidos são os órgãos por meio dos quais o homem se põe em relação com os objetos exteriores.

### 1. NÚMERO DOS SENTIDOS

Devemos contar pelo menos seis:
A *visão*, que abarca o espaço e nos informa, por meio da luz, da existência e das cores dos corpos que nos cercam;
A *audição*, que recebe, por intermédio do ar, as vibrações causadas pelos corpos ruidosos ou sonoros;
O *olfato*, mediante o qual percebemos os odores dos corpos que deles são dotados;
O *gosto*, pelo qual apreciamos tudo o que é sápido ou esculento;
O *tato*, cujo objeto é a consistência e a superfície dos corpos;
Enfim, o *genésico*, ou *amor físico*, que impele os sexos um para o outro, e cuja finalidade é a reprodução da espécie.
É espantoso que um sentido importante como este último tenha sido ignorado quase até o tempo de Buffon, e tenha sido confundido, ou melhor, anexado ao tato.

No entanto, a sensação da qual é a sede nada tem em comum com a do tato; reside num aparelho tão completo como a boca ou os olhos; e o singular é que, tendo cada sexo tudo o que é preciso para experimentar essa sensação, seja necessário que os dois se reúnam para atingir o objetivo que a natureza se propôs. E se o *gosto*, que tem por finalidade a conservação do indivíduo, é incontestavelmente um sentido, com mais razão ainda deve-se atribuir esse título aos órgãos destinados à conservação da espécie.

Outorguemos portanto ao *genésico* o lugar *sensual* que não lhe pode ser negado, e confiemos aos nossos herdeiros a tarefa de indicar-lhe a importância.

## 2. AÇÃO DOS SENTIDOS

Se podemos recuar, pela imaginação, até os primeiros momentos da existência do gênero humano, também podemos supor que as primeiras sensações do homem foram puramente diretas, ou seja, que ele viu sem precisão, ouviu confusamente, cheirou sem discernimento, comeu sem saborear, e gozou com brutalidade.

Mas, como essas sensações têm por centro comum a alma, atributo especial da espécie humana e causa sempre ativa de perfectibilidade, elas foram refletidas, comparadas, julgadas; e prontamente os sentidos passaram a ajudar uns aos outros, para a utilidade e o bem-estar do *eu sensitivo*, ou, o que é a mesma coisa, do *indivíduo*.

Assim, o tato retificou os erros da visão; o som, por meio da palavra articulada, tornou-se o intérprete de todos os sentimentos; o gosto buscou auxílio na visão e no olfato; a audição comparou os sons, apreciou as distâncias; e o genésico invadiu os órgãos de todos os outros sentidos.

O caudal dos séculos, rolando sobre a espécie humana, não cessou de trazer novos aperfeiçoamentos, cuja causa, sempre ativa embora quase imperceptível, se acha nas reivindicações de nossos sentidos que, a toda hora e sempre, desejam estar agradavelmente ocupados.

Assim a visão deu origem à pintura, à escultura e aos espetáculos de toda espécie;

O som, à melodia, à harmonia, à dança e à música, com todos os seus ramos e meios de execução;

O olfato, à pesquisa, à cultura e ao emprego dos perfumes;

O gosto, à produção, à escolha e ao preparo de tudo o que pode servir de alimento;

O tato, a todas as artes, a todas as habilidades, a todas as indústrias;

O genésico, a tudo o que pode preparar ou embelezar a reunião dos sexos, e, desde Francisco I, ao amor romanesco, ao coquetismo e à moda; sobretudo ao coquetismo, que nasceu na França, que possui nome apenas em francês, e cujas aulas a elite das nações vem tomar diariamente na capital do universo.

Essa proposição, por estranha que pareça, é fácil de demonstrar; pois ninguém conseguiria se exprimir com clareza, numa língua antiga, sobre essas três grandes motivações da sociedade atual.

Cheguei a compor, sobre o assunto, um diálogo que poderia ter seus atrativos; mas o suprimi para deixar aos leitores o prazer de compô-lo cada um à sua maneira; é uma tarefa que requer perspicácia, e até mesmo erudição, durante uma noite inteira.

Dissemos mais acima que o genésico tinha invadido os órgãos de todos os outros sentidos; seus efeitos sobre as ciências não foram menos profundos, e, se as examinarmos mais de perto, veremos que tudo o que elas têm de mais delicado e engenhoso se deve ao desejo, à esperança ou ao reconhecimento, que se relacionam à reunião dos sexos.

Tal é, portanto, em realidade, a genealogia das ciências, mesmo das mais abstratas: elas são apenas o resultado imediato dos esforços contínuos que fizemos para gratificar nossos sentidos.

## 3. APERFEIÇOAMENTO DOS SENTIDOS

Esses sentidos, nossos favoritos, estão longe, no entanto, de ser perfeitos, e não me deterei em demonstrá-lo. Observarei apenas que a visão, o mais etéreo de todos os sentidos, e o tato, que se encontra na outra extremidade da escala, adquiriram, com o tempo, um notável acréscimo em seus poderes.

Por meio dos *óculos*, o olho escapa, por assim dizer, ao enfraquecimento senil que oprime a maioria dos outros órgãos.

O *telescópio* descobriu astros até então desconhecidos e inacessíveis às nossas capacidades de mensuração; ele penetrou em regiões tão remotas que corpos luminosos e necessariamente imensos se apresentam a nós apenas como manchas nebulosas e quase imperceptíveis.

O *microscópio* nos iniciou no conhecimento da configuração interior dos corpos; mostrou-nos uma vegetação e plantas de cuja existência nem sequer suspeitávamos. Enfim, vimos animais 100 mil vezes menores que o menor daqueles que percebemos a olho nu; esses animálculos não obstante se movem, se alimentam e se reproduzem: o que supõe órgãos de uma pequenez que a imaginação é incapaz de alcançar.

Por outro lado, a mecânica multiplicou as forças; o homem executou tudo o que pôde conceber, e removeu fardos que a natureza havia colocado acima de suas forças.

Com o auxílio das armas e da alavanca, o homem subjugou toda a natureza; submeteu-a a seus prazeres, a suas necessidades, a seus caprichos; modificou a superfície da Terra, e um frágil bípede tornou-se o rei da criação.

A visão e o tato, engrandecidos assim em seu poder, poderiam pertencer a uma espécie muito superior ao homem; ou melhor, a espécie humana seria completamente diferente, se todos os sentidos tivessem sido assim melhorados.

Cumpre, no entanto, observar que, se o tato desenvolveu-se enormemente em termos de força muscular, a civilização quase nada fez por ele enquanto órgão sensitivo; mas não há razão para desespero, bastando lembrar que a espécie humana é ainda muito jovem, e que somente após uma longa série de séculos os sentidos podem ampliar seu domínio.

Por exemplo, não faz mais de quatro séculos que se descobriu a *harmonia*, ciência celestial que está para os sons assim como a pintura para as cores.*

Certamente os antigos sabiam cantar, acompanhados de instrumentos tocados em uníssono; mas seus conhecimentos paravam aí; eles não sabiam decompor os sons nem apreciar suas relações.

---

* Sabemos que sustentaram o contrário, mas é uma teoria sem fundamento.
 Se os antigos tivessem conhecido a harmonia, seus escritos teriam conservado algumas noções precisas a respeito; mas eles se limitam a algumas frases obscuras, que se prestam a todas as interpretações.
 Aliás, não se pode acompanhar o nascimento e os progressos da harmonia naqueles monumentos da Antiguidade que chegaram até nós; temos uma dívida para com os árabes, que nos presentearam com o órgão, instrumento que, fazendo ouvir ao mesmo tempo vários sons contínuos, deu origem à primeira ideia da harmonia.

Foi só a partir do século xv que se fixou a tonalidade, que se regulou a marcha dos acordes, servindo-se disso para sustentar a voz e reforçar a expressão dos sentimentos.

Essa descoberta, tão tardia e não obstante tão natural, desdobrou a audição; mostrou que nela há duas faculdades de certo modo independentes, uma das quais recebe os sons, e a outra aprecia sua ressonância.

Os doutores alemães dizem que os que são sensíveis à harmonia têm um sentido adicional.

Quanto àqueles para quem a música não é mais que um amontoado confuso de sons, convém observar que quase todos cantam desafinado; e devemos supor, ou que o aparelho auditivo deles é feito de maneira a receber apenas vibrações curtas e sem ondulações, ou que, não estando os dois ouvidos no mesmo diapasão, a diferença em comprimento e em sensibilidade de suas partes constituintes faz que transmitam ao cérebro somente uma sensação obscura e indeterminada, como dois instrumentos que não tocassem nem no mesmo tom nem no mesmo compasso, e portanto incapazes de produzir uma melodia coerente.

Os últimos séculos também deram à esfera do gosto importantes extensões: a descoberta do açúcar e de seus diversos usos, as bebidas alcoólicas, os glacês, a baunilha, o chá, o café, nos transmitiram sabores de uma natureza até então desconhecida.

Quem sabe se o tato não terá sua vez, e um acaso feliz não nos abrirá uma fonte de novas satisfações? O que é bastante provável, na medida em que a sensibilidade tátil existe por todo o corpo, e consequentemente pode ser excitada em toda parte.

4. O PODER DO GOSTO

Vimos que o amor físico invadiu todas as ciências: nisto ele age com aquela tirania que o caracteriza sempre.

O gosto, faculdade mais prudente, mais comedida, embora não menos ativa, alcançou o mesmo objetivo com uma lentidão que assegura a duração de seus sucessos.

Noutra parte nos ocuparemos em considerar sua marcha; mas desde já podemos assinalar que quem compareceu a um banquete suntuoso, numa sala ornada de espelhos, flores, pinturas, esculturas, aromatizada de perfumes, enriquecida de belas mulheres, repleta dos sons de uma suave harmonia; este, afirmamos, não precisará de um grande esforço de inteligência para se convencer de que todas as ciências foram chamadas para realçar e enquadrar adequadamente os prazeres do gosto.

## 5. PROPÓSITO DA AÇÃO DOS SENTIDOS

Examinemos agora o sistema de nossos sentidos tomado em conjunto; veremos que o autor da criação teve dois propósitos, sendo que um é consequência do outro: a saber, a conservação do indivíduo e a duração da espécie.

Tal é o destino do homem, considerado como ser sensitivo: é a essa dupla finalidade que se referem todas as suas ações.

O olho percebe os objetos exteriores, revela as maravilhas que cercam o homem, e o informa de que ele faz parte de um grande todo.

A audição percebe os sons, não apenas como sensação agradável, mas também como advertência do movimento dos corpos que podem ocasionar algum perigo.

A sensibilidade procura notificar, por meio da dor, toda lesão imediata.

A mão, essa fiel servidora, não apenas propicia ao homem afastar-se do perigo e agir com segurança, mas também pegar, de preferência, os objetos que o instinto lhe faz supor próprios a reparar as perdas causadas pela manutenção da vida.

O olfato explora esses objetos; pois as substâncias deletérias são quase sempre de mau cheiro.

Então o gosto se decide, os dentes põem-se a funcionar, a língua se une ao palato para saborear, e logo o estômago começará a assimilação.

Nesse estado, um langor desconhecido se faz sentir, os objetos perdem sua cor, o corpo relaxa, os olhos se fecham; tudo desaparece e os sentidos se encontram num repouso absoluto.

Ao despertar, o homem percebe que nada mudou a seu redor; no entanto, um fogo secreto fermenta em seu interior; um novo órgão se desenvolveu; ele sente que tem necessidade de partilhar sua existência.

Esse sentimento ativo, inquieto, imperioso, é comum aos dois sexos; ele os aproxima, os une, e, quando o germe de uma nova existência foi fecundado, os indivíduos podem dormir em paz: eles acabam de cumprir o mais sagrado de seus deveres ao assegurarem a duração da espécie.*

Tais são as observações gerais e filosóficas que julguei dever oferecer a meus leitores, para levá-los naturalmente ao exame mais detalhado do órgão do gosto.

---

* O sr. de Buffon pintou, com os encantos da mais brilhante eloquência, os primeiros momentos da existência de Eva. Tendo que tratar de um assunto bastante similar, procuramos apenas oferecer um desenho esquemático; os leitores saberão acrescentar-lhe o colorido.

# Meditação 2
*Do gosto*

6. DEFINIÇÃO DO GOSTO

O gosto é aquele de nossos sentidos que nos põe em contato com os corpos sápidos, por meio da sensação que causam no órgão destinado a apreciá-los.

O gosto, que tem por excitadores o apetite, a fome e a sede, é a base de várias operações que resultam no crescimento, desenvolvimento e conservação do indivíduo, e na reparação de suas perdas causadas pelas evaporações vitais.

Nem todos os corpos organizados se alimentam da mesma maneira; o autor da criação, cujos métodos são tão variados quanto seguros, lhes atribuiu diversos modos de conservação.

Os vegetais, situados na base da escala dos seres vivos, se alimentam por meio de raízes que, implantadas no solo natal, selecionam, graças a uma mecânica particular, as diversas substâncias que têm a propriedade de favorecer seu crescimento e sua manutenção.

Um pouco mais acima encontramos os corpos dotados de vida animal, mas privados de locomoção; nascem num meio que favorece sua existência, e órgãos especiais extraem desse meio tudo o que é necessário para sustentar a porção de vida e de tempo que lhes foi concedida; eles não buscam seu alimento, o alimento vem buscá-los.

Um outro modo foi fixado para a conservação dos animais que percorrem o universo, dentre os quais o homem é indiscutivelmente o mais perfeito. Um instinto particular o adverte de que tem necessidade de se alimentar; ele procura, pega os objetos nos quais suspeita a propriedade de aplacar suas necessidades; come, restaura-se e percorre assim, na vida, a carreira que lhe foi destinada.

O gosto pode ser considerado sob três aspectos:

No homem físico, é o aparelho por meio do qual ele aprecia os sabores;

Considerado no aspecto moral, é a sensação que o órgão impressionado por um corpo saboroso desperta no centro comum; enfim, considerado em sua causa material, o gosto é a propriedade que tem um corpo de impressionar o órgão e de fazer nascer a sensação.

O gosto parece ter dois usos principais:

1) Ele nos convida, pelo prazer, a reparar as perdas contínuas decorrentes da ação da vida;

2) Ele nos ajuda a escolher, entre as diversas substâncias que a natureza nos oferece, as que são próprias a servir de alimentos.

Nessa escolha, o gosto é poderosamente ajudado pelo olfato, como veremos mais adiante; pois se pode estabelecer, como máxima geral, que as substâncias nutritivas não são repulsivas nem ao gosto nem ao olfato.

## 7. MECÂNICA DO GOSTO

Não é fácil determinar em que consiste o órgão do gosto. Ele é mais complicado do que parece.

Certamente a língua desempenha um grande papel no mecanismo da degustação; pois, dotada de uma certa quantidade de energia muscular, serve para amassar, revirar, espremer e ingerir os alimentos.

Além disso, por meio das papilas mais ou menos numerosas espalhadas em sua superfície, ela se impregna das partículas sápidas e solúveis dos corpos com os quais está em contato; mas isso não é suficiente, e várias outras partes adjacentes concorrem para completar a sensação, a saber: as bochechas, o palato e sobretudo as fossas nasais, sobre as quais os fisiologistas talvez não tenham insistido o bastante.

As bochechas fornecem a saliva, igualmente necessária à mastigação e à formação do bolo alimentar; assim como o palato, elas são dotadas de um certo número de faculdades apreciativas; inclusive não sei se, em certos casos, as gengivas não participam um pouco; e, sem a olfação que se opera na parte posterior da boca, a sensação do gosto seria obtusa e completamente imperfeita.

As pessoas nascidas sem língua, ou a quem esta foi cortada, não são inteiramente privadas da sensação do gosto. O primeiro caso se encontra exemplificado em todos os livros; o segundo me foi bastante bem explicado por um pobre coitado a quem os argelinos cortaram a língua, para puni-lo por ter tentado escapar do cativeiro juntamente com alguns companheiros.

Esse homem, que conheci em Amsterdã, onde ganhava a vida fazendo entregas, recebera alguma educação, e podia-se facilmente conversar com ele por escrito.

Após ter observado que lhe haviam cortado toda a parte anterior da língua até o freio, perguntei-lhe se ainda sentia algum sabor no que comia, e se a sensação do gosto tinha sobrevivido à operação cruel que sofrera.

Ele respondeu que o que mais o fatigava era ingerir (o que fazia com muita dificuldade); que tinha conservado razoavelmente o gosto; que apreciava, como os outros, o que era pouco sápido ou agradável; mas que as coisas fortemente ácidas ou amargas lhe causavam dores intoleráveis.

Informou-me ainda que a amputação da língua era comum nos reinos da África; que era aplicada especialmente aos que se supunha serem os chefes de algum complô, e que havia instrumentos apropriados para isso. Pedi que os descrevesse, mas ele demonstrou nesse ponto tão dolorosa repugnância que não insisti.

Refleti sobre o que ele me dizia e, remontando aos séculos de ignorância, em que se furava e cortava a língua dos blasfemadores, e à época em que essas leis foram criadas, considerei justo concluir que elas eram de origem africana e haviam sido introduzidas com o retorno dos cruzados.

Foi visto mais acima que a sensação do gosto residia principalmente nas papilas da língua. Ora, a anatomia nos ensina que nem todas as línguas são providas da mesma quantidade de papilas; tanto que em algumas as encontramos em número três vezes maior que em outras. Essa circunstância explica por que, de dois comensais que participam do mesmo banquete, um demonstra um vivo prazer, enquanto o outro parece comer forçado: é que este último tem a língua pobremente equipada. Também o império do sabor tem seus cegos e seus surdos.

## 8. SENSAÇÃO DO GOSTO

Cinco ou seis opiniões foram expressas sobre a maneira como se opera a sensação do gosto; também tenho a minha, que é a seguinte:

A sensação do gosto é uma operação química que se faz por via úmida, como dizíamos antigamente, ou seja, é preciso que as moléculas sápidas sejam dissolvidas num fluido qualquer, para poderem a seguir ser absorvidas pelas terminações nervosas, papilas ou sugadores, que forram o interior do aparelho gustativo.

Essa teoria, nova ou não, é apoiada por provas físicas e quase palpáveis.

A água pura não causa a sensação do gosto porque não contém nenhuma partícula sápida. Mas dissolva-se nela um grão de sal, algumas gotas de vinagre, e a sensação ocorrerá.

As outras bebidas, ao contrário, nos impressionam por serem soluções mais ou menos carregadas de partículas apreciáveis.

Seria inútil encher a boca com partículas de uma substância insolúvel: a língua experimentaria a sensação do tato, de modo nenhum a do gosto.

Quanto aos corpos sólidos e saborosos, eles precisam ser divididos pelos dentes, embebidos pela saliva e os outros fluidos degustadores, e a língua deve pressioná-los contra o palato até extrair um suco que, suficientemente carregado de sabor, possa ser apreciado pelas papilas gustativas, as quais fornecem ao corpo assim triturado o passaporte necessário para sua admissão no estômago.

Essa teoria, que ainda terá outros desdobramentos, responde sem dificuldade às principais questões que podem se apresentar.

Pois, se perguntarem o que entendemos por corpos sápidos, responderemos que é todo corpo solúvel e capaz de ser absorvido pelo órgão do gosto.

E, se perguntarem como age o corpo sápido, responderemos que age toda vez que se encontra num estado de dissolução tal que lhe permita penetrar nas cavidades encarregadas de receber e transmitir a sensação.

Em suma, apenas é sápido o que já está dissolvido ou está se tornando solúvel.

## 9. DOS SABORES

O número dos sabores é infinito, pois todo corpo solúvel tem um sabor especial que não se parece inteiramente com nenhum outro.

Além disso os sabores se modificam por sua agregação simples, dupla, múltipla; de modo que é impossível classificá-los, do mais atraente ao mais insuportável, do morango à coloquíntida. Todas as tentativas fracassaram em maior ou menor grau.

Esse resultado não deve surpreender: pois, considerando que há séries indefinidas de sabores simples que podem ser modificados por um número indefinido de combinações, seria necessária uma nova linguagem para exprimir todos esses efeitos, montanhas de in-fólios para defini-los, e caracteres numéricos desconhecidos para etiquetá-los.

Ora, como até hoje não se apresentou nenhuma circunstância em que um sabor devesse ser apreciado com rigorosa exatidão, tivemos de nos contentar com um pequeno número de expressões gerais, tais como *doce*, *açucarado*, *ácido*, *amargo* e outras semelhantes, que se exprimem, em última análise, pelas duas seguintes: *agradável* ou *desagradável* ao gosto, suficientes para nos fazermos entender e para indicarmos aproximadamente a propriedade gustativa do corpo sápido em questão.

Os que vierem depois de nós saberão mais a respeito disso; e não há dúvida de que a química lhes revelará as causas ou os elementos primitivos dos sabores.

## 10. INFLUÊNCIA DO OLFATO SOBRE O GOSTO

A ordem que prescrevi me levou insensivelmente ao momento de conceder ao olfato os direitos que lhe cabem e de reconhecer os serviços importantes que nos presta na apreciação dos sabores; pois, entre os autores que me caíram nas mãos, não encontrei nenhum que me parecesse tê-lo considerado com plena justiça.

De minha parte, estou não apenas convencido de que, sem a participação do olfato, não há degustação completa, como também sou tentado a supor que o olfato e o gosto formam um único sentido, do qual a boca é o laboratório e o nariz a chaminé; ou, para falar mais exatamente, do qual um serve para a degustação dos corpos táteis e o outro para a degustação dos gases.

Essa teoria pode ser rigorosamente defendida; no entanto, como não tenho a pretensão de formar seita, apresento-a simplesmente para fazer meus leitores pensarem, e para mostrar que examinei de perto o assunto. Assim, continuo minha demonstração a respeito do olfato, se não como parte constituinte do gosto, ao menos como acessório indispensável.

Todo corpo sápido é necessariamente odorífero, o que o coloca tanto no império do olfato como no império do gosto.

Nada se come sem que se tenha uma consciência maior ou menor de seu cheiro; e, para os alimentos desconhecidos, o nariz cumpre sempre a função de sentinela avançada, que exclama: "Quem vem lá?".

Quando se intercepta o olfato, paralisa-se o gosto; é o que provam três experiências que todos podem verificar com igual sucesso.

*Primeira experiência:* Quando a membrana nasal é irritada por uma violenta *coriza* (constipação de cabeça), o gosto é inteiramente obliterado; não sentimos nenhum sabor naquilo que engolimos; e, no entanto, a língua permanece em seu estado normal.

*Segunda experiência:* Se comemos tapando o nariz, ficamos admirados de sentir o gosto apenas de uma maneira obscura e imperfeita; por esse expediente, os medicamentos mais repulsivos passam quase despercebidos.

*Terceira experiência:* Observamos o mesmo efeito se, no momento em que ingerimos, em vez de deixarmos que a língua volte à sua posição natural, continuarmos a pressioná-la contra o palato; neste caso, interceptamos a circulação de ar, o olfato não é sensibilizado e a gustação não ocorre.

Esses diversos efeitos dependem da mesma causa, a falta de cooperação do olfato: o que faz que o corpo sápido seja apreciado apenas por seu suco, e não pelo gás odorífero que dele emana.

## 11. ANÁLISE DA SENSAÇÃO DO GOSTO

Os princípios estando assim colocados, tenho como certo que o gosto propicia sentimentos de três ordens diferentes, a saber: a sensação *direta*, a sensação *completa* e a sensação *refletida*.

A sensação *direta* é aquela primeira impressão que nasce do trabalho imediato dos órgãos da boca, enquanto o corpo apreciável se acha ainda na parte anterior da língua.

A sensação *completa* é a que se compõe dessa primeira impressão e daquela que nasce quando o alimento abandona sua primeira posição, passa para o fundo da boca, impregnando todo o órgão com seu gosto e seu perfume.

Enfim, a sensação *refletida* é o julgamento feito pela alma sobre as impressões que o órgão lhe transmite.

Coloquemos essa teoria em ação, observando o que se passa no homem que come ou que bebe.

Quem come um pêssego, por exemplo, é primeiro afetado agradavelmente pelo odor que dele emana; coloca-o na boca e experimenta uma sensação de frescor e acidez que o incita a continuar; mas é somente quando engole e o bocado passa sob o orifício nasal que o perfume lhe é revelado, completando a sensação que deve causar um pêssego. Enfim, é só depois de ter engolido, e julgando o que acaba de sentir, que ele diz a si mesmo: "Esse está delicioso!".

Assim também quando se bebe, estando o vinho na boca, a impressão é agradável, mas não completa; é só no momento em que se deixa de ingerir que se pode verdadeiramente degustá-lo, apreciá-lo e descobrir o perfume particular de cada tipo de vinho; e é preciso um pequeno intervalo de tempo para que o gourmet possa dizer: "É bom, passável ou ruim. Droga! é um Chambertin! Oh, meu Deus, é um Suresnes!".

Assim, é em conformidade aos princípios, e seguindo uma prática bem estabelecida, que os verdadeiros conhecedores *bebem em pequenos goles* seu vinho (*they sip it*); pois a cada gole, quando se detêm, experimentam a soma inteira do prazer que teriam se tivessem esvaziado o copo de uma tragada.

A mesma coisa ocorre, mas com muito mais energia, quando o gosto é desagradavelmente afetado.

Pense no paciente forçado pelo médico a ingerir um enorme copo de um remédio escuro, tal como era normalmente prescrito na época de Luís XIV.

O olfato, sensor infalível, o adverte do sabor repugnante da traiçoeira bebida; seus olhos se dilatam como à aproximação do perigo; os lábios se crispam de aversão, e o estômago já se revolve. Mas como o médico insiste, ele se arma de coragem, toma um trago de aguardente, aperta o nariz e bebe...

Enquanto a beberagem nojenta enche a boca e se espalha na superfície do órgão, a sensação é confusa e o estado suportável; mas, no último gole, os ressaibos se desenvolvem, os odores nauseabundos se liberam, e todos os traços do paciente exprimem um horror só comparável ao medo da morte.

Se, ao contrário, for o caso de uma bebida insípida, como um copo d'água, por exemplo, não se sente gosto nem ressaibo; não se sente nada, não se pensa em nada; apenas se bebe, eis tudo.

## 12. ORDEM DAS DIVERSAS IMPRESSÕES DO GOSTO

O gosto não é tão ricamente dotado quanto a audição; esta é capaz de ouvir e comparar vários sons simultaneamente: o gosto, ao contrário, é simples em atualidade, ou seja, não pode ser impressionado por dois sabores ao mesmo tempo.

Mas ele pode ser duplo e mesmo múltiplo por sucessão, isto é, no mesmo ato de deglutição podemos experimentar sucessivamente uma segunda e até uma terceira sensação, que vão se enfraquecendo gradualmente, e que designamos pelas palavras *ressaibo*, *perfume* ou *fragrância*; assim também, quando um som principal é tocado, um ouvido exercitado distingue nele uma ou várias séries de consonâncias, cujo número ainda não é perfeitamente conhecido.

Os que comem depressa e sem atenção não discernem as impressões de segundo grau; estas são o apanágio exclusivo de um pequeno número de eleitos, e é deste modo que eles podem classificar, por ordem de excelência, as diversas substâncias submetidas a seu exame.

Essas impressões fugazes vibram ainda por muito tempo no órgão do gosto; os entendidos, sem se aperceberem disso, adotam uma posição apropriada, e é sempre com o pescoço esticado e o nariz levemente virado à esquerda que emitem suas sentenças.

## 13. PRAZERES OCASIONADOS PELO GOSTO

Lancemos agora uma vista de olhos filosófica sobre o prazer ou o sofrimento que o gosto pode ocasionar.

Deparamo-nos em primeiro lugar com a aplicação desta verdade infelizmente muito geral, a saber: que o homem é bem mais fortemente organizado para a dor que para o prazer.

De fato, a ingestão de substâncias azedas, acres ou amargas no mais alto grau pode produzir sensações extremamente penosas ou dolorosas. Afirma-se inclusive que o ácido hidrociânico [ácido cianídrico] mata imediatamente apenas porque causa uma dor tão intensa que as forças vitais não podem suportá-la sem se extinguir.

As sensações agradáveis, ao contrário, percorrem apenas uma escala de pouca extensão, e, se há uma diferença bastante sensível entre o que é insípido e o que agrada o gosto, é pequeno o intervalo entre o que reconhecemos como bom e o que reputamos excelente; o que é esclarecido pelo exemplo seguinte: *primeiro termo*, uma carne cozida seca e dura; *segundo termo*, um pedaço de vitela; *terceiro termo*, um faisão cozido ao ponto.

No entanto, o gosto, tal como a natureza o criou, é ainda aquele de nossos sentidos que, levado tudo em conta, nos proporciona mais satisfações:

1) Porque o prazer de comer, praticado com moderação, é o único que não se acompanha de fadiga;

2) Porque é um prazer de todos os tempos, de todas as idades e de todas as condições;

3) Porque retorna necessariamente ao menos uma vez por dia, podendo ser repetido, sem inconveniente, duas ou três vezes nesse espaço de tempo;

4) Porque pode se misturar a todos os outros e até mesmo nos consolar da ausência destes;

5) Porque as impressões que recebe são ao mesmo tempo mais duradouras e mais dependentes de nossa vontade;

6) Enfim, porque ao comermos experimentamos um certo bem-estar indefinível e particular, que vem da consciência instintiva; isto porque, ao comermos, reparamos nossas perdas e prolongamos nossa existência.

É o que será mais amplamente desenvolvido no capítulo em que trataremos especialmente do prazer da mesa, tal como é desfrutado pela civilização atual.

14. SUPREMACIA DO HOMEM

Fomos educados na doce crença de que, de todas as criaturas que marcham, nadam, rastejam ou voam, o homem é aquela cujo gosto é o mais perfeito.

Essa crença corre o risco de ser abalada.

O doutor Gall,* baseado não sei em que provas, afirma que há animais cujo aparelho gustativo é mais desenvolvido, e portanto mais perfeito que o do homem.

Essa doutrina é incorreta e cheira a heresia.

O homem, por direito divino rei da natureza, e em benefício do qual a Terra foi coberta e povoada, deve necessariamente ser dotado de um órgão capaz de colocá-lo em contato com tudo o que há de sápido em seus súditos.

A língua dos animais não tem uma capacidade maior que sua inteligência; nos peixes, ela não é mais que um osso móvel; nas aves em geral, uma cartilagem membranosa; nos quadrúpedes, é com frequência revestida de crostas ou rugosidades, e aliás não apresenta movimentos circunflexos.

A língua do homem, ao contrário, pela delicadeza de sua contextura e das diversas membranas que a cercam, anuncia claramente a sublimidade das operações às quais se destina.

Além disso, descobri nela pelo menos três movimentos desconhecidos aos animais, e que nomeio movimentos de *espicação*, *rotação* e *varrição*. O primeiro ocorre quando a língua se projeta em forma de espiga entre os lábios que a comprimem; o segundo, quando a língua se move circularmente no espaço compreendido entre o interior das bochechas e o céu da boca; o terceiro, quando a língua, recurvando-se para cima ou para baixo, recolhe fragmentos de comida que podem permanecer no canal semicircular formado pelos lábios e as gengivas.

Os animais são limitados em seus gostos: uns vivem apenas de vegetais, outros só comem carne; há os que se alimentam exclusivamente de grãos; nenhum deles conhece os sabores compostos.

Já o homem é *onívoro*; tudo o que é comestível submete-se a seu vasto apetite; o que implica, como consequência imediata, poderes de degustação

---

* Franz Josef Gall (1758-1828), médico alemão e autor de vários livros sobre o cérebro. (N. T.)

proporcionais ao extenso uso que fará desses poderes. De fato, o aparelho do gosto é de uma rara perfeição no homem, e, para nos convencermos claramente disso, vejamo-lo em ação.

Assim que um corpo esculento é introduzido na boca, ele é confiscado, gás e suco, sem retorno.

Os lábios se opõem a que retroceda; os dentes se apoderam dele e o trituram; a saliva o embebe; a língua o amassa e o revira; um movimento aspiratório o impele em direção à garganta; a língua se levanta para fazê-lo deslizar; seu cheiro é percebido pelo olfato ao passar, e ele é precipitado no estômago, onde sofrerá transformações ulteriores, sem que nenhuma de suas parcelas, nenhuma gota, nenhum átomo, em toda essa operação, tenha deixado de submeter-se ao poder apreciador.

É por causa dessa perfeição que a gula é o apanágio exclusivo do homem.

Essa gula é inclusive contagiosa, e a transmitimos prontamente aos animais de que nos apropriamos para nosso uso, e que de certo modo convivem conosco, como elefantes, cachorros, gatos e até mesmo papagaios.

Se alguns animais têm a língua mais grossa, o palato mais desenvolvido, a goela mais ampla, é que essa língua, agindo como músculo, destina-se a revolver grandes pesos; o palato, a comprimir; a goela, a ingerir porções maiores; mas nenhuma analogia autoriza a concluir disso que o sentido seja mais perfeito.

Aliás, como o gosto só pode ser julgado pela natureza da sensação que leva ao centro comum, a impressão recebida pelo animal não pode se comparar à que ocorre no homem; esta última, sendo ao mesmo tempo mais clara e mais precisa, supõe necessariamente uma qualidade superior no órgão que a transmite.

Enfim, o que mais se pode desejar numa faculdade tão perfeita, que os gastrônomos de Roma eram capazes de distinguir, pelo gosto, o peixe pescado nas pontes do que fora pescado mais abaixo no rio? Não sabemos, hoje, de homens que descobrem o sabor particular da perna sobre a qual a perdiz se apoia enquanto dorme? E não estamos cercados de gourmets que podem indicar a latitude na qual um vinho amadureceu tão seguramente quanto um aluno de Biot ou de Arago sabe predizer um eclipse?

O que se conclui disso? Que é preciso dar a César o que é de César, proclamar o homem *o grande gastrônomo da natureza*, e não se espantar de que o bom doutor faça às vezes como Homero: *Auch zuweiller schlaffert der guter Gott.**

15. MÉTODO ADOTADO PELO AUTOR

Até aqui examinamos o gosto apenas sob o aspecto de sua constituição física; e exceto alguns detalhes anatômicos, cuja falta poucos leitores sentirão, fomos rigorosamente científicos. Mas não termina aí a tarefa que nos impusemos; pois é sobretudo de sua história moral que esse sentido reparador retira sua importância e sua glória.

Assim dispusemos segundo uma ordem analítica as teorias e os fatos que compõem o conjunto dessa história, de modo que haja instrução sem fadiga. E mostraremos, nos capítulos a seguir, de que maneira as sensações, à força de se repetirem e de se refletirem, aperfeiçoaram o órgão e ampliaram a esfera de seus poderes; de que maneira a necessidade de comer, que a princípio era somente um instinto, tornou-se uma paixão influente, com uma ascendência bem marcada sobre tudo o que diz respeito à sociedade.

Diremos também como todas as ciências que se ocupam da composição dos corpos se associaram para classificar e separar aqueles que podem ser apreciados pelo gosto, e como os viajantes visaram o mesmo objetivo, submetendo a nossos testes substâncias que a natureza parecia ter destinado a jamais serem descobertas.

Seguiremos a química no momento em que penetrou nos laboratórios subterrâneos para instruir nossos cozinheiros, estabelecer princípios, criar métodos e revelar causas até então ocultas.

Enfim, veremos como, mediante o poder combinado do tempo e da experiência, surgiu de repente uma nova ciência, que alimenta, restaura, conserva, persuade, consola e, não contente de lançar flores a mancheias no caminho do indivíduo, contribui ainda mais poderosamente para a força e a prosperidade dos impérios.

Se, em meio a estas graves elucubrações, uma anedota picante, uma lem-

* "Deus também dorme de vez em quando." (N. T.)

brança agradável, ou certa aventura de uma vida agitada, se apresentarem ao correr da pena, deixaremos que flua, para repousar um pouco a atenção dos leitores. O número desses leitores não nos assusta, e com eles, ao contrário, teremos o maior prazer de confabular; pois, se forem homens, estamos certos de que serão tão indulgentes quanto instruídos; e, se forem damas, serão necessariamente encantadoras.

Aqui o professor, repleto de seu assunto, deixou cair a mão e se elevou às regiões superiores.

Remontou a corrente das idades e surpreendeu no berço as ciências que têm por objeto a gratificação do gosto; seguiu seus progressos através da noite dos tempos; e percebendo que, em relação às delícias que nos oferecem, os primeiros séculos sempre foram menos afortunados que os que vieram depois, ele pegou sua lira e cantou, no modo dório, a melopeia histórica que o leitor encontrará entre as "Variedades"(ver o final do volume).

# Meditação 3
*Da gastronomia*

16. ORIGEM DAS CIÊNCIAS

As ciências não são como Minerva, que sai completamente armada do cérebro de Júpiter; são filhas do tempo, e se formam insensivelmente, primeiro pela acumulação dos métodos indicados pela experiência, mais tarde pela descoberta dos princípios que se deduzem da combinação desses métodos.

Assim os primeiros velhos cuja experiência fez que fossem chamados junto ao leito dos enfermos, aqueles cuja compaixão levou a tratar das feridas, foram também os primeiros médicos.

Os pastores do Egito que observaram que alguns astros, após um certo período, retornavam às mesmas posições no céu, foram os primeiros astrônomos.

Aquele que pela primeira vez exprimiu por caracteres esta proposição tão simples: "dois mais dois é igual a quatro", criou a matemática, ciência poderosa que de fato elevou o homem ao trono do universo.

Ao longo dos últimos sessenta anos, diversas novas ciências vieram tomar parte no sistema de nossos conhecimentos, entre outras a estereotomia, a geometria descritiva e a química dos gases.

Todas essas ciências, cultivadas durante um número infinito de gerações, farão progressos, mais seguros na medida em que a imprensa as livra do perigo de retrocederem. Quem sabe, por exemplo, se a química dos gases não conseguirá dominar aqueles elementos até agora rebeldes, misturá-los, combiná-los em proporções ainda não tentadas, e deste modo obter substâncias e efeitos que alargariam em muito os limites de nossos poderes?

## 17. ORIGEM DA GASTRONOMIA

A gastronomia acabou surgindo, e suas irmãs se reuniram para lhe dar as boas-vindas.

Pois, como se poderia rejeitar aquela que nos sustenta do nascimento ao túmulo, que faz crescer as delícias do amor e a confiança da amizade, que desarma o ódio, facilita os negócios e nos oferece, na curta trajetória da vida, o único prazer que não se acompanha de fadiga e ainda nos descansa de todos os outros?

Certamente, enquanto a preparação da comida foi exclusivamente confiada a servidores pagos, enquanto seu segredo permaneceu nos subterrâneos, enquanto apenas os cozinheiros dominaram essa matéria e só se escreveram livros de culinária, os resultados de tais trabalhos não foram mais que os produtos de uma arte.

Mas enfim, demasiado tarde talvez, os homens de ciência se aproximaram.

Examinaram, analisaram e classificaram as substâncias alimentares, reduzindo-as a seus elementos mais simples.

Sondaram os mistérios da assimilação, e, seguindo a matéria inerte em suas metamorfoses, viram como ela podia adquirir vida.

Acompanharam a dieta em seus efeitos passageiros ou permanentes, por alguns dias, por alguns meses, ou por toda a vida.

Apreciaram sua influência inclusive sobre a faculdade de pensar, seja quando a alma é impressionada pelos sentidos, seja quando responde sem a cooperação desses órgãos; e de todos esses trabalhos deduziram uma grande teoria, que abrange todo o homem e toda a parte da criação capaz de se animalizar.

Enquanto todas essas coisas se passavam nos gabinetes dos cientistas, dizia-se bem alto nos salões que a ciência que alimenta os homens vale tanto, pelo menos, quanto a que ensina como matá-los; os poetas cantavam os prazeres da mesa, e os livros sobre a boa refeição apresentavam ideias mais profundas e máximas de interesse geral.

Tais são as circunstâncias que precederam o advento da gastronomia.

## 18. DEFINIÇÃO DA GASTRONOMIA

A gastronomia é o conhecimento fundamentado de tudo o que se refere ao homem, na medida em que ele se alimenta.

Seu objetivo é zelar pela conservação dos homens, por meio da melhor alimentação possível.

Ela atinge esse objetivo dirigindo, mediante princípios seguros, todos os que pesquisam, fornecem ou preparam as coisas que podem se converter em alimentos.

Assim, é ela, a bem dizer, que move os lavradores, os vinhateiros, os pescadores, os caçadores e a numerosa família dos cozinheiros, seja qual for o título ou a qualificação sob a qual disfarçam sua tarefa de preparar alimentos.

A gastronomia está relacionada:

À história natural, pela classificação que faz das substâncias alimentares;

À física, pelo exame de seus componentes e de suas qualidades;

À química, pelas diversas análises e decomposições a que submete tais substâncias;

À culinária, pela arte de preparar as iguarias e torná-las agradáveis ao gosto;

Ao comércio, pela pesquisa dos meios de adquirir pelo menor preço possível o que consome, e de oferecer o mais vantajosamente possível o que vende;

Enfim, à economia política, pelas fontes de renda que apresenta à tributação e pelos meios de troca que estabelece entre as nações.

A gastronomia governa a vida inteira do homem; pois os choros do recém-nascido reclamam o seio de sua ama de leite, e o moribundo recebe ainda com prazer a poção suprema que, infelizmente, não pode mais digerir.

Sua influência se exerce em todas as classes da sociedade; pois se é ela que dirige os banquetes dos reis reunidos, também é ela que calcula o número de minutos de ebulição necessários para que um ovo fresco seja cozido ao ponto.

O assunto material da gastronomia é tudo o que pode ser comido; seu objetivo direto, a conservação dos indivíduos; e seus meios de execução, a cultura que produz, o comércio que troca, a indústria que prepara e a experiência que inventa os meios de dispor tudo para o melhor uso.

### 19. OBJETOS DIVERSOS DOS QUAIS SE OCUPA A GASTRONOMIA

A gastronomia considera o gosto tanto em seus prazeres como em seus desprazeres; ela descobriu as excitações graduais a que este sentido é suscetível; regularizou sua ação e estabeleceu os limites que o homem que se respeita jamais deve ultrapassar.

Ela considera também a ação dos alimentos sobre o moral do homem, sobre sua imaginação, seu espírito, seu julgamento, sua coragem e suas percepções, esteja ele desperto, ou durma, ou aja, ou repouse.

É a gastronomia que fixa o ponto de esculência de cada substância alimentar, pois nem todas se apresentam nas mesmas circunstâncias.

Umas devem ser apresentadas antes de terem chegado a seu completo desenvolvimento, como as alcaparras, os aspargos, os leitões, os pombos destinados a papinhas e outros animais que se comem na primeira infância; outras, no momento em que atingiram a perfeição, como os melões, a maior parte das frutas, o carneiro, o boi e todos os animais adultos; outras, ainda, quando começam a se decompor, como as nêsperas, a galinhola, e sobretudo o faisão; outras, enfim, como a batata e a mandioca, depois que suas qualidades nocivas foram retiradas.

É também a gastronomia que classifica essas substâncias segundo suas qualidades diversas, que indica as que podem se associar, e, avaliando seus diversos graus de alibilidade, distingue as que devem ser a base de nossas refeições daquelas que são apenas acessórios, e também daquelas que, já não sendo mais necessárias, são, no entanto, uma distração agradável, e se tornam o acompanhamento indispensável da confabulação convivial.

Ela não se ocupa com menos interesse das bebidas que nos são destinadas, conforme o tempo, os lugares e os ambientes. Ensina a prepará-las, a conservá-las, e sobretudo a apresentá-las numa ordem calculada de forma que o gozo resultante seja sempre crescente, até o momento em que o prazer acaba e o abuso começa.

É a gastronomia que inspeciona os homens e as coisas, para transportar de um país a outro tudo o que merece ser conhecido, fazendo que um festim cuidadosamente organizado seja como um resumo do mundo, em que cada parte comparece por intermédio de seu representante.

## 20. UTILIDADE DOS CONHECIMENTOS GASTRONÔMICOS

Os conhecimentos gastronômicos são necessários a todos os homens, pois tendem a aumentar a soma de prazer que lhes é destinada: essa utilidade aumenta à proporção que se aplica às classes mais abastadas da sociedade; enfim, são indispensáveis às pessoas de considerável riqueza que recebem muita gente, façam-no ou por razões políticas, ou por seguirem as próprias inclinações, ou ainda por obediência à moda.

Elas descobrem nisso uma vantagem especial, pois algo de sua personalidade transparece na maneira como a mesa é disposta; e até certo ponto podem vigiar os depositários forçados de sua confiança, e mesmo dirigi-los em muitas ocasiões.

O príncipe de Soubise resolveu um dia dar uma festa; ela devia terminar com um jantar, e o príncipe exigiu o cardápio.

O maître apresentou-se de manhã cedo com um cartão ornado de vinhetas, e o primeiro item sobre o qual o príncipe pôs os olhos foi o seguinte: *cinquenta pernis de porco*. "Bertrand", diz ele, "não estás exagerando? Cinquenta pernis de porco! Queres regalar todo o meu regimento?" "Não, meu príncipe, apenas um aparecerá na mesa; mas preciso dos restantes para meu molho ferrugem, meus caldos, minhas guarnições, meus..." "Estás me roubando, Bertrand, e este item não passará." "Ah", diz o artista, mal contendo a cólera, "o senhor não conhece nossos recursos! Ordene, e farei com que esses cinquenta pernis de porco aos quais se opõe entrem num frasco de cristal não maior que meu polegar."

Que responder a uma asserção tão positiva? O príncipe sorriu, baixou a cabeça e o item foi aprovado.

## 21. INFLUÊNCIA DA GASTRONOMIA NOS NEGÓCIOS

Sabe-se que entre os homens ainda próximos do estado de natureza qualquer assunto de alguma importância é tratado à mesa; é em meio a festins que os selvagens decidem a guerra ou fazem a paz; sem ir tão longe, podemos ver nossos aldeões resolverem todos os seus negócios no botequim.

Essa observação não escapou aos que seguidamente devem tratar de questões do maior interesse; eles perceberam que o homem alimentado não é o mesmo que o homem em jejum; que a mesa estabelecia uma espécie de vínculo entre os participantes de uma discussão; que ela os tornava mais aptos a acolher certas impressões, a submeter-se a certas influências; daí nasceu a gastronomia política. As refeições se tornaram um meio de governo, e a sorte dos povos passou a ser decidida em banquetes. Isso não é um paradoxo nem mesmo uma novidade, mas uma simples constatação. Leiam-se todos os historiadores, de Heródoto aos nossos dias, e se verá que, sem excluir sequer as conspirações, jamais houve um grande acontecimento que não tivesse sido concebido, preparado e ordenado nos festins.

## 22. ACADEMIA DOS GASTRÔNOMOS

Eis aí, em linhas gerais, o domínio da gastronomia, domínio fértil em resultados de toda espécie, e que só poderá crescer com as descobertas e os trabalhos dos cientistas que irão cultivá-lo; pois é impossível que, dentro de poucos anos, a gastronomia não conte com seus acadêmicos, seus cursos, seus professores e suas indicações de prêmios.

Primeiro, um gastrônomo rico e zeloso realizará em sua casa encontros periódicos, onde os pesquisadores teóricos se reunirão aos artistas para discutir e aprofundar as diversas partes da ciência alimentar.

Em seguida (e é a história de todas as academias) o governo irá intervir, regularizar, proteger, instituir e aproveitar a ocasião para compensar o povo de todos os órfãos que o canhão produziu, por todas as Ariadnes que uma convocação à guerra fez chorar.

Feliz o homem público que ligar seu nome a essa instituição tão necessária! Esse nome será repetido de geração a geração com os de Noé, Baco, Triptolemo e outros benfeitores da humanidade; ele será, entre os ministros, o que Henrique IV é entre os reis, e seu louvor estará em todas as *bocas*, sem que nenhum regulamento torne isso obrigatório.

# Meditação 4
*Do apetite*

23. DEFINIÇÃO DO APETITE

O movimento e a vida ocasionam, no corpo vivo, uma contínua perda de substância; e o corpo humano, essa máquina tão complicada, deixaria de funcionar se a Providência não o tivesse equipado de um meio que o avisa quando suas forças não estão mais em equilíbrio com suas necessidades.

Esse monitor é o apetite. Entende-se por essa palavra a primeira indicação da necessidade de comer.

O apetite se anuncia por um certo langor no estômago e uma leve sensação de fadiga.

Ao mesmo tempo, a alma se ocupa de objetos análogos às suas necessidades; a memória convoca as coisas que agradaram o gosto; a imaginação julga vê-las; existe nisso algo semelhante ao sonho. Esse estado tem seus encantos; e ouvimos milhares de adeptos exclamarem com alegria: "Que prazer ter um bom apetite, quando se tem a certeza de logo fazer uma boa refeição!".

Entretanto, o aparelho nutritivo põe-se todo em movimento; o estômago se torna sensível, os sucos gástricos se exaltam, os gases interiores se deslocam com ruído; a boca se enche de saliva e todas as forças digestivas estão em armas, como soldados que apenas aguardam uma ordem de comando para agir.

Mais alguns momentos, têm início movimentos espasmódicos, bocejos, dores no estômago, e se terá fome.

Pode-se observar todas as nuances desses diversos estados em qualquer salão onde o jantar se faz esperar.

São reações tão naturais que a mais requintada polidez é incapaz de disfarçar seus sintomas; donde este meu apotegma: *De todas as qualidades do cozinheiro, a mais indispensável é a pontualidade.*

## 24. ANEDOTA

Ilustro esta grave máxima com os detalhes de uma observação feita numa reunião da qual participava (*Quorum pars magna fui*), e na qual o prazer de observar me salvou das angústias do sofrimento.

Fui um dia convidado a jantar na casa de um alto funcionário público. O convite era para as cinco e meia da tarde, e, na hora indicada, todos estavam lá, pois sabia-se que ele gostava de pontualidade e às vezes repreendia os retardatários.

Ao chegar, fiquei impressionado com o ar de consternação que reinava no ambiente; as pessoas cochichavam e olhavam para o pátio pelas janelas; em alguns rostos lia-se o espanto: certamente havia acontecido algo de extraordinário.

Aproximei-me de um dos convidados que me pareceu mais capaz de satisfazer minha curiosidade, e perguntei-lhe o que estava acontecendo. "Oh", respondeu-me com o acento da mais profunda aflição, "nosso anfitrião acaba de ser chamado ao Conselho de Estado; parte neste momento e ninguém sabe quando voltará!" "Apenas isso?", respondi com um ar despreocupado que não mostrava o que eu realmente sentia. "Não levará mais que um quarto de hora; alguma informação que precisa ser dada; sabem que há hoje aqui um jantar oficial; nenhuma razão para nos deixarem em jejum." Falei assim, mas no fundo estava preocupado, e gostaria de não estar ali.

A primeira hora transcorreu depressa; amigos e conhecidos sentaram-se juntos para conversar; esgotados os assuntos banais, passou-se a fazer conjeturas sobre a causa que teria feito chamar às Tulherias nosso caro anfitrião.

Na segunda hora começou-se a perceber alguns sintomas de impaciência; as pessoas se olhavam com inquietude; e os primeiros murmúrios de queixa partiram de três ou quatro convidados que, não tendo onde sentar, não estavam em posição cômoda para esperar.

Na terceira hora o descontentamento foi geral, e todos se queixavam. "Quando ele voltará?", dizia um. "O que ele está pensando?", dizia outro. "Não aguento mais!", dizia um terceiro. E fazia-se, sem jamais resolvê-la, a seguinte questão: "Ir embora? não ir embora?".

Na quarta hora todos os sintomas se agravaram: as pessoas erguiam os braços, com o perigo de furar o olho do vizinho; de todos os lados ouviam-se bocejos sonoros; os rostos estavam pálidos de concentração; e ninguém me escutou quando ousei dizer que aquele cuja ausência tanto nos contristava era certamente o mais infeliz de todos.

A atenção foi momentaneamente distraída por uma aparição. Um dos convidados, mais íntimo da casa que os demais, foi até a cozinha e voltou esbaforido: sua figura anunciava o fim do mundo, e ele exclamou com uma voz quase inarticulada, naquele tom surdo que exprime ao mesmo tempo o temor de fazer ruído e a vontade de ser ouvido: "O dono da casa partiu sem deixar instruções, e, não importa quanto dure sua ausência, não servirão até que ele volte". O calafrio que essa declaração causou não será ultrapassado pelo efeito da trombeta do Juízo Final.

Entre todos aqueles mártires, o mais desditoso era o bom D'Aigrefeuille, que toda Paris conheceu. Seu corpo era puro sofrimento, e a dor de Laocoonte transparecia em seu rosto. Pálido, transtornado, não vendo nada, veio se afundar num sofá, fechou os olhos, não para dormir, mas para esperar a morte.

Mas a morte não veio. Por volta das dez da noite, ouviu-se uma carruagem entrar no pátio; todos se levantaram num movimento espontâneo. A hilaridade sucedeu à tristeza; e, após cinco minutos, estávamos à mesa.

Mas a hora do apetite passara. Era como se nos espantássemos de começar a jantar numa hora tão indevida; as mandíbulas não tinham aqueles movimentos isócronos que indicam uma atividade regular; e mais tarde soube que vários convidados sentiram algum desconforto por causa disso.

A recomendação em semelhante caso é não comer imediatamente depois que o obstáculo cessou; mas ingerir um copo de água açucarada, ou uma tigela de caldo de carne, esperar a seguir uns doze ou quinze minutos, para que o órgão crispado não seja oprimido pelo peso dos alimentos que o sobrecarregam.

## 25. GRANDES APETITES

Quando vemos, na literatura antiga, os preparativos que se faziam para receber duas ou três pessoas, bem como as porções enormes que eram servidas a um único hóspede, é difícil não pensar que os homens que viviam mais perto que nós do berço do mundo não fossem também dotados de um maior apetite.

Supunha-se que esse apetite aumentava em razão direta da dignidade da personagem; e aquele a quem serviam nada menos que o lombo inteiro de um touro de cinco anos, devia beber numa taça cujo peso ele mal suportava.

Houve indivíduos, desde então, que deram prova do que pode ter ocorrido antigamente, e os registros históricos estão cheios de exemplos de uma voracidade quase inacreditável, e que se estendia a tudo, mesmo aos objetos mais incômodos.

Dispensarei meus leitores desses detalhes às vezes um tanto repugnantes, e prefiro contar-lhes dois fatos particulares dos quais fui testemunha, e que não exigem da parte deles uma crença cega.

Há uns quarenta anos, visitei de passagem o padre Bregnier, homem de grande estatura, e cujo apetite era famoso em toda a região.

Embora ainda nem fosse meio-dia, já o encontrei à mesa. Haviam trazido a sopa e a carne cozida, e a esses dois pratos inevitáveis seguiram-se uma perna de carneiro *à la royale*, um belo pedaço de capão e uma salada copiosa.

Assim que me viu, pediu um prato para mim, que recusei, e fiz bem; pois, sozinho e sem ajuda, devorou sem dificuldade tudo, a saber: o carneiro até o branco da perna, o capão até os ossos, e a salada até o fundo do prato.

Trouxeram em seguida um grande queijo branco, no qual ele abriu uma brecha angular de noventa graus. Regou tudo com vinho branco e uma garrafa d'água, após o que repousou.

O que me encantou foi que, durante toda essa operação, que durou cerca de três quartos de hora, o venerável padre não pareceu apressado. Os grandes bocados que lançava na boca profunda não o impediam de falar nem de rir; e ele devorou tudo o que fora servido diante dele sem o menor espalhafato, como se tivesse comido apenas três cotovias.

Era assim que o general Bisson, que bebia diariamente oito garrafas de vinho no desjejum, não parecia dar-se conta disso; ele tinha um copo maior que os outros e o esvaziava com mais frequência; mas dava a impressão de fazê-lo sem pensar; e, embora ingerindo deste modo mais de cinco litros, não deixava de gracejar e dar suas ordens como se tivesse bebido apenas um copo.

Este último fato me traz à memória o bravo general Prosper Sibuet, meu conterrâneo, por muito tempo primeiro ajudante de campo do general Masséna, e morto no campo de honra em 1813, na passagem do rio Bober.

Prosper estava com dezoito anos, e tinha aquele esplêndido apetite por intermédio do qual a natureza proclama que está constituindo um homem vigoroso, quando entrou certa noite na cozinha de Genin, dono de uma taverna onde os veteranos de Belley tinham o costume de se reunir para comer castanhas e beber vinho branco novo, que eles chamam *vin bourru*.

Acabavam de tirar do espeto um magnífico peru, bonito, dourado, cozido ao ponto, e cujo cheiro teria tentado um santo.

Os mais velhos, que não estavam mais com fome, não prestaram muita atenção no peru; mas os poderes digestivos do jovem Prosper foram logo afetados; a saliva lhe veio à boca e ele exclamou: "Acabo de sair da mesa, mas aposto que sou capaz de comer sozinho esse peru inteiro". "*Sez vosu mezé, z'u payo*", retorquiu Bouvier du Bouchet, um robusto lavrador que estava presente; "*è sez voscaca en rotaz, i-zet vo ket pairé et may ket mezerai la restaz.*"*

Prosper imediatamente atacou uma coxa, comeu a asa com o mesmo sangue-frio, e bebeu um copo de vinho para preparar a passagem do resto.

Logo a segunda asa seguiu o mesmo caminho; e o oficiante, cada vez mais animado, já se lançava ao último membro, quando o desafortunado agricultor disse numa voz queixosa: "*Hai! ze vaie* praou *qui'zet fotu; m'ez, monche Chibouet, poez kaet zu daive paiet, lessé m'en à m'en mesiet on mocho*".**

---

* "Si vous le mangez, je vous le paie; mais si vous restez en route, c'est vous qui paierez, et moi qui mangerai le reste" (Se você comer, eu pago; mas se desistir no caminho, você é quem paga e comerei o resto).
** "Hélas! je vois bien que c'en est fini; mais monsieur Sibuet, puisque je dois le payer, laissez-m'en au moins un morceau" (Oh, que pena! vejo que vai acabar com ele; mas já que devo pagar, senhor Sibuet, deixe-me ao menos um pedaço).

Cito com prazer essa amostra do dialeto do Bugey, em que aparece o *th* dos gregos e dos ingleses, bem como um ditongo, na palavra *praou* e outras semelhantes, que não existe em nenhuma outra língua e cujo som não pode ser descrito por nenhum caráter conhecido. (Ver o terceiro volume das *Mémoires de la Société Royale des Antiquaires de France.*)

Prosper era tão bom camarada quanto depois foi bom militar; consentiu no pedido do antagonista, que ficou com a carcaça da ave, ainda provida de bastante carne, e depois pagou de bom grado a conta e as rodadas de bebida.

O general Sibuet gostava muito de citar essa proeza de sua juventude; dizia que aceitara a colaboração do agricultor por pura cortesia, garantindo que seria perfeitamente capaz de ganhar a aposta sem essa ajuda; o que lhe restava de apetite quarenta anos depois não permitia duvidar de sua afirmação.

# Meditação 5
*Dos alimentos em geral*

26. DEFINIÇÕES

O que se entende por alimentos?
*Resposta popular*: Alimento é tudo o que nos abastece.
*Resposta científica*: Entendem-se por alimentos as substâncias que, submetidas ao estômago, podem ser animalizadas pela digestão e reparar as perdas sofridas pelo corpo humano nas atividades da vida.
Assim, a qualidade distintiva do alimento consiste na propriedade de ser passível de assimilação animal.

27. ESTUDOS ANALÍTICOS

O reino animal e o reino vegetal são aqueles que, até o presente, forneceram alimentos ao gênero humano. Dos minerais, por enquanto, só foram extraídos remédios ou venenos.
Desde que a química analítica tornou-se uma ciência segura, muito se descobriu acerca da dupla natureza dos elementos que compõem nosso corpo, e acerca das substâncias que a natureza parece ter destinado a reparar suas perdas.

Esses estudos tinham uma grande analogia entre si, uma vez que o homem é composto em grande parte das mesmas substâncias que os animais dos quais se nutre; e também era essencial pesquisar, nos vegetais, as afinidades que as tornam igualmente capazes de animalização.

Nesses dois caminhos foram feitos estudos os mais louváveis e ao mesmo tempo os mais minuciosos, e foi possível desvendar tanto o corpo humano como os alimentos que o reparam, primeiro por meio das partículas secundárias, depois em seus elementos básicos, não nos sendo ainda permitido penetrar além desse ponto.

Aqui, eu tinha originalmente a intenção de apresentar um pequeno tratado de química alimentar, informando a meus leitores a quantos milésimos de carbono, de hidrogênio etc. poderiam ser reduzidos eles próprios e as comidas que os alimentam; mas desisti da ideia por não poder cumprir bem essa tarefa a não ser copiando os excelentes tratados de química disponíveis a todos. Também fiquei com receio de entrar em detalhes estéreis, e resolvi limitar-me a uma nomenclatura científica, reservando-me o direito de introduzir, aqui e ali, alguns resultados químicos em termos menos complicados e mais inteligíveis.

## 28. OSMAZOMA

O maior serviço prestado pela química à ciência alimentar foi a descoberta, ou melhor, a compreensão precisa da osmazoma.*

A osmazoma é aquela parte eminentemente sápida das carnes que é solúvel em água fria, e que se distingue da parte extrativa, apenas solúvel em água fervente.

A osmazoma é a responsável pelas boas sopas; é ela que, ao se caramelizar, forma o refogado das carnes; é por ela que se forma o tostado dos assados; enfim, é dela que emana o cheiro de carne de veado e outros animais de caça.

A osmazoma é retirada sobretudo de animais adultos com carnes vermelhas, escuras, e que se convencionou chamar *chairs faites*; quase não é encontrada no cordeiro, no leitão, no frango e mesmo na carne branca das aves maiores:

---

* Nome criado pelo químico francês Louis-Jacques Thénard (1777-1857) a partir do grego *osmé* (odor) e *zómos* (caldo), e que designa o que hoje é chamado creatina. (N. T.)

é por esse motivo que os verdadeiros conhecedores, cujo instinto do gosto antecipou a ciência, sempre preferiram a entreperna.

Foi também a presciência da osmazoma que fez com que muitos cozinheiros fossem demitidos por jogar fora o primeiro caldo da carne; foi ela também que deu reputação às melhores sopas, que criou o hábito de embeber o pão no molho, e levou o cônego Chevrier a inventar panelas fechadas a chave, o mesmo cônego a quem jamais era servido espinafre na sexta-feira se não tivesse sido cozido desde o domingo, voltando diariamente ao fogo com uma nova adição de manteiga fresca.

Enfim, foi para honrar essa substância, embora ainda desconhecida, que se introduziu a máxima segundo a qual, para fazer um bom caldo, a panela devia apenas *sorrir*, expressão bastante refinada para a região de onde surgiu.

A osmazoma, descoberta após ter feito por tanto tempo as delícias de nossos antepassados, pode ser comparada ao álcool, que embebedou muitas gerações antes que soubessem ser possível obtê-lo por meio da destilação.

À osmazoma sucede, pelo tratamento com água fervente, o que é mais particularmente chamado matéria extrativa: este último produto, reunido à osmazoma, compõe o suco de carne.

PRINCÍPIO DOS ALIMENTOS — A fibra é o que compõe o tecido da carne e é visível após a cocção. A fibra resiste à fervura e conserva sua forma, embora despojada de uma parte de seus envoltórios. Para trinchar bem as carnes é preciso cuidar que a fibra esteja em ângulo reto, ou aproximadamente reto, com a lâmina da faca: a carne assim cortada tem um aspecto mais agradável, saboreia-se melhor e mastiga-se mais facilmente.

Os ossos são compostos principalmente de gelatina e fosfato de cálcio.

A quantidade de gelatina diminui com a idade. Aos sessenta anos, os ossos não são mais que um mármore imperfeito; é o que os faz tão quebradiços e aconselha aos velhos evitar riscos de queda.

A albumina se encontra igualmente na carne e no sangue; ela se coagula a um calor abaixo de 40°C, e é o que forma a espuma do cozido de carne.

A gelatina se verifica tanto nos ossos como nas partes moles e cartilaginosas do corpo; sua qualidade distintiva é coagular-se à temperatura ordinária da atmosfera; duas partes e meia em cem de água quente são suficientes para isso.

A gelatina é a base de todas as geleias gordas e magras, molhos brancos e outras preparações análogas.

A gordura é um óleo concreto que se forma nos interstícios do tecido celular, e se acumula às vezes em grande quantidade nos animais predispostos a isso pela domesticação ou pela natureza, como os porcos, as galinhas, as verdelhas e as toutinegras; em alguns desses animais ela perde sua insipidez, e adquire um leve aroma que a torna bastante agradável.

O sangue se compõe de um soro albuminoso, de fibrina, de um pouco de gelatina e um pouco de osmazoma; ele se coagula em água quente e se torna um alimento muito nutritivo (como o chouriço).

Todos os princípios que acabamos de passar em revista são comuns ao homem e aos animais dos quais ele costuma se alimentar. Portanto não surpreende que a dieta animal seja eminentemente revigorante e fortificante; pois suas partes componentes, tendo com as nossas uma grande similitude e tendo sido já animalizadas, podem facilmente se animalizar de novo quando submetidas à ação vital de nossos órgãos digestores.

## 29. REINO VEGETAL

O reino vegetal, no entanto, não apresenta à nutrição menos variedades nem menos recursos.

A fécula nutre perfeitamente, e tanto melhor quanto menos misturada a princípios estranhos.

Entende-se por fécula a farinha ou pó que se pode obter dos grãos cereais, das leguminosas e de várias espécies de raízes, entre as quais a batata ocupa até o presente o primeiro lugar.

A fécula é a base do pão, dos biscoitos e de purês em geral, e por isso está presente em boa parte da alimentação de quase todos os povos.

Disseram que esse alimento enfraquece as fibras e mesmo a coragem do homem. Deram como prova os indianos, que vivem quase exclusivamente do arroz, e que se submetem a qualquer um que queira subjugá-los.

Quase todos os animais domésticos comem com avidez a fécula, e ficam, ao contrário, singularmente fortalecidos, porque se trata de um alimento mais substancial que os vegetais secos ou verdes que habitualmente consomem.

O açúcar não é menos importante, seja como alimento, seja como medicamento.

Essa substância, outrora relegada às Índias ou às colônias, passou a ser cultivada na Europa no começo deste século. Foi descoberta e retirada da uva, do nabo, da castanha, e sobretudo da beterraba; de modo que, rigorosamente falando, a Europa poderia, sob esse aspecto, ser autossuficiente e não mais depender da América ou da Índia. É um serviço eminente que a ciência prestou à sociedade, e um exemplo que poderá ter no futuro resultados mais extensos. (Ver mais adiante o artigo "Açúcar".)

Seja no estado sólido, seja nas diversas plantas em que a natureza o colocou, o açúcar é extremamente nutritivo; os animais são apaixonados por ele; e os ingleses, que dão muito açúcar a seus cavalos de luxo, observaram que estes se comportam bem melhor nas diversas provas a que se submetem.

O açúcar, que nos dias de Luís XIV só era encontrado nos boticários, deu origem a diversas profissões lucrativas, como os *pâtissiers de petit four*, os confeiteiros, os fabricantes de bebidas e outros comerciantes de guloseimas.

Os óleos doces também provêm do reino vegetal; só são esculentos quando associados a outras substâncias, e devem ser considerados sobretudo como condimentos.

O glúten, encontrado particularmente no frumento, contribui fortemente para a fermentação do pão de que toma parte; os químicos chegaram ao ponto de atribuir-lhe uma natureza animal.

Faz-se em Paris, para as crianças e as aves, e em algumas províncias também para os adultos, um biscoito em que o glúten domina, porque parte da fécula foi subtraída com água.

A mucilagem deve sua qualidade nutritiva às diversas substâncias às quais serve de veículo.

A goma pode se tornar, se preciso, um alimento; o que não deve espantar, já que ela contém quase os mesmos elementos que o açúcar.

A gelatina vegetal extraída de várias espécies de frutas, especialmente maçãs, groselhas, marmelos e algumas outras, também pode servir de alimento; ela cumpre melhor sua função unida ao açúcar, mas nunca é tão rica quanto as geleias animais retiradas dos ossos, dos chifres, dos pés de bezerro e da cola de peixe. Esse alimento é em geral leve, adoçante e salutar. Assim a cozinha e a copa se abastecem dele, e o disputam entre si.

DIFERENÇA ENTRE REGIMES GORDO E MAGRO — Com exceção do suco de carne, que, como foi dito, se compõe de osmazoma e matéria extrativa, encontramos nos peixes a maior parte das substâncias que assinalamos nos animais terrestres, como a fibrina, a gelatina, a albumina; de modo que se pode dizer com razão que o suco de carne é o que distingue o regime gordo do magro.

Uma outra particularidade que caracteriza este último regime é que o peixe também contém uma quantidade notável de fósforo e hidrogênio, isto é, o que há de mais combustível na natureza. Conclui-se daí que a ictiofagia é uma dieta que produz calor: o que poderia legitimar certos elogios feitos no passado a algumas ordens religiosas, cujo regime era diretamente contrário àquele de seus votos sabidamente mais frágil.

## 30. OBSERVAÇÃO PARTICULAR

Não falarei mais sobre essa questão de fisiologia; mas não devo omitir um fato cuja existência pode ser facilmente verificada.

Há uns anos fui ver uma casa de campo num pequeno vilarejo nos arredores de Paris, às margens do Sena, defronte à ilha Saint-Denis, e que era formado basicamente por oito cabanas de pescadores. Fiquei impressionado com a quantidade de crianças que vi na estrada.

Manifestei meu espanto ao barqueiro com quem atravessei o rio: "Senhor", disse-me ele, "somos aqui apenas oito famílias e temos cinquenta e três crianças, sendo quarenta e nove meninas e apenas quatro meninos; e desses quatro, este aqui me pertence". Ao dizer essas palavras, ele se ergueu com um ar de triunfo e mostrou-me um garotinho de cinco a seis anos, deitado na parte dianteira do barco, que se distraía triturando com os dentes lagostins crus. O nome desse pequeno vilarejo é...

Dessa observação que remonta a mais de dez anos, e de algumas outras que não posso descrever tão facilmente, fui levado a pensar que o efeito da dieta de peixe sobre a atividade sexual poderia ser mais irritante do que pletórico e substancial; e minha opinião foi reforçada depois que o doutor Bailly provou recentemente, por uma série de fatos observados durante quase um século, que sempre que o número de meninas é notavelmente maior que o de meninos, nos nascimentos anuais, isto se deve a circunstâncias debilitadoras;

o que também nos poderia indicar a origem dos gracejos que em todos os tempos foram feitos ao marido cuja mulher dá à luz uma filha.

Haveria ainda muito a dizer sobre os alimentos considerados em seu conjunto, e sobre as diversas modificações que podem resultar de suas misturas; mas espero que o que foi dito seja mais do que suficiente para a maioria de meus leitores. Remeto os outros aos tratados *ex-professo*, e concluo com duas considerações que não são sem interesse.

A primeira é que a animalização se produz mais ou menos da mesma maneira que a vegetação, ou seja, a corrente reparadora formada pela digestão é aspirada de diversos modos pelas peneiras ou sugadores de que nossos órgãos são providos, e se transforma em carne, unha, osso ou cabelo, assim como a mesma terra regada pela mesma água produz um rabanete, uma alface ou um dente-de-leão, conforme os grãos que o jardineiro lhe confiou.

A segunda é que não se obtêm, na organização vital, os mesmos produtos que na química pura; pois os órgãos destinados a produzir vida e movimento agem poderosamente sobre os elementos que lhes são submetidos.

Mas a natureza, que se compraz em cobrir-se de véus e em nos deter nos primeiros passos de uma descoberta, ocultou o laboratório onde faz suas transformações; e é verdadeiramente difícil explicar, sabendo-se que o corpo humano contém cálcio, fósforo, ferro e outras substâncias mais, de que maneira tudo isso é capaz de sustentar-se e renovar-se durante vários anos com pão e água.

# Meditação 6
*Especialidades*

31. INTRODUÇÃO

Quando comecei a escrever, minha lista de assuntos estava pronta e meu livro completo na cabeça; no entanto, avancei com lentidão, porque parte de meu tempo é dedicada a trabalhos mais sérios.

Nesse meio-tempo, certos assuntos que imaginava estarem a mim reservados foram abordados por outros; livros elementares de química e medicina tornaram-se disponíveis ao grande público, e coisas que eu esperava ensinar pela primeira vez são agora populares: por exemplo, tinha reservado à química da carne cozida várias páginas cuja substância se encontra em dois ou três trabalhos recentemente publicados.

Em consequência, precisei rever essa parte de meu trabalho, e a comprimi tanto que ela foi reduzida a alguns princípios elementares, a algumas teorias pouco divulgadas e a algumas observações resultantes de uma longa experiência, as quais, espero, serão novas para a maioria dos leitores.

32. COZIDO, SOPA ETC.

Chama-se cozido [*pot-au-feu*] um pedaço de carne de vaca tratada com água fervente ligeiramente salgada, a fim de extrair suas partes solúveis.

O caldo de carne [*bouillon*] é o líquido que resta após concluída a operação.

Enfim, chama-se carne cozida [*bouilli*] a carne despojada de sua parte solúvel.

A água dissolve inicialmente uma parte da osmazoma; depois a albumina, a qual, coagulando-se pouco abaixo de 62,5°C, forma a espuma que normalmente se retira; a seguir, o restante da osmazoma com a matéria extrativa ou suco; finalmente, algumas porções do envoltório das fibras, que se separam com o transcorrer da ebulição.

Para obter um bom caldo de carne, é preciso aquecer a água lentamente, a fim de que a albumina não coagule no interior antes de ser extraída; e é preciso que a ebulição seja quase imperceptível, a fim de que as diversas partes sucessivamente dissolvidas possam se unir intimamente e sem dificuldade.

Ao caldo de carne se acrescentam legumes ou raízes para acentuar-lhe o gosto, e pão ou macarrão para torná-lo mais nutritivo: é o que chamamos sopa [*potage*].

A sopa é um alimento saudável, leve, nutritivo, e que convém a todos; satisfaz o estômago e estimula suas faculdades receptivas e digestivas. Mas as pessoas propensas à obesidade devem tomar apenas o caldo de carne.

É consenso geral que em nenhum outro lugar no mundo se toma sopa tão boa como na França, e em minhas viagens encontrei a confirmação dessa verdade. Não há nada de surpreendente nisso: pois a sopa é a base da dieta nacional francesa, e a experiência dos séculos a levou inevitavelmente à perfeição.

## 33. CARNE COZIDA

A carne cozida é um alimento saudável, que aplaca prontamente a fome, que se digere bastante bem mas que não restaura muito, porque a carne perdeu na ebulição parte dos sucos animalizáveis.

Como regra geral, diz-se que a carne de vaca cozida perde a metade de seu peso.

Classificamos em quatro categorias as pessoas que comem carne cozida:

1) Os rotineiros, que a comem porque seus pais a comiam, e que esperam que seus filhos os imitem com a mesma submissão implícita;

2) Os impacientes, que detestam inatividade à mesa, e contraíram o hábito de se lançar imediatamente à primeira matéria que se apresenta (*materiam subjectam*);

3) Os desatentos, que não receberam o fogo sagrado do céu e consideram as refeições como uma tarefa obrigatória, pondo no mesmo nível tudo o que pode alimentá-los, e comportando-se à mesa como a ostra em seu viveiro;

4) Os vorazes, que, dotados de um apetite cuja extensão procuram dissimular, se apressam a lançar no estômago uma primeira vítima para aplacar o fogo gástrico que os devora, e servir de base às várias remessas que farão para o mesmo destino.

Os professores jamais comem carne cozida, por respeito pelos princípios e porque fizeram escutar da cátedra esta verdade incontestável: *a carne cozida é a carne menos seu suco.*\*

## 34. AVES DOMÉSTICAS

Sou grande defensor das causas secundárias, e creio firmemente que a raça inteira dos galináceos foi criada unicamente para forrar nossos guarda-comidas e enriquecer nossos banquetes.

De fato, da codorniz ao peru, onde quer que encontremos um indivíduo dessa numerosa família, temos a certeza de encontrar um alimento leve, saboroso, e que convém tanto ao convalescente como ao homem que goza da mais robusta saúde.

Pois, quem dentre nós, condenado pelo médico à dieta dos monges do deserto, não sorriu à asa de frango devidamente cortada que finalmente lhe anunciava o retorno à vida social?

Não nos contentamos com as qualidades que a natureza deu aos galináceos; a arte se apoderou deles, e, com o pretexto de aperfeiçoá-los, os converteu em mártires. Não apenas os privamos dos meios de se reproduzirem, como também os mantemos em confinamento, na obscuridade, forçando-os a comer, e assim levando-os a uma opulência que não lhes estava destinada.

---

\* Essa verdade começa a se impor, e a carne cozida desapareceu dos jantares bem preparados; foi substituída por um rosbife, um linguado ou uma *matelote* [caldeirada de peixe].

É verdade que essa gordura ultranatural é também deliciosa, e que é por meio dessas práticas condenáveis que lhes damos aquela delicadeza e aquela suculência que fazem as delícias de nossas melhores refeições.

Assim aperfeiçoada, a ave doméstica está para a cozinha assim como a tela para os pintores, ou como o chapéu de Fortunatus\* para os charlatães; servimo-la cozida, assada, frita, quente ou fria, inteira ou em partes, com ou sem molho, desossada, desmembrada, recheada, e sempre com igual sucesso.

Três regiões da antiga França disputam a honra de fornecer as melhores aves domésticas: Caux, Mans e Bresse.

Com relação aos capões há dúvidas, e o que se tem sob o garfo deve parecer o melhor; mas, quanto às galinhas engordadas, a preferência é pelas de Bresse, chamadas *poulardes fines*, e que são redondas como uma maça; é uma pena que sejam raras em Paris, aonde chegam apenas em encomendas especiais.

## 35. O PERU (*COQ-D'INDE*)

O peru é certamente um dos mais belos presentes que o Novo Mundo ofereceu ao antigo.

Os que querem sempre saber mais que os outros dizem que o peru era conhecido pelos romanos, que um foi servido nas bodas de Carlos Magno, e que assim estaria errado atribuir aos jesuítas a honra dessa saborosa importação.

A esses paradoxos poderiam se opor apenas dois fatos:

1) O nome da ave, que atesta sua origem, pois outrora a América era designada pelo nome de Índias Ocidentais;

2) O aspecto do peru, evidentemente de terras estranhas.

Um cientista não poderia se equivocar quanto a isso.

Mas, embora bastante convencido, fiz sobre o assunto pesquisas bastante extensas, das quais dispenso o leitor, e que me deram por resultado:

1) Que o peru apareceu na Europa por volta do final do século XVII;

2) Que foi trazido pelos jesuítas, que criavam grande quantidade deles, especialmente numa granja que possuíam nos arredores de Bourges;

---

\* Nome do herói de um livro popular alemão escrito na metade do século XV. Fortunatus e seus filhos possuem um chapéu mágico de cujos dons abusam para sua própria infelicidade. (N. T.)

3) Que foi dali que eles se espalharam aos poucos pela superfície da França; foi o que fez que em muitos lugares, e na linguagem familiar, se dissesse outrora e se diga ainda um *jesuíta* para designar um peru;

4) Que a América é o único lugar onde se encontrou o peru selvagem e no estado de natureza (não há nenhum assim na África);

5) Que nas granjas da América setentrional, onde é muito comum, ele provém tanto dos ovos capturados e incubados, como de peruzinhos surpreendidos nos bosques e domesticados: o que faz que estejam mais próximos do estado de natureza e conservem ainda sua plumagem primitiva.

Vencido por essas provas, devo aos bons padres um duplo reconhecimento; pois eles também importaram a quinquina, que em inglês é chamada *jesuit's bark* (casca dos jesuítas).

As mesmas pesquisas me indicaram que a espécie do peru vem se aclimatando gradualmente à França. Observadores esclarecidos me disseram que, por volta da metade do século precedente, de vinte perus nascidos apenas dez chegavam à maturidade, enquanto agora, tendo tudo permanecido igual, a proporção é de quinze em cada vinte. As chuvas de tempestade, em particular, lhes são funestas. As grossas gotas de chuva arrastadas pelo vento atingem sua cabeça frágil e mal protegida, fazendo-os perecer.


### 36. APRECIADORES DE PERU

O peru é a mais gorda e, se não a mais fina, ao menos a mais saborosa de nossas aves domésticas.

Tem ainda a vantagem de reunir em torno de si todas as classes da sociedade.

Quando os vinhateiros e os lavradores de nossos campos querem se regalar nas longas noitadas de inverno, o que se vê assar no fogo brilhante da cozinha onde a mesa está posta? Um peru.

Quando o operário, quando o artesão laborioso reúne alguns amigos para gozar de um descanso tanto mais necessário quanto raro, qual o prato obrigatório do jantar que lhes oferece? Um peru, recheado de carnes ou castanhas de Lyon.

E nos círculos mais eminentemente gastronômicos, naquelas reuniões seletas em que a política é forçada a ceder às dissertações sobre o gosto, o que se espera? o que se deseja? o que se vê no segundo prato? Um peru recheado de trufas!... E minhas memórias secretas contêm a nota de que seu suco restaurador mais de uma vez iluminou farsas eminentemente diplomáticas.

37. INFLUÊNCIA FINANCEIRA DO PERU

A importação de perus propiciou grande aumento da fortuna pública, e deu ensejo a um comércio considerável.

Criando perus, os granjeiros podem pagar mais facilmente seus arrendamentos; suas filhas acumulam com frequência um dote suficiente, e os citadinos que querem se regalar com essa carne estrangeira são obrigados a ceder seu dinheiro em troca.

Nessa questão puramente financeira, os perus trufados requerem uma atenção particular.

Tenho razões para supor que, do começo de novembro ao final de fevereiro, são consumidos em Paris cerca de trezentos perus trufados por dia: ao todo, 36 mil perus.

O preço comum de um peru assim preparado é aproximadamente vinte francos, o que perfaz 720 mil francos, ou seja, um apreciável movimento de dinheiro. Ao que é preciso somar uma quantia comparável referente aos faisões, frangos e perdizes igualmente trufados, que vemos diariamente expostos nas lojas de comestíveis, para o suplício dos contempladores que não têm como comprá-los.

38. FAÇANHA DO PROFESSOR

Durante minha estadia em Hartford, em Connecticut, tive a felicidade de matar um peru selvagem. Essa façanha merece passar à posteridade, e a contarei com tanto mais complacência por ser eu o herói.

Um venerável proprietário americano (*american farmer*) me convidou para caçar em suas terras; ele morava no interior do Estado (*back grounds*), me prometia perdizes, esquilos cinzentos, perus selvagens (*wild cocks*), e me autorizava a convidar um ou dois amigos à minha escolha.

Sendo assim, num belo dia de outubro de 1794, partimos, o sr. King e eu, montados em dois cavalos alugados, com a esperança de chegar à noite à fazenda do sr. Bulow, situada a cinco mortais léguas de Hartford, em Connecticut.

O sr. King era um caçador de uma espécie extraordinária; amava apaixonadamente esse exercício; mas, quando matava um animal, via-se como um assassino, e fazia sobre a sorte da vítima reflexões morais e elegias que não o impediam de recomeçar.

Embora o caminho não fosse mais que uma picada, chegamos sem incidentes, e fomos recebidos com aquela hospitalidade cordial e silenciosa que se exprime por atos, ou seja, em poucos instantes tudo foi examinado, acolhido e abrigado, homens, cavalos e cães, segundo as respectivas conveniências.

Cerca de duas horas foram empregadas em examinar a fazenda e suas dependências; eu faria uma descrição completa, se quisesse, mas prefiro mostrar ao leitor quatro raparigaças (*buxom lasses*) que eram filhas do sr. Bulow, e para as quais nossa chegada era um grande acontecimento.

Suas idades variavam de dezesseis a vinte anos; elas irradiavam frescor e saúde, e havia tanta simplicidade e graça natural nelas que seus atos mais comuns possuíam mil encantos.

Pouco depois de voltarmos do passeio, sentamo-nos em volta de uma mesa fartamente servida. Um soberbo pedaço de *corn'd beef* (carne de boi conservada em salmoura), um ganso cozido (*stew'd*) e uma magnífica perna de carneiro (*gigot*), depois verduras em grande quantidade (*plenty*), e nas duas extremidades da mesa dois enormes potes com uma cidra excelente, da qual não conseguia me fartar.

Quando mostramos a nosso anfitrião que éramos verdadeiros caçadores, ao menos pelo apetite, ele falou do objetivo de nossa viagem; indicou-nos da melhor maneira possível os locais onde encontraríamos caça, os pontos de reconhecimento que nos guiariam na volta, e sobretudo as fazendas onde poderíamos encontrar descanso.

Durante essa conversa, as damas tinham servido um excelente chá, do qual esvaziamos várias xícaras; depois nos mostraram um quarto com dois leitos, onde logo adormecemos por efeito do exercício e da boa comida.

Na manhã seguinte, saímos para a caça um pouco tarde; e, chegando ao limite das terras desbravadas por ordem do sr. Bulow, me defrontei, pela primeira vez, com uma floresta virgem, na qual jamais se ouvira o som do machado.

Deliciando-me, eu observava os benefícios e as devastações do tempo que cria e destrói, e divertia-me em seguir todos os períodos da vida de um carvalho, desde o momento em que brota da terra com duas folhas, até quando dele resta apenas uma longa mancha escura, que é a poeira de seu coração.

O sr. King censurou minhas distrações, e nos pusemos a caçar. Primeiro matamos algumas daquelas pequenas e belas perdizes cinzentas, tão gordas e tenras. Depois abatemos seis ou sete esquilos, animais não muito prezados nesse país; enfim, nossa boa estrela nos conduziu a um bando de perus.

Uns após os outros, eles bateram asas num voo rápido, dando grandes gritos. O sr. King disparou primeiro e correu atrás de sua presa: os outros perus pareciam fora de alcance, mas de repente o mais preguiçoso se elevou a dez passos de mim; disparei numa clareira e ele caiu morto.

É preciso ser caçador para compreender a extrema alegria que me causou aquele belo tiro de fuzil. Agarrei a soberba ave, e a revirava em todos os sentidos havia um quarto de hora já, quando ouvi o sr. King gritar por ajuda: corri, e vi que ele me chamava apenas para ajudá-lo a encontrar um peru que dizia ter matado, e que, no entanto, sumira.

Pus meu cão no seu encalço, mas ele nos conduziu a um matagal tão espesso e espinhoso onde nem uma serpente teria penetrado; foi preciso portanto desistir, o que deixou meu companheiro num mau humor que durou até a volta.

O restante de nossa caçada não merece as honras do registro impresso. Na volta nos extraviamos em bosques indefinidos, e já nos resignávamos a passar a noite ali quando ouvimos as vozes argentinas das senhoritas Bulow e a grave de seu pai, que tiveram a bondade de vir ao nosso encontro e ajudaram a resolver nosso problema.

As quatro irmãs haviam se enfeitado: vestidos muito leves, cintos novos, chapéus bonitos e calçados graciosos anunciavam que elas queriam nos agradar; e, de minha parte, procurei ser agradável com aquela das senhoritas que veio tomar-me o braço, tão proprietariamente como se fosse minha esposa.

Chegando à fazenda, encontramos o jantar servido; mas, antes de nos entregarmos a ele, sentamo-nos por um instante junto a um fogo vivo e brilhante que haviam acendido para nós, embora o tempo não indicasse tal precaução. Isso nos fez muito bem, e nosso cansaço desapareceu como por encanto.

Essa prática vinha certamente dos índios, que sempre tinham fogo em suas tendas. Ou talvez fosse uma tradição de são Francisco de Sales, que dizia que o fogo era uma coisa boa nos doze meses do ano. (*Non liquet*).*

Comemos como esfomeados; uma ampla tigela de ponche nos ajudou a terminar a noitada, e uma conversa em que nosso anfitrião participou bem mais do que na véspera nos fez dormir bastante tarde.

Falamos da guerra da independência, na qual o sr. Bulow serviu como oficial superior; de La Fayette, cuja lembrança não cessa de crescer entre os americanos, que o designam apenas com seu título de marquês; da agricultura, que naquele tempo enriquecia os Estados Unidos, e enfim da querida França, que eu amava bem mais desde que fora forçado a deixá-la.

Como intervalo da conversa, o sr. Bulow pedia de tempo em tempo à sua filha mais velha: "Maria! cante aquela canção". Sem se fazer de rogada, elas nos cantou, com um embaraço encantador, a canção nacional "*Yankee doodle*", o "Lamento da rainha Maria" e "Major André", todas muito populares naquele país. Maria tinha tomado algumas aulas de música e, naqueles lugares remotos, era considerada uma virtuose; mas o mérito de seu canto estava sobretudo na qualidade da voz, ao mesmo tempo suave, clara e sem afetação.

No dia seguinte, partimos apesar da insistência de nossos anfitriões para que ficássemos; pois lá também eu tinha deveres a cumprir. Enquanto preparavam os cavalos, o sr. Bulow me chamou à parte e disse estas palavras notáveis:

"Se há um homem feliz debaixo do céu, meu caro senhor, este homem sou eu: tudo o que está vendo e que viu em minha casa provém de minhas propriedades. Estas meias, foram minhas filhas que as tricotaram; meus calçados e minhas roupas provêm de meus rebanhos; eles também contribuem, juntamente com a horta e o galinheiro, para me fornecer uma alimentação simples e substancial: e o que faz louvar nosso governo é que se contam em Connecticut milhares de fazendeiros tão satisfeitos como eu, e cujas portas, como as minhas, não possuem trancas.

"Aqui os impostos são mínimos; e contanto que sejam pagos, podemos dormir sossegados. O Congresso faz tudo em seu poder para ajudar a indústria nascente; distribuidores se cruzam em todos os sentidos para negociar nossos produtos; e agora tenho dinheiro suficiente por muito tempo, pois acabo de

---

* Não se sabe ao certo. (N. E.)

vender, ao preço de vinte e quatro dólares a tonelada, a farinha que normalmente vendo por oito.

"Tudo isso vem da liberdade que conquistamos e fundamentamos em boas leis. Sou senhor em minha casa, e não se espante quando souber que aqui jamais se ouve o ruído do tambor, e que, com exceção do Quatro de Julho, aniversário glorioso de nossa independência, aqui não se veem soldados, nem uniformes, nem baionetas."

Durante toda a nossa viagem de volta, estive mergulhado em profundas reflexões: talvez pensem que me ocupava da última alocução do sr. Bulow, mas o tema de minha meditação era bem diferente: pensava em como faria para cozinhar meu peru, e estava preocupado por temer não encontrar em Hartford tudo o que precisaria, pois desejava erguer-me um troféu exibindo da melhor maneira possível meus ricos despojos.

Faço um doloroso sacrifício ao suprimir os detalhes das dificuldades que tive para preparar um manjar distinto aos meus convidados americanos. Será suficiente dizer que as asas de perdiz foram servidas *en papillote*, e os esquilos, cozidos a fogo brando em vinho madeira.

Quanto ao peru, que era nosso único prato assado, estava maravilhoso à vista, sedutor ao olfato e delicioso ao paladar. E até a consumação da última de suas partículas só se ouvia ao redor da mesa: "*Very good! exceedingly good! oh! dear sir, what a glorious bit!*" ("Muito bom, extremamente bom! oh, meu senhor, que glorioso bocado!").*

## 39. ANIMAIS DE CAÇA

Entendem-se por animais de caça aqueles animais bons de comer que vivem nos bosques e nos campos, no estado de liberdade natural.

---

* A carne do peru selvagem é mais colorida e mais perfumada que a do peru doméstico.
Fiquei sabendo com prazer que meu estimado colega, sr. Bosc, matou vários na Carolina, que os julgou excelentes, e sobretudo bem melhores que os que criamos na Europa. Assim ele aconselha aos criadores que deem aos perus a maior liberdade possível, que os levem aos campos e mesmo aos bosques, a fim de realçar seu gosto e aproximá-los da espécie primitiva (*Annales d'Agriculture*, 28/2/1821).

Dizemos *bons de comer* porque alguns desses animais não se incluem no que se denomina caça. É o caso de raposas, texugos, corvos, pegas, corujões e outros: formam a chamada *caça grossa*.

Dividimos os animais de caça em três classes:

A primeira começa com o tordo e inclui, em ordem descendente, todas as aves de menor volume, os passarinhos;

A segunda começa com a codorna e inclui a galinhola, a perdiz, o faisão, o coelho e a lebre; é a caça propriamente dita: caça de terra e de pântano, caça de pelo e de pluma;

A terceira constitui a caça de animais maiores (*venaison*) como veado, javali, cabrito montês e todos os outros animais fissípides.

A caça faz a delícia de nossas mesas; é um alimento saudável, quente, muito saboroso e fácil de digerir sempre que o animal é jovem.

Mas essas qualidades não são tão inerentes que independam da habilidade do cozinheiro. Jogue água, sal e um pedaço de carne numa panela, e irá obter carne cozida e sopa. Repita o processo com carne de veado ou javali, e nada de bom conseguirá; toda a vantagem, nesse aspecto, pertence à carne de açougue.

Mas, sob as ordens de um cozinheiro experiente, a caça submete-se a um grande número de transformações e modificações, e fornece a maior parte dos manjares de alto sabor que constituem a culinária transcendente.

A caça também deve muito de seu valor à natureza do solo onde se alimenta; o gosto de uma perdiz vermelha do Périgord não é o mesmo que o de uma perdiz vermelha de Sologne; e, enquanto a lebre morta nas planícies dos arredores de Paris fornece um prato bastante medíocre, a que nasceu nas encostas crestadas do Valromey ou do alto Dauphiné é talvez o mais perfumado de todos os quadrúpedes.

Entre os passarinhos, o primeiro, por ordem de excelência, é a toutinegra.

Ela engorda pelo menos tanto quanto o pintarroxo e a verdelha, e além disso a natureza lhe deu um leve amargor e um perfume único tão requintados que estimulam, satisfazem e beatificam todas as faculdades degustativas. Se a toutinegra fosse do tamanho de um faisão, certamente pagariam por ela o equivalente a uma jeira de terra.

É uma pena que esse pássaro privilegiado seja visto tão raramente em Paris: é verdade que aparecem alguns, mas falta-lhes a gordura que os valoriza, e pode-se dizer que pouco se assemelham aos que vemos nas províncias do Leste e do Sul da França.\*

Pouca gente sabe comer passarinhos; eis o método que me foi confidencialmente transmitido pelo cônego Charcot, glutão por nascimento e gastrônomo perfeito, trinta anos antes que esta palavra fosse inventada.

Pegue pelo bico um passarinho bem gordo, salpique um pouco de sal, retire-lhe a moela, enfie-o corretamente na boca, morda bem junto aos dedos, e mastigue vivamente: disso resulta um suco bastante abundante para envolver todo o paladar, e você degustará um prazer desconhecido ao vulgo: "*Odi profanum vulgus, et arceo*" (Horácio).\*\*

Dentre a caça propriamente dita, a codorna é o que há de mais delicado e mais delicioso. Uma codorna bem gorda agrada igualmente por seu gosto, sua forma e sua cor. É demonstrar ignorância servi-la de outro modo que não assada ou *en papillote*, porque seu aroma é muito fugaz, e se evapora e se perde sempre que o animal está em contato com um líquido.

A galinhola é também uma ave muito distinta, mas poucos conhecem todos os seus encantos. Uma galinhola só se apresenta em toda a sua glória quando foi assada sob os olhos de um caçador, e sobretudo do caçador que a matou; então o assado segue as regras prescritas e a boca se inunda de delícias.

Acima da precedente e mesmo de todas as aves deveria figurar o faisão; mas poucos mortais sabem como levá-lo à perfeição.

Um faisão comido uma semana após sua morte não se compara a uma perdiz, ou a um frango, pois seu mérito reside no aroma.

A ciência investigou a expansão desse aroma, a experiência o levou à prá-

---

\* Na minha mocidade, em Belley, ouvi histórias do jesuíta Fabi, nascido naquela diocese, e de seu gosto particular pelas toutinegras.

Assim que os caçadores começavam a vendê-las nas ruas, dizia-se: "Olha as toutinegras, o padre Fabi vem aí". De fato, ele jamais deixava de chegar em 1º de setembro com um amigo: vinham regalar-se com as toutinegras durante sua estadia; todos sentiam prazer em convidá-los, e eles partiam por volta do dia 25.

Enquanto esteve na França, ele jamais deixou de fazer suas viagens ornitofílicas, e só as interrompeu quando foi enviado a Roma, onde morreu em 1688.

O padre Fabi (Honoré) era homem de grande saber; escreveu diversos livros de teologia e de física, num dos quais procura provar que descobriu a circulação do sangue antes de Harvey ou pelo menos simultaneamente a ele.

\*\* Horácio, *Odes*, III, 1, v. 1: "Odeio a multidão inculta e a mantenho à distância". (N. E.)

tica, e um faisão tratado por *infocação* [levado ao fogo no momento certo] é um prato digno dos mais exaltados gourmands.

O leitor encontrará nas "Variedades" a maneira de assar um faisão *à la sainte alliance*. Chegou o momento em que esse método, até agora confinado a um pequeno círculo de amigos, deve se expandir para a felicidade de toda a humanidade. Um faisão com trufas não é tão bom como se poderia pensar; a ave é seca demais para untar o tubérculo; além disso o cheiro de um e o perfume do outro se neutralizam ao se unirem, ou melhor, são incompatíveis.

## 40. O PEIXE

Alguns homens de ciência, aliás pouco ortodoxos, afirmaram que o oceano havia sido o berço comum de tudo o que existe; que a própria espécie humana se originou no mar, e que devia seu estado atual apenas à influência do ar e dos hábitos que foi obrigada a adquirir para viver nesse novo elemento.

Seja como for, é ao menos certo que o império das águas contém imensa quantidade de seres de todas as formas e de todas as dimensões, com propriedades vitais em proporções muito variadas e diferentes das que governam os animais de sangue quente.

Não é menos verdade que o oceano apresentou sempre e em toda parte uma quantidade enorme de alimentos etc., e que no estado atual da ciência fornece às nossas mesas a mais agradável variedade.

O peixe, menos nutritivo que a carne de gado, mais suculento que os vegetais, é um *mezzo termine* que convém a quase todos os temperamentos, podendo inclusive ser dado aos convalescentes.

Os gregos e os romanos, embora menos avançados que nós na arte de temperar o peixe, mesmo assim o prezavam muito, e chegavam a adivinhar pelo gosto em que águas haviam sido pescados.

Eles conservavam os peixes em viveiros; e sabe-se da crueldade de Vadius Polião, que alimentava moreias com os corpos de escravos que fazia morrer: crueldade que o imperador Domiciano desaprovou acerbamente, mas sem chegar a punir.

Sempre houve um grande debate para saber qual o melhor, o peixe do mar ou o peixe de água doce.

A questão provavelmente jamais será resolvida, pois, de acordo com o provérbio espanhol, "*Sobre los gustos, no hay disputa*". Cada um é afetado à sua maneira: essas sensações fugazes não podem ser expressas por uma fórmula conhecida, e não há escala capaz de avaliar se um badejo ou um linguado são melhores que uma truta-salmoneja, um lúcio de bom tamanho ou mesmo uma tenca de três quilos.

É certo, porém, que o peixe é bem menos nutritivo que a carne de gado, seja porque não contém osmazoma, seja porque, sendo mais leve em peso, possui menos matéria em igual volume. Os crustáceos, e especialmente as ostras, fornecem pouca substância nutritiva; é o que faz que possamos comer muitos deles antes de uma refeição, sem efeitos prejudiciais.

Antigamente, um festim de alguma importância começava sempre com ostras, e havia sempre um bom número de comensais que não se detinha sem ter engolido *uma grosa* delas (doze dúzias, 144). Procurei saber qual era o peso desse antepasto, e verifiquei que uma dúzia de ostras (incluindo a água) pesava *quatro onças* [cerca de 120 gramas], e uma grosa, portanto, *três libras* [cerca de 1,5 quilo]. Ora, tenho certeza de que as mesmas pessoas, que ainda por cima jantavam depois das ostras, estariam completamente fartas se tivessem comido igual quantidade de carne, mesmo carne de frango.

ANEDOTA — Em 1798 eu estava em Versalhes na qualidade de comissário do Diretório, e tinha contatos frequentes com o sr. Laperte, escrivão do tribunal do distrito; ele era grande amante de ostras, e queixava-se de jamais as ter comido até a saciedade, ou, como ele dizia, *até enjoar*.

Resolvi dar-lhe essa satisfação, convidando-o a jantar comigo no dia seguinte.

Ele veio; consegui acompanhá-lo até a terceira dúzia, após o que prosseguiu sozinho. Chegou assim à 32ª, gastando nisso mais de uma hora, pois a criada não abria as ostras com muita habilidade.

Fiquei inativo nesse meio-tempo e, como essa é uma situação penosa para quem está à mesa, detive meu convidado quando ainda parecia muito disposto: "Meu caro", disse-lhe, "vejo que hoje seu destino não é comer ostras *até enjoar*, jantemos". Jantamos, e ele se comportou com o mesmo vigor e o apetite de um homem que estivesse em jejum.

## 41. MURIA-GARUM

Os antigos extraíam do peixe dois temperos de fino gosto, o *muria* e o *garum*.

O primeiro era apenas salmoura de atum, ou, para falar mais exatamente, a substância líquida que a adição de sal fazia escorrer desse peixe.

O *garum*, que custava mais caro, é bem menos conhecido. Diz-se que era obtido por pressão das entranhas marinhas do escombro ou cavala; mas então nada justifica seu alto preço. Há motivos para acreditar que se tratava de um tempero estrangeiro, e talvez fosse apenas o *soy* que nos vem da Índia, e que sabemos ser o resultado de peixes fermentados com cogumelos.

Certos povos, por sua localização, se reduzem a viver quase unicamente de peixe; com ele alimentam igualmente os animais de trabalho, que o hábito acaba adaptando a esse alimento insólito; inclusive o utilizam para adubar suas terras, e o mar que os cerca jamais cessa de fornecer-lhes a quantidade de que necessitam.

Foi assinalado que esses povos são menos corajosos que os que se alimentam de carne de gado; são pálidos, o que não surpreende, porque, de acordo com os elementos de que o peixe é composto, ele deve aumentar mais a linfa do que reparar o sangue.

Também foram observados, entre as nações ictiófagas, numerosos exemplos de longevidade, seja porque uma alimentação pouco substancial lhes poupa os inconvenientes da pletora, seja porque os sucos do peixe, destinados pela natureza a formar apenas cartilagens e espinhas que não irão durar muito tempo, têm o efeito de retardar no homem a solidificação de todas as partes do corpo que acaba sendo a causa inevitável da morte natural.

Seja como for, o peixe, nas mãos de um hábil cozinheiro, pode se tornar uma fonte inesgotável de prazeres gustativos; ele é servido inteiro, em postas, cozido na água, no óleo, no vinho, quente ou frio, e sempre é bem recebido; mas jamais é tão bem-vindo como quando se apresenta na forma de caldeirada [*matelote*].

Esse prato, embora imposto pela necessidade aos navegadores que percorrem nossos rios, e aperfeiçoado apenas pelos taverneiros de beira de rio, nem por isso deixa de ser preparado com um cuidado insuperável; e os amantes de peixe jamais o veem aparecer sem exprimir seu entusiasmo, seja por causa de seu gosto forte e saudável, seja por reunir várias qualidades de peixe, seja enfim porque se pode comer quase indefinidamente sem temor de saciedade ou indigestão.

A gastronomia analítica procurou examinar quais são, sobre a economia animal, os efeitos do regime ictiófago, e observações unânimes demonstraram que ele atua fortemente sobre o genésico, despertando nos dois sexos o instinto da reprodução.

Uma vez conhecido o efeito, foram logo estabelecidas duas causas tão imediatas que estão ao alcance de todos, a saber: 1) as diversas maneiras de preparar o peixe, cujos condimentos são evidentemente estimulantes, tais como o caviar, o arenque defumado, o atum em vinha-d'alhos, o bacalhau seco e outros semelhantes; 2) os sucos diversos contidos no peixe, que são eminentemente inflamáveis, e se oxigenam e se tornam rançosos pela digestão.

Uma análise mais profunda descobriu uma terceira causa ainda mais ativa: a presença do fósforo que se encontra já formado no esperma do peixe, e que não desaparece, mesmo durante a decomposição.

Essas verdades físicas eram certamente ignoradas dos legisladores eclesiásticos que impuseram a dieta quaresmal a diversas comunidades de monges, como os cartuxos, os franciscanos, os trapistas e as carmelitas descalças da ordem reformada por santa Teresa; pois não se pode acreditar que tivessem por objetivo tornar ainda mais difícil a observância do voto de castidade, já em si tão antissocial.

Certamente, grandes vitórias foram conquistadas nessas condições, sentidos muito rebeldes foram submetidos; mas também, quantas quedas! quantas derrotas! Elas devem realmente ter ocorrido, pois acabaram por dar a uma ordem religiosa uma reputação semelhante à de Hércules junto às filhas de Dânaos, ou do marechal de Saxe junto à senhorita Lecouvreur.

De resto, eles poderiam ter sido instruídos por uma anedota já antiga, pois nos chegou por intermédio dos cruzados.

O sultão Saladino, querendo saber até que ponto poderia chegar a continência dos dervixes, convocou dois deles a seu palácio, e durante certo tempo os fez comer as mais suculentas carnes.

Em breve os traços da austeridade que haviam imposto a si próprios desapareceram, e os dervixes começaram a engordar.

Nessas condições, deram-lhes como companheiras duas odaliscas de excepcional beleza, mas elas fracassaram em suas tentativas de sedução, e os dois santos saíram dessa delicada prova tão puros como o diamante de Bijapur.

O sultão os conservou ainda em seu palácio, e, para celebrar o triunfo, mandou preparar durante várias semanas pratos igualmente saborosos, mas compostos exclusivamente de peixe.

Poucos dias depois, submeteu de novo os dervixes ao poder combinado da juventude e da beleza; mas desta vez a natureza levou a melhor, e os felizes cenobitas sucumbiram... surpreendentemente.

No estado atual de nossos conhecimentos, é provável que, se o curso das coisas trouxer de volta alguma ordem monacal, os superiores encarregados de dirigi-la venham a adotar uma dieta mais favorável ao cumprimento de seus deveres.

## 42. REFLEXÃO FILOSÓFICA

O peixe, considerado no conjunto de suas espécies, é para o filósofo um tema inesgotável de meditação e de espanto.

As formas variadas desses estranhos animais, os sentidos que lhes faltam, a restrição dos que lhes foram concedidos, suas maneiras diversas de existir, a influência que deve ter exercido sobre seus hábitos o meio no qual vivem, respiram e se movem, tudo isso amplia a esfera de nossas ideias e nossa compreensão das mudanças indefinidas que podem resultar da matéria, do movimento e da vida.

Quanto a mim, tenho por eles um sentimento que se assemelha ao respeito, e que nasce da persuasão íntima de que são evidentemente criaturas antediluvianas; pois o grande cataclismo que afogou nossos tataravôs cerca de dezoito séculos depois da criação do mundo foi para os peixes apenas um tempo de alegria, de conquista, de festividade.

## 43. TRUFAS

Quem diz *trufa* pronuncia uma palavra que desperta lembranças eróticas e gulosas no sexo portador de saias, e lembranças gulosas e eróticas no sexo portador de barba.

Essa honrosa duplicação deve-se não apenas ao fato de esse eminente tubérculo ser considerado delicioso ao paladar, mas também à crença de que produz um poder cujo exercício é acompanhado dos mais doces prazeres.

A origem da trufa é desconhecida; ela é encontrada, mas não se sabe nem como nasce, nem como vegeta. Os homens mais hábeis se ocuparam dela: acreditaram reconhecer seus grãos, prometeram que seria semeada à vontade. Vãos esforços! Enganosas promessas! Da plantação jamais resultou a colheita, e isso talvez não seja uma grande infelicidade; pois, como o valor das trufas depende um pouco do capricho, elas poderiam valer menos se oferecidas em quantidade e a baixo preço.

"Alegre-se, cara amiga", dizia eu um dia à sra. de V..., "acaba de ser proposto à Sociedade de Incentivo à Indústria um ofício mediante o qual se fabricarão rendas de alta qualidade e que não custarão quase nada."

"Oh", respondeu-me esta senhora com um ar de suprema indiferença, "se as rendas fossem baratas, o senhor acha que alguém iria querer vestir tais bagatelas?"

## 44. VIRTUDE ERÓTICA DAS TRUFAS

Os romanos conheceram a trufa, mas aparentemente não a espécie francesa. As que faziam suas delícias vinham da Grécia, da África e principalmente da Líbia; sua substância era branca ou avermelhada, e as trufas da Líbia, muito procuradas, eram ao mesmo tempo mais delicadas e mais perfumadas.

"...*Gustus elementa per omnia quaerunt*" (Juvenal).*

Dos romanos até nós houve um grande interregno, e a ressurreição das trufas é bastante recente; pois li vários livros antigos de culinária onde não são nunca mencionadas; pode-se até dizer que sua redescoberta foi testemunhada pela geração que se extingue no momento em que escrevo.

Por volta de 1780, as trufas eram raras em Paris; só eram encontradas, e apenas em pequena quantidade, no hotel des Américains e no hotel de Provence, e um peru trufado era um objeto de luxo, presente apenas na mesa dos grandes nobres e das grandes cortesãs.

---

* *Sátiras*, xi, 14: "...Em todos os elementos eles buscam sabores". (N. E.)

Devemos sua multiplicação aos comerciantes de comestíveis, cujo número aumentou muito, e que, percebendo o interesse por essa mercadoria, requisitaram-na em todo o reino. Pagavam bem por ela e a faziam chegar pelo correio e pela diligência para atender à demanda geral; pois, como as trufas não podem ser plantadas, é somente procurando-as com empenho que se pode aumentar seu consumo.

Pode-se dizer que no momento em que escrevo (1825) a glória da trufa encontra-se no apogeu. Ninguém ousa dizer que esteve num banquete onde não havia pelo menos um prato trufado. Por melhor que possa ser uma entrada, ela se apresenta mal se não for enriquecida de trufas. Quem não ficou com água na boca ao ouvir falar de *trufas à la provençale*?

Um *sauté* [carne recheada] de trufas é um prato que a dona da casa reserva para as ocasiões especiais; em suma, a trufa é o diamante da cozinha.

Procurei a razão dessa preferência; pois me pareceu que várias outras substâncias mereciam semelhante honra, e a encontrei na convicção bastante geral de que a trufa predispõe aos prazeres genésicos; mais ainda, convenci-me de que a maior parte de nossas perfeições, de nossas predileções e de nossas admirações provêm da mesma causa; a tal ponto é poderosa e geral a servidão a que nos submete o mais tirânico e caprichoso dos sentidos!

Essa descoberta me levou a querer saber se o efeito é real e a opinião fundada em realidade.

Semelhante investigação é por certo melindrosa e poderia expor-se a riscos maliciosos; mas que se dane quem vê malícia nisto! toda verdade merece ser descoberta.

Primeiro me dirigi às damas, porque elas têm a percepção precisa e o tato delicado; mas logo me dei conta de que deveria ter começado esse inquérito quarenta anos mais cedo, e recebi somente respostas irônicas ou evasivas; apenas uma senhora foi franca comigo, e vou deixá-la falar; é uma mulher de espírito sem pretensão, virtuosa sem hipocrisia, e para a qual o amor é somente uma recordação agradável.

"Senhor", disse-me ela, "no tempo em que ainda se costumava cear, eu ceava um dia em casa com meu marido e um de seus amigos. Verseuil (era o nome desse amigo) era um belo rapaz, não desprovido de espírito, e vinha nos visitar com frequência; mas jamais me dissera nada que pudesse revelar alguma intenção de ser meu amante; se me cortejava, era de maneira tão dissimulada que só mesmo uma tola poderia se incomodar com isso. Naquele dia, ele parecia disposto a fazer-me companhia pelo resto da noite, pois meu marido tinha uma reunião de negócios e devia nos deixar em breve. Nossa ceia, bastante leve aliás, tinha no entanto por base uma soberba ave trufada. O subdelegado de Périgueux no-la enviara. Naquele tempo, isso era um presente; e, pela região de onde veio, o senhor pode avaliar a maravilha que era. Sobretudo as trufas eram deliciosas, e o senhor sabe que as aprecio muito: no entanto, me contive; bebi apenas uma taça de champanhe; tinha um certo pressentimento de mulher de que a noitada não se passaria sem algum acontecimento. Logo meu marido partiu e me deixou sozinha com Verseuil, que ele considerava completamente inofensivo. A conversa girou primeiro em torno de assuntos indiferentes, mas não tardou a tomar uma feição mais tensa e mais interessante. Verseuil foi sucessivamente lisonjeiro, expansivo, afetuoso, terno, e vendo que eu apenas me divertia com seu jeito, tornou-se tão insistente que eu não podia mais duvidar de suas pretensões. Então despertei como de um sonho, e me defendi com tanto maior franqueza quanto meu coração nada sentia por ele. Ele persistia num assédio que podia se tornar perigoso; tive muita dificuldade para mandá-lo embora; e confesso, para minha vergonha, que só consegui isso porque fingi fazê-lo acreditar que nem toda a esperança lhe estava vedada no futuro. Enfim, ele me deixou; fui deitar e dormi feito pedra. Mas o dia seguinte foi o dia do juízo; examinei minha conduta da véspera e julguei-a repreensível. Deveria ter detido Verseuil desde as primeiras frases, em vez de prestar-me a uma conversa que nada de bom pressagiava. Minha altivez deveria ter despertado mais cedo, meus olhos terem se armado de severidade; deveria ter tocado a sineta, gritado, me zangado, enfim, feito tudo o que não fiz. Que devo dizer, meu senhor? Ponho tudo isso na conta das trufas; estou realmente convencida de que elas me deram uma predisposição perigosa; e se não renunciei a elas (o que teria sido rigoroso demais), ao menos jamais as como sem que o prazer que me causam se misture com um pouco de desconfiança."

Uma confissão, por mais franca que seja, jamais pode ter o peso de uma doutrina. Assim busquei mais informações; vasculhei minhas lembranças, consultei os homens que, por condição, estão investidos de maior confiança individual; reuni todos em comitê, em tribunal, em senado, em sinédrio, em areópago; e emitimos a seguinte sentença para ser comentada pelos escritores do século XXV: "A trufa não é um verdadeiro afrodisíaco, mas pode, em certas ocasiões, tornar as mulheres mais ternas e os homens mais amáveis".

Encontram-se no Piemonte as trufas brancas que são muito apreciadas; têm um leve gosto de alho que não prejudica sua perfeição, porque não produz nenhum retorno desagradável.

As melhores trufas da França vêm do Périgord e da alta Provença; é por volta do mês de janeiro que elas têm todo o seu perfume.

Algumas também vêm de Bugey, sendo de alta qualidade; mas essa espécie tem o defeito de não se conservar. Eu mesmo fiz quatro tentativas, para oferecê--las aos *flâneurs* das margens do Sena, e só uma vingou; mas naquela ocasião, pelo menos, meus convidados reconheceram o valor da coisa e o mérito da dificuldade vencida.

As trufas da Borgonha e do Dauphiné são de qualidade inferior; são duras e pouco substanciosas; assim, há trufas e trufas, nem tudo pode ser igual.

Para encontrar as trufas, são utilizados, na maioria das vezes, cães e porcos treinados para essa finalidade; mas há homens cujo olhar está tão exercitado que, ao inspecionar um terreno, podem dizer com alguma certeza se ali há trufas, e qual seu tamanho e qualidade.

AS TRUFAS SÃO INDIGESTAS? — Só nos resta examinar se a trufa é indigesta. Responderemos negativamente.

Essa decisão oficial e final fundamenta-se:

1) Na natureza do próprio objeto a examinar (a trufa é um alimento fácil de mastigar, de pouco peso, e sem nada de duro ou de coriáceo);

2) Em nossas observações durante mais de cinquenta anos, que transcorreram sem que tenhamos visto nenhum comedor de trufas sofrendo de indigestão;

3) No atestado dos mais célebres médicos de Paris, cidade admiravelmente gastrônoma, e trufívora por excelência.

4) Enfim, na conduta diária dos doutores da lei, que, iguais a todos nas outras coisas, consomem mais trufas que qualquer outra classe de cidadãos; é testemunha o doutor Malouet, que absorvia quantidades de trufas capazes de causar indigestão a um elefante, e que, no entanto, viveu até os 86 anos.

Assim pode-se considerar como certo que a trufa é um alimento tão saudável quanto agradável, e que, comida com moderação, desce tão bem como a carta na caixa de correio.

Não que não se possa ficar indisposto após um grande banquete no qual, entre outras coisas, se comeram trufas; mas esses problemas só ocorrem para aqueles que, tendo enchido a pança já no primeiro prato, se empanturram ainda mais no segundo, para não deixar passar intactas as boas coisas que lhes são oferecidas.

Ora, decididamente, não é culpa das trufas; pode-se afirmar que eles ficariam ainda mais doentes se, em vez de trufas, tivessem, nas mesmas circunstâncias, engolido igual quantidade de batatas.

Concluamos com um fato que mostra como é fácil enganar-se quando não se está atento:

Um dia convidei para jantar o sr. S., um velho muito amável e gourmand de primeira classe. Seja porque conhecia seus gostos, seja para provar a meus convidados que me dedicava ao máximo a seu prazer, não economizei as trufas, e elas se apresentavam sob a égide de um peru virgem generosamente recheado.

O sr. S. o comeu com vontade; e como eu via que até então não morrera por causa disso, deixei que o fizesse, exortando-o a não ter pressa, já que ninguém estava de olho na propriedade dele.

Tudo transcorreu normalmente e nos separamos bastante tarde; mas, ao chegar em casa, o sr. S. foi acometido de violentas cólicas de estômago, vontade de vomitar, tosse convulsiva e indisposição geral.

Esse estado durou certo tempo e causava preocupação; já diagnosticavam indigestão de trufas, quando a natureza veio em auxílio do paciente. O sr. S. abriu a bocarra e expeliu violentamente um único fragmento de trufa que foi bater na parede e ricocheteou com força, não sem perigo para os que lhe prestavam assistência.

No mesmo instante, todos os sintomas desagradáveis cessaram; a tranquilidade voltou, a digestão retomou seu curso, o paciente adormeceu, despertando no dia seguinte disposto e sem nenhum rancor.

A causa do mal foi logo conhecida. O sr. S. come há muito tempo, e seus dentes já não cumprem bem a tarefa que lhes cabe; vários daqueles preciosos ossinhos emigraram, e os outros não coincidem como seria desejável.

Nessa situação, uma trufa escapara à mastigação e se precipitara, quase inteira, no abismo; a ação da digestão a levara ao piloro, onde momentaneamente se alojou; foi essa obstrução mecânica que causou o mal, assim como a expulsão foi o remédio.

Portanto, jamais houve indigestão, mas apenas obstrução causada por um corpo estranho.

Foi o que decidiu o conselho consultivo que examinou o caso, e que graciosamente me convidou a ser o relator.

Nem por isso o sr. S. deixou de ser um adepto fiel da trufa; continua a abordá-la com a mesma audácia, mas tendo o cuidado de mastigá-la melhor, de engolir com mais prudência; e ele agradece a Deus, na alegria de seu coração, por essa precaução sanitária que lhe propicia um prolongamento de prazeres.

## 45. O AÇÚCAR

No estado atual do conhecimento científico, entende-se por *açúcar* uma substância doce ao paladar, cristalizável, capaz de se converter, pela fermentação, em ácido carbônico e em álcool.

Antigamente entendia-se por *açúcar* o suco espesso e cristalizável da cana (*Arundo saccharifera*).

Essa cana é originária das Índias; no entanto, é certo que os romanos não conheciam o açúcar como coisa usual, nem como cristalização.

Algumas páginas dos livros antigos podem indicar que se sabia extrair, de certas canas, uma substância doce. Lucano escreveu: "*Quique bibunt tenera dulces ab arundine succos*".\*

Mas há uma grande diferença entre a água adoçada por uma substância extraída da cana e o açúcar tal como o conhecemos; e entre os romanos a técnica ainda não tinha avançado suficientemente para chegar a isso.

Foi nas colônias do Novo Mundo que o açúcar verdadeiramente se originou; a cana foi levada para lá, há cerca de dois séculos, e prosperou. De tentativa em tentativa, conseguiu-se extrair dela sucessivamente suco, xarope, açúcar mascavo, melaço e açúcar refinado em diferentes graus.

A cultura da cana-de-açúcar tornou-se um objeto da mais alta importância; pois é uma fonte de riqueza, seja para os que a cultivam, seja para os que a negociam, seja para os que a elaboram, seja enfim para os governos que a tributam.

---

\* *Farsália*, III, v. 237: "E bebem os doces sucos extraídos da cana jovem". (N. E.)

AÇÚCAR EUROPEU — Durante muito tempo se acreditou que o calor dos trópicos era necessário para a produção do açúcar; mas, por volta de 1740, Margraff o descobriu em algumas plantas das zonas temperadas, entre outras a beterraba; e essa descoberta foi confirmada pelos estudos do professor Achard em Berlim.

No começo do século XIX, quando as circunstâncias tornaram o açúcar raro e consequentemente caro na França, o governo convocou os cientistas a pesquisá-lo.

Esse apelo teve o maior sucesso: comprovou-se que o açúcar estava presente em grande quantidade no reino vegetal; foi descoberto na uva, na castanha, na batata e, sobretudo, na beterraba.

Essa última planta tornou-se o objeto de uma grande cultura, e realizaram-se muitos experimentos para provar que o Velho Mundo podia, nesse aspecto, dispensar os serviços do Novo. Fábricas se espalharam pela França, operando com variados graus de sucesso, e a arte da sacarificação se naturalizou: arte nova, que as circunstâncias podem algum dia trazer de volta.

Entre essas fábricas, distinguiu-se sobretudo a que o sr. Benjamin Delessert, cidadão respeitável, e cujo nome está sempre unido ao que é bom e útil, estabeleceu em Passy, perto de Paris.

Por uma série de operações bem conduzidas, ele conseguiu desembaraçar a prática do que possuía de duvidoso, não fez mistério de suas descobertas, mesmo para os que poderiam vir a ser seus rivais, recebeu a visita do chefe de governo, e foi encarregado de abastecer o palácio das Tulherias.

Quando circunstâncias novas, a Restauração e a paz, fizeram baixar de novo o preço do açúcar trazido das colônias, as fábricas de açúcar de beterraba perderam grande parte de suas vantagens. No entanto, muitas ainda prosperam; e o sr. Benjamin Delessert produz anualmente algumas toneladas que lhe proporcionam lucros, fazendo-o assim preservar métodos capazes de se mostrar proveitosos no futuro.*

---

* Pode-se acrescentar que a Sociedade de Incentivo à Indústria Nacional concedeu uma medalha de ouro ao sr. Crespel, fabricante de Arras, que anualmente produz mais de 150 toneladas de açúcar de beterraba, apesar de o açúcar de cana ter baixado a 2,20 francos o quilo: isto porque ele conseguiu aproveitar o bagaço, que se destila para extrair seus espíritos e se emprega a seguir na alimentação dos animais.

Quando o suco de beterraba entrou no comércio, pessoas preconceituosas e ignorantes disseram que ele tinha gosto ruim e era ineficiente como adoçante; alguns inclusive afirmaram que fazia mal à saúde.

Experiências exatas e multiplicadas provaram o contrário; e o sr. conde Chaptal inseriu o resultado delas em seu excelente livro, *La chimie appliquée à l'agriculture* (t. II, p. 13, 1ª ed).

"Os açúcares que provêm dessas diversas plantas", diz este célebre químico, "são rigorosamente da mesma natureza e não diferem de modo algum dos outros quando refinados com o mesmo grau de pureza. O gosto, a cristalização, a cor e o peso são absolutamente idênticos, e o homem mais habituado a julgar esses produtos ou a consumi-los pode ser desafiado a distinguir um do outro."

Um exemplo impressionante da força dos preconceitos e da dificuldade que a verdade enfrenta para se estabelecer foi observado na Grã-Bretanha, onde, de cem pessoas escolhidas ao acaso, nem mesmo dez acreditavam ser possível fazer açúcar da beterraba.

DIVERSOS USOS DO AÇÚCAR — O açúcar entrou no mundo pelo laboratório dos boticários, onde deve ter desempenhado um papel importante; pois, para falar de alguém a quem faltasse algo de essencial, dizia-se: "É como um boticário sem açúcar".

Essa procedência foi suficiente para que tivesse uma recepção desfavorável: uns diziam que aquecia o sangue, outros, que atacava o peito; alguns, que predispunha à apoplexia: mas a calúnia foi obrigada a recuar diante da verdade, e há mais de 24 anos proferiu-se este admirável apotegma: "O açúcar apenas faz mal ao bolso".

Sob uma égide tão impenetrável, o uso do açúcar tornou-se a cada dia mais frequente, mais geral, e não há substância alimentar que tenha sofrido mais amálgamas e transformações.

Muitas pessoas gostam de comer o açúcar puro, e em alguns casos, a maioria deles desesperados, a medicina o prescreve dessa forma, como um remédio incapaz de prejudicar, e que pelo menos nada tem de repulsivo.

Misturado à água, é bebida refrescante, saudável, agradável, e algumas vezes salutar como remédio.

Misturado a uma pequena porção de água e levado ao fogo, fornece os xaropes, aos quais se acrescentam todos os aromas; essas bebidas são sempre refrescantes e agradam a todos por sua variedade.

Misturado à água, da qual se retira a seguir o calórico, fornece os sorvetes, que são de origem italiana e parecem ter sido levados à França por Catarina de Médicis.

Misturado ao vinho, fornece uma poção fortificante tão reconhecida que, em alguns países, molham-se nela os biscoitos servidos aos recém-casados na noite de núpcias, assim como na Pérsia, na mesma ocasião, lhes oferecem pés de carneiro ao vinagre.

Misturado com farinha e ovos, fornece os biscoitos, os bolos, os pudins, e aquela quantidade de iguarias leves que constitui a arte bastante recente da confeitaria.

Misturado com leite, fornece os cremes, os manjares-brancos e outras sobremesas que encerram agradavelmente uma refeição, substituindo o gosto substancial das carnes por um perfume mais fino e mais etéreo.

Misturado ao café, faz sobressair seu aroma.

Misturado ao café e ao leite, fornece um alimento leve, agradável, fácil de preparar, e que convém perfeitamente àqueles para quem o trabalho de escritório segue imediatamente o desjejum. O café com leite é também uma fonte de imenso prazer às damas; mas o olhar clarividente da ciência descobriu que seu uso muito frequente podia prejudicá-las no que têm de mais valioso.

Misturado às frutas e às flores, fornece as geleias, as marmeladas, as conservas, as gelatinas e os cândis, o que nos permite gozar o perfume dessas frutas e dessas flores muito tempo após a época que a natureza havia fixado para sua duração.

Considerado sob esse último aspecto, talvez o açúcar pudesse ser empregado com proveito na arte de embalsamamento, ainda pouco avançada entre nós.

Enfim, misturado ao álcool, o açúcar fornece os licores, inventados, como se sabe, para reanimar a velhice de Luís XIV, e que, por seu efeito energético sobre o palato e por seus aromas perfumados, formam aquele *nec plus ultra* das delícias do gosto.

O uso do açúcar não termina aí. Pode-se dizer que ele é o condimento universal, e que não prejudica nenhuma comida. Algumas pessoas o usam com as carnes, às vezes com os legumes, e seguidamente com as frutas frescas. É indispensável no preparo das bebidas compostas em voga, como o ponche, o *negus* [espécie de quentão], o *sillabub* [leite batido com vinho, açúcar e canela] e outras de origem exótica; e suas aplicações variam ao infinito, por se modificarem ao sabor dos povos e dos indivíduos.

Tal é a substância que os franceses do tempo de Luís XIII mal conheciam de nome, e que, para os do século XIX, tornou-se artigo de primeira necessidade; pois não há mulher, sobretudo nos meios abastados, que não gaste mais com açúcar que com pão.

O sr. Delacroix, escritor tão agradável quanto fecundo, queixava-se em Versalhes do preço do açúcar, que, na época, chegava a cinco francos a libra [cerca de meio quilo]. "Ah!", dizia ele com uma voz doce e terna, "se um dia o açúcar voltar a custar trinta centavos, jamais beberei água que não seja açucarada." Seus desejos foram atendidos; ele ainda vive, e espero que tenha cumprido sua palavra.

### 46. ORIGEM DO CAFÉ

O primeiro cafeeiro foi encontrado na Arábia, e, apesar dos diversos transplantes que esse arbusto sofreu, é ainda de lá que nos vem o melhor café.

Uma antiga tradição afirma que o café foi descoberto por um pastor, que notou uma agitação e uma hilaridade particulares em seu rebanho toda vez que pastava bagas de café.

Ainda que verdadeira essa velha história, ao pastor observador só caberia a metade da honra da descoberta; a outra pertence incontestavelmente àquele que, pela primeira vez, pensou em torrificar essa baga.

De fato, a decocção do café cru é uma bebida insignificante; mas a carbonização desperta um aroma e forma um óleo que caracterizam o café tal como o bebemos, e que ficariam eternamente desconhecidos sem a intervenção do calor.

Os turcos, que são nossos mestres no assunto, não empregam o moinho para triturar o café; esmagam-no em almofarizes com pilões de madeira; e, quando esses instrumentos foram empregados por muito tempo para essa finalidade, tornam-se valiosos e vendem-se a alto preço.

Por várias razões, incumbia-me verificar se havia alguma diferença nos resultados, e qual dos dois métodos era preferível.

Assim, torrei com cuidado meio quilo de puro moca; separei-o em duas porções iguais, sendo que uma foi moída e a outra pilada à maneira turca.

Preparei café com ambos os pós; cada porção tinha o mesmo peso, e despejei em cada uma a mesma quantidade de água fervente, agindo em tudo com igualdade perfeita.

Degustei os dois cafés e os submeti à apreciação dos entendidos. A opinião unânime foi que o café resultante do pó pilado era evidentemente superior ao do que fora moído.

Quem quiser pode fazer a experiência. Enquanto isso, posso dar um exemplo bastante singular da influência que pode ter esta ou aquela maneira de manipular.

"Senhor", dizia um dia Napoleão ao senador Laplace, "como se explica que um copo d'água no qual dissolvo um torrão de açúcar me pareça muito melhor que aquele no qual coloco a mesma quantidade de açúcar pilado?" "Mestre", respondeu o cientista, "existem três substâncias cujos princípios são exatamente os mesmos, a saber: o açúcar, a goma e o amido; elas diferem apenas em certas condições cujo segredo a natureza guardou; e creio ser possível que, na colisão que se exerce com pilão, algumas porções açucaradas passem ao estado de goma ou de amido, e causem a diferença que se verifica nesse caso."

Esse fato teve certa publicidade, e observações ulteriores confirmaram o que disse o senador.

DIVERSAS MANEIRAS DE PREPARAR O CAFÉ — Há uns anos, todos os pensamentos se voltavam simultaneamente para a questão de saber qual a melhor maneira de preparar o café; embora quase ninguém suspeitasse, a razão do fenômeno era o fato de o chefe do governo ser um grande adepto dessa bebida.

Propunha-se prepará-lo sem queimá-lo, sem transformá-lo em pó, tomá-lo frio, fazê-lo ferver durante três quartos de hora, submetê-lo à autoclave etc.

Experimentei em minha vida todos esses métodos e os que foram propostos até hoje, e afirmo, com conhecimento de causa, que o melhor de todos é aquele chamado *à la Dubelloy*, que consiste em derramar água fervente sobre o café colocado num receptáculo de porcelana ou de prata com furos muito pequenos. Essa primeira decocção é aquecida até a ebulição, depois passada novamente no coador, e tem-se um café tão claro e tão bom quanto possível.

Um de meus experimentos foi preparar café numa cafeteira de alta pressão; mas o resultado foi um café amargo e carregado de matéria extrativa, bom apenas para arranhar a garganta de um cossaco.

EFEITOS DO CAFÉ — Os doutores emitiram diversas opiniões sobre as propriedades sanitárias do café, e nem sempre de acordo entre si; passaremos ao largo dessa contenda, para nos ocuparmos apenas do mais importante, a saber: de sua influência sobre os órgãos do pensamento.

Não resta dúvida de que o café produz grande excitação no cérebro: e o homem que bebe café pela primeira vez pode estar certo de ser privado de parte de seu sono.

Às vezes esse efeito é atenuado ou modificado pelo hábito; mas há muitos indivíduos nos quais essa excitação sempre ocorre, e que portanto são obrigados a deixar de beber café.

Disse que esse efeito era modificado pelo hábito, o que não o impede de ocorrer de outra maneira; pois observei que as pessoas que o café não impede de dormir durante a noite têm necessidade dele para ficarem despertas durante o dia, e sempre têm sono se não o bebem depois do jantar.

Há muitos outros ainda que ficam sonolentos o dia todo se não tomaram sua xícara de café de manhã.

Voltaire e Buffon tomavam muito café; talvez devessem a esse hábito, o primeiro, a clareza admirável que se observa em suas obras, o segundo, a harmonia entusiástica de seu estilo. É evidente que várias páginas dos *Tratados sobre o homem, o cão, o tigre, o leão e o cavalo* foram escritas num estado de exaltação cerebral extraordinária.

A insônia causada pelo café não é incômoda; têm-se percepções muito claras e nenhuma vontade de dormir, apenas isso. Não se fica agitado e infeliz como quando a insônia provém de outra causa: o que não impede que essa excitação intempestiva possa se tornar com o tempo muito prejudicial.

Antigamente, apenas as pessoas de idade mais madura tomavam café; agora todos o tomam, e talvez seja esse estimulante do espírito que põe em marcha a imensa multidão que frequenta as avenidas do Olimpo e do templo da Memória.

O sapateiro autor da tragédia *Reine de Palmyre*, que Paris inteira andou lendo uns anos atrás, tomava muito café; assim destacou-se muito mais que o *marceneiro de Nevers*, que não passava de um bêbado.

O café é uma bebida bem mais energética do que se crê comumente. Um homem de boa constituição pode ter uma vida longa bebendo duas garrafas de vinho por dia. O mesmo homem não viveria tanto com a mesma quantidade de café; perderia a razão ou definharia até morrer.

Vi em Londres, na praça de Leicester, um homem que o consumo imoderado de café transformou num deficiente (*cripple*); ele não sofria mais, acostumara-se a esse estado, e reduzira seu consumo a cinco ou seis xícaras por dia.

É um dever de todos os pais e mães do mundo proibir severamente o café a seus filhos, se não quiserem que eles se tornem maquininhas secas, mirradas e velhas aos vinte anos. Esse conselho se aplica sobretudo aos parisienses, cujas crianças nem sempre são tão fortes e saudáveis como se tivessem nascido em certas províncias, como a do Ain, por exemplo.

Sou daqueles que foram obrigados a renunciar ao café; e termino este artigo relatando *como* um dia fui submetido completamente a seu poder.

O duque de Massa, então ministro da Justiça, me havia solicitado um trabalho que exigia atenção, e para o qual me dera pouco tempo, pois o queria para o dia seguinte.

Resignei-me assim a passar a noite trabalhando; e, para me precaver contra o sono, completei o jantar com duas grandes xícaras de café forte e perfumado.

Cheguei às sete da noite em casa, onde deveriam estar os papéis que me haviam sido anunciados; mas apenas encontrei uma carta informando que, devido a não sei que formalidade burocrática, só os receberia na manhã seguinte.

Assim desapontado, em toda a força do termo, retornei à casa onde havia jantado, e joguei cartas sem experimentar nenhuma daquelas distrações que normalmente me ocorrem.

Atribuí isso ao café; mas, embora aproveitando essa vantagem, não deixava de me inquietar sobre a maneira como passaria a noite.

Deitei-me à hora de costume, pensando que, se não tivesse um sono muito tranquilo, ao menos dormiria quatro ou cinco horas, o que me conduziria sem problemas ao dia seguinte.

Enganava-me: duas horas se passaram no leito e eu estava mais do que desperto; achava-me num estado de intensa agitação mental, e imaginava meu cérebro como um moinho cujas rodas estão em movimento sem ter nada que moer.

Senti que era preciso usar essa disposição, sem o que a necessidade de repouso jamais viria; e me ocupei em pôr em versos um pequeno conto que havia lido recentemente num livro inglês.

Realizei facilmente a tarefa; como o sonho não vinha, passei a um segundo conto, mas em vão. Uma dúzia de versos havia esgotado minha veia poética, e tive de renunciar a ela.

Passei portanto a noite sem dormir, e sem nem sequer dormitar um instante; levantei-me e passei o dia no mesmo estado, sem que as refeições ou as ocupações trouxessem alguma mudança. Enfim, quando me deitei à hora de sempre, calculei que fazia 48 horas que não pregava os olhos.

## 47. ORIGEM DO CHOCOLATE

Os primeiros a abordar a América lá chegaram movidos pela sede do ouro. Naquela época, praticamente não se conheciam outros valores a não ser os que saíam das minas: a agricultura e o comércio engatinhavam, e a economia política ainda não havia nascido. Os espanhóis encontraram assim metais preciosos, descoberta um tanto estéril, já que eles se depreciam ao se multiplicarem, havendo meios mais ativos para aumentar a quantidade de riquezas.

Mas aquelas terras, onde o calor do sol faz fermentar campos de extrema fecundidade, se mostraram favoráveis à cultura do açúcar e do café; lá também foram descobertos a batata, a baunilha, o índigo, a quinquina, o cacau etc., e esses são verdadeiros tesouros.

Se tais descobertas aconteceram, apesar das barreiras que opunha à curiosidade uma nação ciumenta, pode-se razoavelmente esperar que elas se multipliquem por dez nos anos vindouros, e que as pesquisas de cientistas da velha Europa em tantas regiões inexploradas venham a enriquecer os três reinos com uma quantidade de substâncias que produzirão sensações novas, como a baunilha, ou aumentarão nossos recursos alimentares, como o cacau.

Convencionou-se chamar *chocolate* a mistura resultante da amêndoa de cacau queimada com açúcar e canela: tal é a definição clássica do chocolate. O açúcar é parte integrante, pois sem ele faz-se apenas pasta de cacau e não chocolate. Quando o delicioso aroma da baunilha é adicionado ao açúcar, à canela e ao cacau, atinge-se aquele *nec plus ultra* da perfeição a que pode chegar tal preparação.

Foi a esse pequeno número de substâncias que o gosto e a experiência reduziram os numerosos ingredientes que se tentou sucessivamente associar ao cacau, como a pimenta, o anis, o gengibre, a acioa e outros.

O cacaueiro é nativo tanto das ilhas como do continente da América meridional; mas sabe-se hoje que as árvores que dão o melhor fruto são as que crescem às margens do lago Maracaibo, nos vales de Caracas e na rica província de Sokomusco. Lá a amêndoa é maior, o sabor menos adocicado e mais concentrado. Desde que essas regiões se tornaram mais acessíveis, a comparação pôde ser feita diariamente, e os palatos exercitados não se enganam mais.

As damas espanholas do Novo Mundo amam o chocolate com furor, a ponto de, não contentes de tomá-lo várias vezes por dia, o levarem inclusive quando vão à igreja. Essa sensualidade provocou com frequência a censura dos bispos; mas eles acabaram por fechar os olhos, e o reverendo padre Escobar, cuja metafísica foi tão sutil quanto condescendente era sua moral, declarou formalmente que o chocolate líquido não rompia o jejum, estendendo assim, em favor de seus penitentes, o antigo adágio: "*Liquidum non frangit jejunium*".\*

O chocolate foi introduzido na Espanha no século XVII, e seu consumo logo se tornou popular, devido à marcada predileção das mulheres e sobretudo dos monges por essa bebida aromática. Os costumes não mudaram nesse ponto, e ainda hoje, em toda a península Ibérica, o chocolate é servido em todas as ocasiões em que é de praxe oferecer alguma bebida.

O chocolate atravessou as montanhas com Ana da Áustria, filha de Filipe II e esposa de Luís XIII. Os monges espanhóis também o fizeram conhecer pelos presentes ofertados a seus confrades da França. Os diversos embaixadores da Espanha contribuíram igualmente para colocá-lo em voga; e, no começo da Regência, seu consumo era mais universal que o do café, porque então era tomado como uma forma de alimento agradável, enquanto o café ainda não passava de uma bebida de luxo e uma curiosidade.

Sabe-se que Lineu denominou o cacau *Cacao theobroma* (bebida dos deuses). Buscou-se uma causa para esse qualificativo enfático: uns o atribuem ao fato de o cientista amar apaixonadamente o chocolate; outros, à vontade que

---

\* "O líquido não quebra o jejum." (N. E.)

tinha de agradar seu confessor; outros ainda, à sua galanteria, por ter sido uma rainha a primeira a introduzir o costume. (*Incertum.*)

PROPRIEDADES DO CHOCOLATE — O chocolate deu ensejo a profundas dissertações, cujo objetivo era determinar sua natureza e suas propriedades, e colocá-lo na categoria dos alimentos quentes, frios ou temperados; é preciso reconhecer, porém, que esses doutos escritos pouco serviram para a manifestação da verdade.

Mas, com o tempo e a experiência, esses dois grandes mestres, ficou demonstrado que o chocolate, preparado com cuidado, é um alimento tão salutar quanto agradável; que é nutritivo, de fácil digestão; que não tem, para a beleza, os inconvenientes do café, do qual é inclusive o antídoto; que é muito recomendável às pessoas que exercem grande atividade mental, professores, advogados, e sobretudo aos viajantes; e que convém, finalmente, aos estômagos mais frágeis, tendo se revelado benéfico nas doenças crônicas e como último recurso nas afecções do piloro.

O chocolate deve essas propriedades ao fato de, sendo a bem dizer apenas um *oleosaccharum*, haver poucas substâncias que contenham, como ele, mais partículas alimentares em igual volume: o que faz que se animalize quase por inteiro.

Durante as guerras napoleônicas o cacau era raro, e sobretudo muito caro: foram feitos esforços para substituí-lo, mas em vão; e um dos benefícios da paz foi livrar-nos daqueles diversos caldos aguados que se era obrigado a degustar por polidez, e que se assemelhavam ao chocolate tanto quanto uma infusão de chicória a um café moca.

Algumas pessoas se queixam de não poderem digerir o chocolate; outras, ao contrário, de que ele não alimenta suficientemente e é digerido muito depressa.

É provável que os primeiros devam recriminar apenas a si próprios, por consumirem chocolate de má qualidade e mal fabricado; pois o chocolate bom e bem-feito deve passar por todo estômago onde ainda resta um mínimo de atividade digestiva.

Quanto aos outros, o remédio é fácil: devem reforçar seu desjejum com empada, costeleta ou rim no espeto, despejar em cima de tudo um bom caldo de *sokomusko* [chocolate], e agradecer a Deus por lhes ter dado um estômago de uma atividade superior.

Isto me dá a oportunidade de registrar aqui uma observação em cuja exatidão se pode confiar.

Quando se fez um farto desjejum, acompanhado de uma ampla xícara de chocolate, a digestão estará completa ao cabo de três horas, e pode-se almoçar confortavelmente... Por zelo científico e à força de eloquência, convenci muitas senhoras, que achavam que isso as mataria, a fazer a experiência; elas sempre ficaram encantadas com o resultado, e não deixaram de glorificar o professor.

As pessoas que consomem chocolate são as que gozam de saúde mais constante, e as menos sujeitas a uma série de pequenos males que perturbam a felicidade da vida; também têm menos tendência a perder peso: cada um pode verificar essas duas vantagens em seu círculo e entre aqueles cuja dieta é conhecida.

Aqui é o momento de falar das propriedades do chocolate com âmbar, propriedades que verifiquei num grande número de experiências e cujo resultado me orgulho de oferecer a meus leitores.*

Todo homem que tiver bebido alguns goles a mais na taça da volúpia; todo homem que esteve trabalhando boa parte do tempo em que deveria estar dormindo; todo homem de espírito que se sentir temporariamente estúpido; todo homem que achar o tempo úmido, longo e a atmosfera difícil de respirar; todo homem atormentado por uma ideia fixa que lhe retira a liberdade de pensar; que todos esses, dizemos, administrem-se um bom meio litro de chocolate ambarizado, à razão de 72 grãos de âmbar para meio quilo de chocolate, e eles verão maravilhas.

Em minha maneira particular de especificar as coisas, chamo o chocolate com âmbar *chocolate dos aflitos*, porque, em cada um dos estados que designei, experimenta-se certo sentimento *que lhes é comum*, e que se assemelha à aflição.

DIFICULDADES PARA FAZER UM BOM CHOCOLATE — Um chocolate muito bom é feito na Espanha; mas parou-se de importar de lá porque nem todos os fabricantes são igualmente hábeis, e o cliente é forçado a consumir o que recebe, seja bom ou mau.

Os chocolates da Itália agradam pouco aos franceses: em geral seu cacau

---

* Ver nas "Variedades".

é demasiadamente queimado, o que torna o chocolate amargo e pouco nutritivo porque parte da amêndoa se carbonizou.

Tendo o chocolate se tornado usual na França, todo o mundo resolveu tentar fabricá-lo; mas poucos atingiram a perfeição, por ser uma fabricação que está longe de ser fácil.

Primeiro é preciso conhecer o bom cacau e *querer* usá-lo em toda a sua pureza, pois mesmo numa caixa de frutos bem selecionados há alguns de qualidade inferior, e um lucro mal compreendido leva com frequência a deixar passar amêndoas avariadas, que o desejo de proceder corretamente deveria fazer rejeitar.

A torrefação do cacau é também uma operação delicada; exige um tato quase vizinho da inspiração. Há operários que o têm por natureza e que jamais se enganam.

É preciso também um talento especial para regular bem a quantidade de açúcar que deve entrar na composição; ela não deve ser invariável e rotineira, mas determinar-se em função do grau de aroma da amêndoa e do de torrefação ao qual se chegou.

A trituração e a mistura não requerem menos cuidados, já que de sua perfeição absoluta depende em parte a maior ou menor digestibilidade do chocolate.

Outras considerações devem presidir à escolha e à dosagem dos aromatizantes, que não deve ser a mesma para os chocolates que servirão de alimento e para os que se destinam a ser comidos como guloseima. Também devem variar conforme a massa deva ou não receber baunilha; de sorte que, para fazer um chocolate requintado, é preciso resolver uma série de equações muito sutis, das quais nos beneficiamos sem suspeitar que foram feitas.

Há algum tempo vêm sendo empregadas máquinas para a fabricação do chocolate; não pensamos que esse método acrescente algo à sua perfeição, mas ele diminui a mão de obra, e os que o adotaram poderiam oferecer uma mercadoria mais barata. Não obstante, estes a vendem geralmente muito cara, o que mostra bem que o verdadeiro espírito comercial ainda não se naturalizou na França; pois, em boa justiça, a vantagem propiciada pelas máquinas deve beneficiar igualmente o negociante e o consumidor.

Como fã do chocolate, percorremos praticamente toda a gama dos fabricantes e nos fixamos no sr. Debauve, rua des Saints-Pères, 26, chocolateiro do rei, regozijando-nos de que os raios do sol tenham iluminado o mais digno.

Nada de espantoso nisto: o sr. Debauve, farmacêutico de muito prestígio, coloca na fabricação do chocolate os conhecimentos que adquiriu para serem usados numa esfera mais ampla.

Os que não conhecem as técnicas de manipulação não suspeitam as dificuldades para chegar à perfeição, seja em que campo for, nem o quanto de atenção, de tato e de experiência é preciso para apresentar um chocolate açucarado sem ser insípido, firme sem ser amargo, aromático sem ser malsão, e consistente sem ser feculento.

Assim são os chocolates do sr. Debauve: devem sua supremacia à boa escolha dos ingredientes, a uma vontade firme de que nada de inferior saia de sua manufatura, e a uma supervisão que abrange todos os detalhes de fabricação.

Seguindo as luzes de uma saudável doutrina, o sr. Debauve procurou, além disso, oferecer a seus numerosos clientes medicamentos agradáveis contra algumas tendências doentias.

Assim, às pessoas pouco providas de carnes, ele oferece o chocolate analéptico com salepo; aos que têm os nervos delicados, o chocolate antiespasmódico feito com flor de laranjeira; aos temperamentos suscetíveis de irritação, o chocolate ao leite com amêndoas; e a essa lista ele certamente acrescentará o *chocolate dos aflitos*, ambarizado e dosado *secundum artem*.

Mas seu principal mérito é sobretudo oferecer-nos, a um preço moderado, um excelente chocolate comum, suficiente para o desjejum matinal; que nos deleita, no jantar, nos cremes, e nos alegra ainda mais, no fim da noite, nos sorvetes, docinhos e outras guloseimas de salão, sem contar a distração agradável dos bombons, com ou sem divisas impressas nos invólucros.

Não conhecemos o sr. Debauve a não ser por seus produtos, jamais o vimos; mas sabemos que muito contribui para livrar a França do tributo que pagava outrora à Espanha, fornecendo a Paris e às províncias um chocolate cuja reputação não cessa de crescer. Sabemos também que ele recebe diariamente novas encomendas do estrangeiro: é com base nisto, e como membro fundador da Sociedade de Incentivo à Indústria Nacional, que lhe fazemos aqui uma menção honrosa na qual o leitor descobrirá não ter havido nenhum exagero.

MANEIRA OFICIAL DE PREPARAR O CHOCOLATE — Os americanos preparam sua pasta de cacau sem açúcar. Quando querem tomar chocolate, misturam água quente; cada um coloca em sua xícara a quantidade desejada de cacau, despeja a água, e acrescenta o açúcar e os aromatizantes que julga necessários.

Esse método não convém aos nossos costumes nem ao nosso paladar; queremos o chocolate pronto para ser consumido.

A química transcendente hoje nos ensina que não se deve nem raspá-lo com a faca, nem moê-lo com pilão, porque a colisão seca que ocorre nesses dois casos amidoa algumas porções de açúcar, tornando a bebida mais insossa.

Assim, para fazer chocolate, ou seja, para torná-lo próprio ao consumo imediato, devem-se colocar cerca de cinquenta gramas numa xícara, dissolvê-las suavemente na água à medida que aquece, usando para mexer uma colher de madeira; deixe-se a solução ferver durante quinze minutos, para adquirir consistência, e sirva-se quente.

"Senhor", dizia-me há mais de cinquenta anos a senhora d'Arestrel, superiora do convento da Visitação, em Belley, "quando quiser tomar um bom chocolate, prepare-o, já na véspera, numa jarra de louça e deixe-o ali. O repouso da noite o concentra e lhe dá um aveludado que o torna bem melhor. O bom Deus não pode se ofender com esse pequeno refinamento, pois ele próprio é a completa excelência."

# Meditação 7
*Teoria da fritura*

48. INTRODUÇÃO*

Era um belo dia de maio: o sol espalhava uma luz suave sobre os telhados enfumaçados da cidade dos prazeres, e as ruas (coisa rara) não apresentavam nem lama nem poeira.

As pesadas diligências havia muito tinham cessado de abalar o pavimento; os grandes carroções repousavam ainda, e circulavam apenas aquelas carruagens abertas, de onde as beldades nativas e exóticas, abrigadas sob chapéus os mais elegantes, costumam lançar olhares desdenhosos aos feios e namoradores aos bonitos.

Eram assim três horas da tarde quando o professor veio sentar-se em sua poltrona de meditações.

Sua perna direita estendia-se apoiada no soalho; a esquerda a cruzava em diagonal; suas costas estavam bem acomodadas, e as mãos repousavam sobre as cabeças de leão na extremidade dos braços desse móvel venerável.

Sua fronte elevada indicava o amor dos estudos severos, e sua boca, o gosto das distrações amáveis. Tinha um ar tão compenetrado e tal postura que

* A palavra *fritura* aplica-se ao ato de *fritar*, ao meio empregado para *fritar* e à coisa *frita*.

qualquer homem que o visse não deixaria de dizer: "Esse respeitável ancião deve ser um sábio".

Assim estabelecido, o professor mandou chamar seu cozinheiro-chefe, e o servidor logo chegou, pronto a receber conselhos, lições ou ordens.

ALOCUÇÃO — "Senhor La Planche", disse o professor com aquele acento grave que penetra até o fundo dos corações, "todos os que sentam à minha mesa o proclamam *potagiste* [preparador de sopas] de primeira ordem, o que é muito bom, pois a sopa é o primeiro consolo do estômago necessitado; mas vejo com pesar que o senhor ainda tem muito o que aprender na arte de fritar.

"Ontem o ouvi gemer sobre aquele linguado triunfal que o senhor nos serviu pálido, flácido e descolorido. Meu amigo R...* lançou-lhe um olhar desaprovador; o sr. H. R. voltou para o Oeste seu nariz gnomônico, e o magistrado S... deplorou esse incidente como uma calamidade pública.

"Esse infortúnio lhe aconteceu por ter negligenciado a teoria, cuja importância não percebe. O senhor é um pouco renitente, e tenho dificuldade em fazê-lo compreender que os fenômenos que se passam no seu laboratório não são mais que a execução das leis eternas da natureza; e que algumas coisas que o senhor faz sem atenção, somente porque viu outros fazerem-nas, mesmo assim derivam das mais altas abstrações da ciência.

"Escute portanto com atenção, e instrua-se para doravante não ter mais que se envergonhar de suas obras.

QUÍMICA — "Nem todos os líquidos que o senhor expõe à ação do fogo podem receber idêntica quantidade de calor; a natureza os fez desigualmente receptivos: essa é uma ordem de coisas cujo segredo ela reservou para si, e que chamamos *capacidade calórica*.

"Assim, o senhor poderia molhar impunemente o dedo no álcool fervente, mas o retiraria bem depressa da aguardente no mesmo estado, e mais depressa ainda da água; e uma imersão rápida em óleo fervente lhe causaria uma queimadura cruel, pois o óleo pode se aquecer pelo menos três vezes mais que a água.

* Sr. R..., nascido em Seyssel, distrito de Belley, por volta de 1757. Eleitor do *Grand Collège*, pode-se propô-lo a todos como exemplo dos resultados felizes de uma conduta prudente combinada à mais inflexível probidade.

"É por causa dessa disposição que os líquidos quentes agem de maneira diferente sobre os corpos sápidos que neles são mergulhados. Os submetidos à ação da água amolecem, se dissolvem e acabam virando papa; as sopas e os extratos são feitos assim; ao contrário, os submetidos à ação do óleo se comprimem, adquirem uma cor mais ou menos escura e acabam por se carbonizar.

"No primeiro caso, a água dissolve e absorve os sucos interiores dos alimentos que nela são mergulhados; no segundo, os sucos se conservam, porque o óleo é incapaz de dissolvê-los; e se esses corpos se dessecam, é que a continuação do calor termina por vaporizar suas partes úmidas.

"Os dois métodos têm também nomes diferentes, e chama-se *fritar* a ação de fazer ferver no óleo ou na gordura corpos destinados a serem comidos. Creio já ter dito que, para os propósitos culinários, *óleo* ou *gordura* são aproximadamente sinônimos, a gordura sendo apenas um óleo concreto, ou o óleo uma gordura líquida.

APLICAÇÃO — "Comidas fritas são bem recebidas nos festins; elas introduzem uma variação picante na refeição; são agradáveis à vista, conservam seu gosto primitivo e podem ser comidas com os dedos, o que as damas sempre apreciam.

"A fritura também fornece ao cozinheiro muitos meios de dissimular o que foi servido na véspera, e é um expediente para os casos imprevistos: pois não é preciso mais tempo para fritar uma carpa de dois quilos do que para cozinhar um ovo.

"Todo o mérito de uma boa fritura provém da *surpresa*; é o nome que se dá à ação súbita do líquido fervente que carboniza ou tosta, no momento mesmo da imersão, a superfície exterior do corpo a ele submetido.

"No momento da *surpresa* se forma uma espécie de envoltório que contém o objeto, impede a gordura de penetrá-lo e concentra os sucos, que sofrem assim uma cocção interior que dá ao alimento todo o gosto que ele é capaz de ter.

"Para que a *surpresa* ocorra, o líquido aquecido deve adquirir suficiente calor para que sua ação seja brusca e instantânea, e ele só atinge esse ponto após ter sido exposto por muito tempo a um fogo forte e flamejante.

"Pelo seguinte método sabe-se que a fritura está quente no grau desejado: corte um pedaço de pão e o mergulhe na frigideira durante cinco a seis segundos; se ele estiver duro e tostado ao ser retirado, opere imediatamente a imersão; caso contrário, aumente o fogo e repita o teste.

"Uma vez operada a *surpresa*, modere o fogo para que a cocção não seja muito precipitada, e para que os sucos contidos no alimento sofram, por meio de um calor prolongado, a transformação capaz de uni-los e realçar seu gosto.

"O senhor certamente observou que a superfície dos objetos bem fritos não pode mais ser dissolvida pelo sal nem pelo açúcar, dos quais, no entanto, têm necessidade, segundo sua natureza diversa. Assim, não deixe de reduzir essas duas substâncias a um pó muito fino, de modo que adquiram grande facilidade de aderência, e que, salpicadas sobre a fritura, possam temperá-la por justaposição.

"Nada direi da escolha dos óleos e das gorduras: os livros de culinária que coloquei à sua disposição dão instruções suficientes a esse respeito.

"Entretanto, não esqueça, quando receber umas daquelas trutas que mal chegam a duzentos gramas de peso, e que provêm dos regatos de água límpida que murmuram longe da capital, não esqueça, repito, de fritá-las com o mais fino azeite de oliva que tiver: essa iguaria simples, devidamente temperada e realçada com fatias de limão, é digna de ser oferecida a uma eminência.*

"Dê o mesmo tratamento aos salmões, que os conhecedores tanto apreciam. O salmão é a toutinegra das águas; mesma delicadeza, mesmo perfume, mesma superioridade.

"Essas duas prescrições também têm por fundamento a natureza das coisas. A experiência ensinou que o azeite de oliva só deve ser usado em operações que se realizam em pouco tempo ou que não exigem grande calor, porque a ebulição prolongada desenvolve nele um gosto empireumático e desagradável oriundo de algumas porções de parênquima, das quais é difícil desembaraçá-lo e que se carbonizam.

"O senhor conheceu meu inferno, e foi o primeiro a ter a glória de ofere-

---

* O sr. Aulissin, advogado napolitano muito culto e excelente violoncelista amador, jantava um dia em minha casa, e, comendo algo que lhe pareceu muito de seu agrado, disse-me: "*Questo è um vero boccone di cardinale!*". "Por que", respondi na mesma língua, "vocês não dizem como nós: *um bocado de rei*?". "Meu amigo", replicou ele, "nós, italianos, achamos que os reis não podem ser gourmands, porque suas refeições são muito curtas e muito solenes: mas os cardeais, ah!!!". E soltou aquele bramido curto que lhe é familiar: "Hu, hu, hu, hu!".

cer ao universo espantado um imenso linguado frito. Esse foi um dia de grande júbilo entre os eleitos.

"Agora vá: continue a ter cuidado com tudo o que faz, e jamais esqueça que, a partir do momento em que os convidados põem os pés em minha sala de jantar, *nós* é que somos responsáveis por sua felicidade."

# Meditação 8
*Da sede*

49. INTRODUÇÃO

A sede é o sentimento interior da necessidade de beber.

Como um calor de aproximadamente 40°C sempre faz evaporar os diversos fluidos que circulam nos corpos vivos, a perda resultante logo tornaria esses fluidos inaptos a cumprir sua função, se não fossem frequentemente renovados e refrescados: é essa necessidade que faz sentir a sede.

Acreditamos que o centro da sede reside em todo o sistema digestivo. Quando temos sede (e em nossa qualidade de caçador nos expusemos frequentemente a ela), sentimos distintamente que todas as partes inalantes da boca, da garganta e do estômago são acionadas e neretizadas;* e se às vezes aplacamos a sede com a aplicação de líquidos noutras partes que não esses órgãos, como, por exemplo, no banho, é que eles se introduzem em seguida na circulação, são rapidamente levados para o centro do mal e atuam ali como remédios.

---

* Neologismo do autor, forjado provavelmente a partir do grego *néros* (fluente), e que aqui significa "irrigado", "hidratado". (N. T.)

DIVERSAS ESPÉCIES DE SEDE — Considerando essa necessidade em toda a sua extensão, podemos distinguir três tipos de sede: a sede latente, a sede factícia e a sede cáustica.

A sede latente ou habitual é aquele equilíbrio insensível que se estabelece entre a evaporação transpiratória e a necessidade de compensá-la; é ela que, sem sentirmos nenhuma dor, nos convida a beber durante as refeições, e faz que possamos beber em quase todos os momentos do dia. Essa sede sempre nos acompanha e participa de certo modo de nossa existência.

A sede factícia, peculiar à espécie humana, provém daquele instinto inato que nos leva a buscar nas bebidas uma força que a natureza não pôs nelas, e que apenas se produzem pela fermentação. Ela constitui antes um prazer artificial que uma necessidade natural: essa sede é verdadeiramente inextinguível, porque as bebidas que tomamos para aplacá-la têm o inevitável efeito de fazê-la renascer; essa sede, que acaba se tornando habitual, é a dos bêbados de todo o mundo; e quase sempre o ato de beber cessa apenas quando a bebida falta, ou quando ela venceu o beberrão e o pôs fora de combate.

Quando, ao contrário, a sede é aplacada apenas com água pura, que parece ser seu antídoto natural, jamais se bebe um gole além do necessário.

A sede cáustica é a que resulta do aumento da necessidade e da impossibilidade de satisfazer a sede latente.

Chama-se *cáustica* por ser acompanhada de ardência da língua, secura do palato e um calor devorador em todo o corpo.

A sensação de sede é tão aguda que a palavra, em quase todas as línguas, é sinônimo de uma apetência excessiva e de um desejo imperioso; assim, tem-se sede de ouro, de riquezas, de poder, de vingança etc., expressões que não teriam surgido se ao menos uma vez na vida não tivéssemos sentido uma sede que as justificasse.

O apetite é acompanhado de uma sensação agradável, contanto que não chegue até a fome; já a sede não tem crepúsculo, e, tão logo se faz sentir, há mal-estar, ansiedade, e uma ansiedade terrível quando não se tem a esperança de aliviá-la.

Por uma justa compensação, a ação de beber pode, conforme as circunstâncias, nos proporcionar prazeres muito intensos; e, quando aplacamos uma sede insuportável, ou quando uma sede moderada é aliviada por uma bebida deliciosa, todo o aparelho papilar fica titilando da ponta da língua às profundezas do estômago.

Também se morre bem mais depressa de sede que de fome. Há exemplos de homens que, tendo água, conseguiram sobreviver por mais de oito dias sem comer, enquanto aqueles absolutamente privados de líquidos jamais passam do quinto dia.

A razão dessa diferença é que o homem faminto morre de esgotamento e de fraqueza, ao passo que o sedento é acometido de uma febre que o queima e não cessa de aumentar.

Nem sempre se resiste por tanto tempo à sede; em 1787, um soldado da guarda suíça de Luís XVI morreu por ter ficado apenas 24 horas sem beber.

Ele estava num botequim com alguns companheiros; como estendesse o copo para mais uma rodada, alguém censurou-lhe o fato de beber mais que os outros e de ser incapaz de abster-se por alguns instantes. Foi o que o levou a apostar que ficaria 24 horas sem beber, aposta que foi aceita, estando em jogo dez garrafas de vinho.

A partir daquele momento o soldado parou de beber, embora ainda ficasse mais de duas horas vendo os outros beberem antes de se retirar.

A noite transcorreu normalmente, como se pode imaginar; mas, logo ao amanhecer, ele viu que era difícil não poder tomar seu copinho de aguardente, como fazia sempre.

Durante toda a manhã, permaneceu inquieto e perturbado; ia, vinha, se levantava e se sentava sem razão, dando a impressão de não saber o que fazer.

À uma da tarde, deitou-se, achando que assim ficaria mais tranquilo: ele sofria, estava realmente doente; mas em vão os que o cercavam o convidavam a beber, ele achava que conseguiria chegar até a noite; queria ganhar a aposta, ao que certamente se juntava uma ponta de orgulho militar que o impedia de ceder ao sofrimento.

Manteve-se assim até as sete da noite; mas às sete e meia, sentiu-se mal, entrou em coma e expirou sem poder degustar um copo de vinho que lhe ofereciam.

Fiquei sabendo de todos os detalhes do caso nessa mesma noite pelo sr. Schneider, honorável tocador de pífaro da companhia dos guardas suíços, na casa de quem eu então me hospedava em Versalhes.

## 50. CAUSAS DA SEDE

Diversas circunstâncias unidas ou separadas podem contribuir para aumentar a sede. Vamos indicar algumas delas que exercem influência sobre nossos hábitos.

O calor aumenta a sede; e daí a tendência que os homens sempre tiveram de fixar suas habitações à beira dos rios.

Os trabalhos corporais aumentam a sede; assim os empregadores nunca deixam de dar bebida a seus operários para fortalecê-los; e daí o provérbio que o vinho dado a eles é o mais vendido.

A dança aumenta a sede; daí as numerosas bebidas estimulantes ou refrescantes que sempre acompanham as reuniões dançantes.

A declamação aumenta a sede; daí o copo d'água que todos os leitores procuram beber com elegância, e que se verá na extremidade de todo púlpito, ao lado do lenço branco.\*

Os prazeres genésicos aumentam a sede; daí as descrições poéticas de Chipre, Amatunte, Cnido e outros lugares habitados por Vênus, nos quais nunca faltam sombras frescas e regatos que serpenteiam, correm e murmuram.

Os cantos aumentam a sede; daí a reputação universal dos músicos de serem infatigáveis beberrões. Sendo eu próprio músico, protesto contra essa ideia preconcebida que hoje não mais contém sal nem verdade.

Os artistas que circulam em nossos salões bebem com discrição e sagacidade; mas o que eles perderam de um lado, ganharam de outro; e, se deixaram de ser beberrões, tornaram-se infatigáveis gourmands, tanto assim que, no Círculo da Harmonia Transcendental, a celebração da festa de santa Cecília dura às vezes mais de 24 horas.

## 51. EXEMPLO

A exposição a uma corrente de ar muito rápida é uma causa muito ativa

---

\* O cônego Delestra, pregador muito agradável, costumava engolir um confeito de noz, nos intervalos que deixava a seus ouvintes entre cada ponto de seu discurso, para tossir, escarrar e assoar-se.

do aumento da sede; e penso que a observação a seguir será lida com prazer, sobretudo pelos caçadores.

Sabe-se que as codornas gostam das regiões montanhosas, onde a postura de seus ovos é mais segura, porque lá a colheita se faz bem mais tarde.

Enquanto é colhido o centeio, elas se transferem para a cevada e a aveia; e, ao chegar a vez destas últimas, refugiam-se naqueles locais onde os grãos estão menos maduros.

É então o momento de caçá-las, porque as codornas, que um mês antes se espalhavam por toda uma comuna, se concentram agora em poucas jeiras de terra e, como é final de estação, estão gordas e graúdas.

Foi com esse objetivo que eu e alguns amigos fomos um dia a uma montanha do distrito de Nantua, no cantão conhecido pelo nome de Plan d'Hotonne. Estávamos prontos para iniciar a caça, num dos mais belos dias de setembro e sob a influência de um sol brilhante, desconhecido dos *cockneys*.\*

Mas, enquanto tomávamos o café da manhã, começou a soprar um vento norte extremamente violento, e muito contrário a nossos prazeres; o que não nos impediu de sair a campo.

Mal havíamos caçado durante uns quinze minutos, e o mais frouxo do grupo começou a dizer que tinha sede; todos certamente teriam gracejado dele, se cada um não tivesse também sentido a mesma necessidade.

Assim bebemos todos, pois o burro que transportava nossa cantina nos acompanhava; mas o alívio durou pouco. A sede não tardou a reaparecer com tal intensidade que alguns se julgavam doentes, outros a ponto de ficar, e já se falava em voltar, o que significaria ter feito uma viagem de dez léguas à toa.

Tive tempo de recolher minhas ideias e descobrir a razão daquela sede extraordinária. Reuni meus companheiros e disse-lhes que estávamos sob a influência de quatro causas que se combinavam para nos deixar sedentos: a diminuição notável da pressão atmosférica sobre nossos corpos, que tornava a circulação do sangue mais rápida; a ação do sol que nos aquecia diretamente; a marcha que ativava a transpiração; e, acima de tudo, a ação do vento que, soprando com força sobre nós, retirava o produto dessa transpiração, secava e impedia toda umidade da pele.

---

\* É o nome dado aos londrinos que nunca saíram de sua cidade; equivale ao parisiense *badaud*.

Acrescentei que, apesar de tudo, não havia perigo; que, sendo o inimigo conhecido, era fácil combatê-lo; e ficou decidido que beberíamos a cada meia hora.

A precaução foi, no entanto, insuficiente; a sede era invencível: vinho, aguardente, vinho misturado com água, água misturada com vinho, nada podia contra ela. Tínhamos sede mesmo ao beber, e nos sentimos mal o dia todo.

Essa jornada, porém, terminou como as outras: o proprietário da fazenda de Latour nos deu a hospitalidade, juntando nossas provisões às dele.

Jantamos maravilhosamente, e logo fomos nos enterrar no feno e gozar de um sono delicioso.

No dia seguinte, minha teoria recebeu a sanção da experiência. O vento cessara completamente durante a noite, e, embora o sol estivesse tão belo e inclusive mais quente que na véspera, caçamos durante parte do dia sem sentir a sede incômoda.

Mas o mal maior estava feito: nossos cantis, embora enchidos com sábia previdência, não tinham podido resistir aos assaltos reiterados que fizemos a eles, não passavam de corpos sem almas, e tivemos que recorrer às garrafas dos botequins.

Tomamos essa decisão forçados, mas não sem protestos: e lancei ao vento dessecador uma alocução cheia de invectivas, quando vi que uma refeição digna da mesa de reis, espinafre cozido na gordura de codornas, ia ser regado a um vinho não melhor que o de Suresnes.*

---

* Suresnes, aldeia muito agradável, a duas léguas de Paris. É renomada por seus maus vinhos. Diz-se proverbialmente que, para beber um copo de vinho de Suresnes, é preciso ser três, a saber: o bebedor e dois ajudantes para dar-lhe força e impedir que lhe falte coragem. Diz-se o mesmo do vinho de Périeux, mas as pessoas o bebem do mesmo jeito.

# Meditação 9
*Das bebidas**

### 52. INTRODUÇÃO

Deve-se entender por *bebida* todo líquido que pode acompanhar nossos alimentos.

A água parece ser a bebida mais natural. É consumida por todos os animais, substitui o leite para os adultos, e é tão necessária quanto o ar.

ÁGUA — A água é a única bebida que aplaca verdadeiramente a sede, e por essa razão só pode ser bebida em quantidade relativamente pequena. A maior parte dos outros líquidos que o homem ingere são apenas paliativos; e, se ele tivesse se restringido à água, jamais teriam dito que um de seus privilégios é beber sem ter sede.

EFEITO IMEDIATO DAS BEBIDAS — As bebidas são absorvidas na economia animal com extrema facilidade; seu efeito é imediato, e o alívio que proporcionam, de certo modo, instantâneo. Sirva a um homem fatigado os alimentos mais

---

* Este capítulo é puramente filosófico. O detalhe das diversas bebidas conhecidas não poderia entrar no plano que tracei: teria sido uma tarefa sem fim.

substanciais: ele comerá com dificuldade e a princípio experimentará certo desconforto. Dê-lhe um copo de vinho ou de aguardente: na mesma hora ele se sentirá melhor e parecerá renascer.

Posso apoiar essa teoria num fato bastante singular que soube por intermédio de meu sobrinho, o coronel Guigard, pouco contador de histórias por natureza, e na veracidade do qual se pode confiar.

Ele comandava um destacamento que voltava do cerco de Jafa, e estava a pouca distância do lugar onde deveria fazer uma parada para procurar água, quando começou a ver pelo caminho os corpos de alguns soldados que o haviam precedido em um dia de marcha, e que haviam morrido de calor.

Entre as vítimas desse clima abrasador achava-se um carabineiro, conhecido de várias pessoas do destacamento.

Ele devia ter morrido fazia umas 24 horas, e o sol, batendo nele o dia todo, havia tornado sua face escura como a de um corvo.

Quando alguns soldados se aproximaram, seja para vê-lo uma última vez, seja para lhe retirarem algum pertence, se o tivesse, surpreenderam-se ao notar que seus membros ainda estavam flexíveis, e que havia inclusive um pouco de calor em volta da região do coração.

"Deem-lhe uma gota de *sacré-chien* [cachaça muito forte]", diz o piadista da tropa; "garanto que, se ainda não estiver muito longe no outro mundo, voltará para beber um gole."

Com efeito, à primeira colherada da cachaça, o morto abriu os olhos; todos gritaram de contentamento, esfregaram-lhe as têmporas, fizeram-no beber um pouco mais, e, ao cabo de uns quinze minutos, ele pôde firmar-se, com um pouco de ajuda, no lombo de um burro.

Levaram-no até uma fonte; cuidaram dele durante a noite, deram-lhe algumas tâmaras para comer, alimentaram-no com precaução; e no dia seguinte, montado num burro, ele chegou ao Cairo com os outros.

## 53. BEBIDAS FORTES

Uma coisa muito digna de nota é essa espécie de instinto, tão geral quanto imperioso, que nos faz buscar bebidas fortes.

O vinho, a mais amável das bebidas, seja que o devamos a Noé, que plantou a videira, ou a Baco, que extraiu o suco da uva, data da infância do mundo; e a cerveja, atribuída a Osíris, remonta a tempos incertos no passado.

Todos os homens, mesmo os que se convencionou chamar de "selvagens", foram tão atormentados por essa apetência das bebidas fortes que conseguiram produzi-las, quaisquer que fossem os limites de seus conhecimentos.

Fizeram azedar o leite de seus animais domésticos; extraíram o suco de diversas frutas, de diversas raízes, nas quais suspeitaram os elementos da fermentação; e, onde quer que os homens vivam em sociedade, vemo-los munidos de bebidas fortes, utilizadas em seus festins, em seus sacrifícios, em seus casamentos, em seus funerais, enfim, em toda ocasião que tenha entre eles um ar de festa e de solenidade.

O vinho foi bebido e cantado durante séculos, antes de se suspeitar ser possível extrair dele a parte espirituosa que faz sua força; mas, depois que os árabes nos ensinaram a arte da destilação, que eles inventaram para extrair o perfume das flores, e sobretudo da rosa tão celebrada em seus escritos, começou-se a acreditar na possibilidade de descobrir no vinho a causa da exaltação de sabor que dá ao paladar uma excitação tão especial; e, de tentativa em tentativa, foram descobertos o álcool comum, o álcool de vinho, a aguardente.

O álcool é o monarca dos líquidos, e leva o paladar a seu mais alto grau de exaltação: suas diversas preparações abriram novas fontes de prazeres;* ele confere a certos medicamentos** uma energia que eles não teriam de outra forma; inclusive tornou-se uma arma formidável em nossas mãos, pois as nações do Novo Mundo foram dominadas e destruídas tanto pelas armas de fogo quanto pela aguardente.

O método que nos fez descobrir o álcool conduz ainda a outros resultados importantes; pois, como consiste em separar e revelar as partes que constituem um corpo e o distinguem de todos os demais, deve ter servido de modelo aos que se entregaram a pesquisas análogas e nos fizeram conhecer substâncias inteiramente novas, como a quinina, a morfina, a estricnina e outras semelhantes, descobertas ou ainda por descobrir.

Seja como for, essa sede de um tipo de líquido que a natureza envolveu em véus, essa apetência extraordinária que se manifesta em todas as raças de

---

* Os licores.
** Os elixires.

homens, em qualquer clima ou temperatura, é realmente digna de fixar a atenção do observador filósofo.

Como muitos outros, ponderei a esse respeito, e sou tentado a colocar a apetência pelos líquidos fermentados, que os animais não conhecem, ao lado da inquietude com o futuro, que lhes é igualmente alheia, considerando ambas como atributos distintivos da obra-prima da última revolução sublunar.\*

---

\* Michel Guibert comenta (em nota na edição abreviada da *Physiologie du goût da Hermann*) que essa expressão indica a afinidade do autor com as teorias de Cuvier, adversário do transformismo, para quem não havia nenhuma continuidade entre os animais fósseis e os vivos, estando os períodos geológicos separados por catástrofes, ou revoluções, que aniquilavam toda a vida terrestre. (N. T.)

# Meditação 10
## *Sobre o fim do mundo*

### 54. REFLEXÃO FILOSÓFICA

Disse: *a última revolução sublunar*, e esse pensamento, assim expresso, me levou longe, muito longe.

Monumentos irrecusáveis nos ensinam que nosso globo já passou por várias mudanças absolutas, que foram outros tantos *fins do mundo*; e não sei que instinto nos adverte de que outras revoluções deverão ainda ocorrer.

Com frequência acreditou-se que tais revoluções estavam por acontecer, e muita gente correu outrora ao confessionário quando o conceituado Jerôme Lalande previu a chegada do cometa aquoso.

Segundo o que foi dito a respeito, os homens estão dispostos a investir essa catástrofe de vinganças, anjos exterminadores, trombetas e outros acessórios não menos terríveis.

Que nada! não é preciso tanto estardalhaço para nos destruir, não valemos tamanha pompa. E se a vontade do Senhor for essa, ele pode mudar a superfície do globo sem tanto alarde.

Suponhamos, por exemplo, que um desses astros errantes, dos quais ninguém conhece a rota nem a missão, e cuja aparição sempre foi acompanhada de um terror tradicional; suponhamos, repito, que um cometa passe suficientemente perto do Sol para se carregar de um calor superabundante, e se aproxime suficientemente da Terra para elevar por seis meses a temperatura do ar a uns 75°C (duas vezes mais quente que durante a passagem do cometa de 1811).

No fim dessa temporada fatal, tudo o que vive ou vegeta terá perecido, todos os ruídos terão cessado; a Terra ficará girando em silêncio até que outras circunstâncias tenham desenvolvido outros germes; e, no entanto, a causa desse desastre continuará a vagar perdida no espaço e terá se aproximado de nós apenas a uma distância de vários milhões de léguas.

Esse acontecimento, tão possível quanto qualquer outro, sempre me pareceu um belo tema de devaneio, e não hesito em deter-me nele agora.

É curioso acompanhar, pelo espírito, esse calor ascensional, prever seus efeitos, seu desenvolvimento, sua ação, e indagar:

*Quid* durante o primeiro dia, durante o segundo, e assim por diante até o último?

*Quid* sobre o ar, a terra e a água, a formação, a mistura e a detonação dos gases?

*Quid* sobre os homens, considerados em relação à idade, ao sexo, à força, à fraqueza?

*Quid* sobre a subordinação às leis, a submissão à autoridade, o respeito às pessoas e às propriedades?

*Quid* sobre os meios a buscar ou as tentativas a fazer para nos livrar do perigo?

*Quid* sobre os laços de amor, de amizade, de parentesco, sobre o egoísmo, a dedicação?

*Quid* sobre os sentimentos religiosos, a fé, a resignação, a esperança etc. etc.?

A história poderá fornecer alguns dados sobre as influências morais; pois o fim do mundo já foi predito várias vezes, inclusive o dia.

Realmente lamento um pouco não dizer a meus leitores como dispus todas essas coisas em minha sabedoria; mas não quero privá-los do prazer de se ocuparem eles próprios delas. Isso pode abreviar algumas insônias durante a noite, e preparar algumas siestas durante o dia.

O grande perigo dissolve todos os vínculos. Na grande febre amarela ocorrida na Filadélfia em 1792, soube-se de maridos que fechavam a porta do

domicílio conjugal a suas mulheres, de crianças que abandonavam seus pais, e outros fenômenos semelhantes em grande número.
*Quod a nobis Deus avertat!**

---

* "Que Deus nos livre dessas desgraças!" (N. E.)

# Meditação 11
*Da gourmandise*

55. INTRODUÇÃO

Consultei os dicionários acerca da palavra *gourmandise* e não fiquei satisfeito com o que encontrei. Há uma perpétua confusão da *gourmandise*, gastronomia propriamente dita, com a *gula* e a *voracidade*: donde concluo que os lexicógrafos, embora excelentes em outros aspectos, não estão entre aqueles amáveis doutores que comem com elegância um supremo de perdiz, regando-o, com o mindinho suspenso no ar, a vinho Lafitte ou Clos-Vougeot.

Eles esqueceram, esqueceram completamente a gastronomia social, que reúne a elegância ateniense, o luxo romano e a delicadeza francesa, que planeja com sagacidade, faz executar com cuidado, saboreia com energia e julga com profundidade: qualidade preciosa que poderia ser de fato uma virtude, e é certamente, pelo menos, a fonte de nossos mais puros prazeres.

DEFINIÇÕES — Definamos portanto o termo e nos façamos entender.

A *gourmandise* é uma preferência apaixonada, racional e habitual pelos objetos que agradam o paladar.

Ela é inimiga dos excessos; todo homem que come até a indigestão ou se embriaga corre risco de ser cortado da lista dos gastrônomos.

Ela compreende também os acepipes, que só é a mesma preferência aplicada a iguarias leves, delicadas, de pequeno volume, aos doces, aos pasteizinhos etc. É uma modificação introduzida em favor das mulheres e dos homens que se assemelham a elas.

Sob qualquer aspecto que a consideremos, merece apenas elogio e encorajamento.

Sob o aspecto físico, ela é o resultado e a prova do estado sadio e perfeito dos órgãos destinados à nutrição.

Sob o aspecto moral, é uma resignação implícita às ordens do Criador, que, tendo nos ordenado comer para viver, nos convida a isso pelo apetite, nos estimula pelo sabor e nos recompensa pelo prazer.

VANTAGENS DA GOURMANDISE — Sob o aspecto da economia política, a *gourmandise* é o laço comum que une os povos pela troca recíproca dos objetos que servem ao consumo diário.

É ela que faz viajar de um polo a outro os vinhos, as aguardentes, o açúcar, as especiarias, as conservas, os produtos salgados, as provisões de todo tipo, inclusive os ovos e os melões.

É ela que estabelece um preço proporcional às coisas que são medíocres, boas ou excelentes, provenham essas qualidades da arte ou da natureza.

É ela que sustenta a esperança e a emulação dessa quantidade de pescadores, caçadores, horticultores e outros, que abastecem diariamente as salas mais suntuosas com o resultado de seu trabalho e de suas descobertas.

É ela, enfim, que sustenta a multidão industriosa dos cozinheiros, confeiteiros, padeiros e outros preparadores de alimentos sob diversos títulos, que, por sua vez, empregam para suas necessidades operários de variada espécie, o que faz que em todo tempo e a toda hora haja uma circulação de fundos cujo movimento e o montante não podem ser calculados nem pelo espírito mais treinado.

E convém notar que a indústria que tem a *gourmandise* por objeto é tanto mais vantajosa por se apoiar, de um lado, nas maiores fortunas, e de outro, nas necessidades que renascem diariamente.

No presente estado de sociedade, é difícil imaginar um povo que vivesse unicamente de pão e verduras. Essa nação, se existisse, seria fatalmente subjugada pelos exércitos carnívoros, como os hindus, que foram sucessivamente a presa de todos os que quiseram atacá-los; ou então seria convertida pela culinária de seus vizinhos, como outrora os beócios, que se tornaram gastrônomos depois da batalha de Leuctras.


56. CONTINUAÇÃO

A *gourmandise* oferece grandes recursos ao fisco: alimenta os impostos municipais, as alfândegas, os tributos indiretos. Tudo o que consumimos paga imposto, e não há tesouro público que não tenha os gastrônomos como o mais firme sustentáculo.

O que dizer da quantidade de preparadores de alimentos que há séculos deixa anualmente a França para praticar a gastronomia em outras terras? A maior parte é bem-sucedida e, obedecendo a um instinto que não morre jamais no coração dos franceses, faz retornar à pátria o fruto de sua economia. Tal contribuição é mais considerável do que se pensa, e esses franceses, como os outros, terão também uma árvore genealógica.

Se os povos tivessem gratidão, quem melhor do que os franceses deveria ter elevado à gastronomia um templo e altares?


57. PODER DA GOURMANDISE

Em 1815, o tratado de novembro [que pôs fim às guerras napoleônicas] impôs à França a condição de pagar aos aliados 750 milhões de francos em três anos.

A esse encargo juntou-se o de compensar os prejuízos de particulares em vários países, cujo montante foi estipulado por seus soberanos em mais de 3 milhões de francos.

Enfim, cabe acrescentar a tudo isso as requisições de bens de todo tipo feitas pelos generais inimigos, bens que eles retiravam do país em carroções, e que o tesouro público teve de pagar mais tarde; ao todo, mais de 1,5 bilhão de francos.

Havia motivos para temer que pagamentos tão consideráveis, e que se efetuavam dia a dia *em numerário*, causassem problemas ao tesouro e a depreciação de todos os valores monetários, seguidos de todos os infortúnios que ameaçam um país sem dinheiro e sem meios de obtê-lo.

"Ai!", diziam os homens de posses ao verem passar o carroção fatal que ia se encher na rua Vivienne. "Lá se vai nosso dinheiro emigrando em massa; no ano que vem iremos nos ajoelhar diante de uma moedinha; chegaremos à condição deplorável de um homem arruinado; todos os empreendimentos fracassarão; não encontraremos ninguém para emprestar dinheiro; haverá definhamento, marasmo, morte civil."

Os acontecimentos desmentiram esses terrores; para grande espanto de todos os que se ocupam das finanças, os pagamentos foram feitos com facilidade, o crédito aumentou, empréstimos foram procurados com avidez, e, durante o tempo todo em que durou essa *superpurgação*, o câmbio, essa medida infalível da circulação monetária, esteve a nosso favor, ou seja, tivemos a prova aritmética de que entrava mais dinheiro na França do que saía.

Qual foi o poder que veio em nosso auxílio? qual a divindade que operou esse milagre? A *gourmandise*.

Quando os bretões, os germanos, os teutões, os cimerianos e os citas fizeram irrupção na França, eles trouxeram a ela uma voracidade rara e estômagos de uma capacidade incomum.

Não se contentaram por muito tempo com a comida oficial que uma hospitalidade forçada devia lhes fornecer; aspiraram a prazeres mais delicados; e em breve a rainha das cidades se transformou num imenso refeitório. Eles comiam, esses intrusos, nos restaurantes, hospedarias, tavernas, botequins, quitandas e até nas ruas.

Empanturravam-se de carnes, peixes, animais de caça, trufas, massas, e sobretudo de nossas frutas.

Bebiam com uma avidez igual a seu apetite, e pediam sempre os vinhos mais caros, esperando encontrar neles prazeres inéditos, que eles se admiravam, logo após, de não sentir.

Os observadores superficiais não sabiam o que pensar dessa comilança sem fim e sem razão; mas os verdadeiros franceses riam e esfregavam as mãos, dizendo: "Ei-los sob o nosso feitiço, e até a noite nos terão dado mais moedas que as que o tesouro público contou esta manhã".

Essa época foi favorável a todos os que alimentavam os prazeres do gosto. Véry fez fortuna; Achard começou a sua; Beauvilliers iniciou uma terceira; e mme. Sullot, cuja loja no Palais-Royal tinha poucos metros quadrados, vendia diariamente até 12 mil tortinhas.*

Esse efeito ainda persiste; estrangeiros afluem de todas as partes da Europa, para renovar, em tempo de paz, os doces hábitos que contraíram em tempo de guerra; é preciso que venham a Paris; quando aí estiverem, devem se regalar a todo preço. E, se nossos títulos públicos têm aceitação, devemo-lo menos ao lucro vantajoso que oferecem do que à confiança instintiva que ninguém pode deixar de ter num povo no seio do qual os gastrônomos são felizes.**

## 58. RETRATO DE UMA BELA GASTRÔNOMA

A *gourmandise* não é imprópria às mulheres, ela convém à delicadeza de seus órgãos, e lhes serve de compensação por alguns prazeres de que devem se privar, e por alguns males a que a natureza parece tê-las condenado.

Nada mais agradável do que ver uma bela gastrônoma em ação: seu guardanapo está colocado com elegância; uma de suas mãos apoia-se na mesa; a outra leva à boca pequenos bocados cuidadosamente cortados ou a asa de perdiz que ela irá morder; seus olhos brilham, seus lábios reluzem, sua conversação é agradável e todos os seus movimentos graciosos; não lhe falta aquele toque de coqueteria que as mulheres põem em tudo. Com tantas vantagens, ela é irresistível; e o próprio Catão, o Censor, se deixaria comover.

ANEDOTA — Aqui, no entanto, se apresenta para mim uma lembrança amarga.

Estava eu um dia confortavelmente sentado à mesa ao lado da bela senhora M..., e me regozijava interiormente de minha boa sorte, quando ela, voltando-se subitamente para mim, disse: "À sua saúde!". Prontamente iniciei uma

---

* Quando o exército de invasão passou em Champagne, levou consigo 600 mil garrafas de vinho das adegas do sr. Moët, de Epernay, renomado pela qualidade de seus produtos. Ele consolou-se dessa perda enorme quando viu que os saqueadores conservaram o gosto de seus vinhos, pois as encomendas que recebe do Norte mais que duplicaram desde então.
** Os cálculos em que se baseia este artigo me foram fornecidos pelo sr. M. B..., gastrônomo aspirante, a quem não faltam títulos, pois é homem de finanças e músico.

frase de ação de graças, mas a interrompi, pois a coquete já se voltava para o vizinho da esquerda, dizendo: "Brindemos!...". Eles brindaram, e essa brusca transição me pareceu uma perfídia que me causou no coração uma ferida que muitos anos ainda não cicatrizaram.

AS MULHERES SÃO GASTRÔNOMAS — A inclinação do belo sexo para a gastronomia tem algo de instintivo, pois a gastronomia é favorável à beleza.

Uma série de observações exatas e rigorosas demonstrou que uma dieta suculenta, delicada e cuidadosa retarda por muito mais tempo os sinais exteriores da velhice.

Ela confere mais brilho aos olhos, mais frescor à pele, mais firmeza aos músculos; e como é certo, em fisiologia, que a depressão dos músculos é que produz as rugas, essas temíveis inimigas da beleza, também é verdadeiro afirmar que, nas mesmas condições, os que sabem comer são comparativamente dez anos mais jovens que os que ignoram essa ciência.

Os pintores e os escultores conhecem profundamente essa verdade, pois jamais representam os que fazem abstinência por opção ou por dever, como os avarentos ou os anacoretas, sem lhes dar a palidez da doença, a magreza da miséria e as rugas da decrepitude.

## 59. EFEITOS DA GASTRONOMIA SOBRE A SOCIABILIDADE

A gastronomia é um dos principais vínculos da sociedade; é ela que amplia gradualmente aquele espírito de convivência que reúne a cada dia as diversas condições, funde-as num único todo, anima a conversação e suaviza os ângulos da desigualdade convencional.

Também é ela que motiva os esforços que todo anfitrião deve fazer para acolher bem seus convidados, assim como o reconhecimento destes, quando percebem que são bem tratados; e aqui é o lugar de amaldiçoar para sempre esses comedores estúpidos que devoram, com criminosa indiferença, as iguarias mais distintas, ou que aspiram com sacrílega distração um néctar odorante e límpido.

Lei geral: Toda disposição de engenhosa hospitalidade necessita elogios explícitos; e um louvor delicado é indispensável sempre que se manifesta a vontade de agradar.

## 60. INFLUÊNCIA DA GASTRONOMIA SOBRE A FELICIDADE CONJUGAL

A gastronomia, enfim, quando partilhada, exerce a mais nítida influência sobre a felicidade que se pode encontrar na união conjugal.

Dois esposos gastrônomos têm, ao menos uma vez por dia, uma ocasião agradável de se reunir: pois, mesmo os que dormem em leitos separados (e há um grande número deles), ao menos comem à mesma mesa; possuem um tema de conversação sempre a renascer; falam não apenas do que comem, mas do que comeram, do que irão comer, do que observaram na casa dos outros, dos pratos em moda, de novas invenções etc. etc.; e sabemos que as conversas familiares (*chit chat*) são cheias de encantos.

Certamente a música também oferece atrativos muito fortes para os que a apreciam; mas ela precisa ser tocada, e isso requer esforço. Aliás, às vezes se está constipado, ou com enxaqueca, não se achou a partitura, os instrumentos estão desafinados, e a música não sai.

Ao contrário, uma necessidade partilhada chama os esposos à mesa, uma inclinação comum aí os retém: ambos manifestam naturalmente aquelas pequenas cortesias que exprimem o desejo de agradar; e a maneira como transcorrem as refeições faz parte, para muitos, da felicidade da vida.

Essa observação, bastante nova na França, não escapou ao moralista inglês Fielding, que a desenvolveu ao descrever, em seu romance *Pamela*,* a maneira diversa como dois casais encerram sua jornada.

Os dois maridos são irmãos; o mais velho é um lorde, e consequentemente o possuidor de todos os bens da família; o mais moço, marido de Pamela, foi deserdado por causa desse casamento, e vive num estado de pobreza próximo à indigência.

O lorde e sua mulher chegam à sala de jantar vindos de direções opostas, saúdam-se friamente, embora não se tenham visto durante o dia. Sentam-se a uma mesa esplendidamente servida, cercados de lacaios engalanados, servem-se em silêncio e comem sem prazer. Depois que os domésticos se retiram, uma espécie de conversação se estabelece entre eles, que logo se transforma em acrimônia e discussão; os dois se levantam furiosos e vão meditar, cada qual em seus aposentos, sobre as doçuras da viuvez.

---

* O autor deste romance é na verdade Samuel Richardson, e não Fielding. (N. T.)

Seu irmão, ao contrário, é acolhido com o mais terno desvelo e as mais doces carícias quando chega a seu modesto alojamento. Senta-se junto a uma mesa frugal; mas a comida que lhe é servida poderia não ser excelente? Foi a própria Pamela que a preparou! Eles comem com delícia, conversando sobre seus problemas, seus projetos, seus amores. Uma meia-garrafa de madeira os ajuda a prolongar a refeição e a conversa; a seguir, o mesmo leito os recebe; e, após os transportes de um amor partilhado, um sono tranquilo os fará esquecer o presente e sonhar com um futuro melhor.

Toda a honra à gastronomia, tal como a apresentamos a nossos leitores, e contanto que ela não afaste o homem de suas ocupações nem do que ele deve à sua fortuna! Pois, assim como os vícios de Sardanapalo não fizeram os homens se voltar contra as mulheres, também os excessos de Vitélio não podem fazer voltar as costas a um festim sabiamente preparado.

Se a gastronomia se transforma em glutoneria, voracidade, devassidão, ela perde seu nome e suas vantagens, sai de nossa alçada e entra na do moralista, que a tratará com conselhos, ou na do médico, que a tratará com remédios.

A *gourmandise*, tal como o professor a caracterizou neste artigo, só tem nome em francês; não pode ser designada nem pela palavra latina *gula*, nem pela inglesa *gluttony*, nem pela alemã *lusternheit*; aconselhamos portanto os que forem tentados a traduzir este livro instrutivo a conservarem a palavra inalterada; foi o que todos os povos fizeram em relação a *coquetterie* e às palavras dela derivadas.

NOTA DE UM GASTRÔNOMO PATRIOTA

Assinalo com orgulho que a coqueteria e a gastronomia, essas duas grandes modificações que a extrema sociabilidade trouxe às nossas mais imperiosas necessidades, são ambas de origem francesa.

# Meditação 12
*Dos gastrônomos*

61. NÃO BASTA QUERER SER GASTRÔNOMO

Há indivíduos a quem a natureza recusou uma delicadeza de órgãos ou uma capacidade de atenção sem as quais as iguarias mais gostosas passam despercebidas.

A fisiologia já reconheceu a primeira dessas variedades, mostrando-nos que a língua de alguns desafortunados é mal provida de terminações nervosas destinadas a absorver e apreciar os sabores. Estes suscitam-lhes apenas uma sensação obtusa; em relação aos sabores, são como os cegos em relação à luz.

A segunda se compõe dos distraídos, dos tagarelas, dos atarefados, dos ambiciosos e outros, que querem fazer duas coisas ao mesmo tempo, e comem apenas para encher o estômago.

NAPOLEÃO — Esse foi o caso de Napoleão, entre outros: era irregular em suas refeições, e comia depressa e mal; mas nisso estava também aquela vontade absoluta que ele punha em tudo. Tão logo o apetite se fazia sentir, era preciso satisfazê-lo, e seu serviço se organizava de maneira que em qualquer lugar e hora fosse possível, a um estalar de dedos, oferecer-lhe frango, costeletas e café.

GASTRÔNOMOS POR PREDESTINAÇÃO — Mas há uma classe privilegiada que uma predestinação material e orgânica chama aos prazeres do paladar.

Sempre fui *lavateriano* e *gallista*:* creio nas disposições inatas.

Assim como há indivíduos que evidentemente vieram ao mundo para enxergar mal, caminhar mal, ouvir mal, por terem nascido míopes, coxos ou surdos, por que não haveria outros predestinados a experimentar mais especialmente certos tipos de sensações?

Aliás, por menor que seja a tendência à observação, encontram-se a todo instante, no mundo, fisionomias que trazem a marca irrecusável de um sentimento dominante, como uma impertinência desdenhosa, o contentamento consigo mesmo, a misantropia, a sensualidade etc. É verdade que essas características podem se combinar com uma aparência insignificante; mas, quando a fisionomia tem um traço marcado, é raro que seja enganosa.

As paixões agem sobre os músculos; e muito frequentemente, embora um homem se cale, podem-se ler em seu rosto os diversos sentimentos que o agitam. Essa tensão, tornando-se aos poucos habitual, acaba por deixar traços sensíveis, e confere assim à fisionomia um caráter permanente e reconhecível.

## 62. PREDESTINAÇÃO SENSUAL

Os predestinados à gastronomia são em geral de uma estatura média; têm o rosto redondo ou quadrado, os olhos brilhantes, a testa pequena, o nariz curto, os lábios carnudos e o queixo arredondado. As mulheres são rechonchudas, mais graciosas que belas, e tendem um pouco à obesidade.

Aquelas com um gosto muito apurado têm os traços mais finos, a aparência mais delicada, são mais miúdas, e se distinguem sobretudo por uma mordacidade que lhes é peculiar.

É sob esses traços exteriores que devem ser buscados os comensais mais amáveis: eles aceitam tudo o que lhes oferecem, comem lentamente e saboreiam com reflexão. Nunca têm pressa de deixar o local onde encontram uma verdadeira hospitalidade; e são ótimas companhias para uma noitada, porque

---

* Referência a Jean-Gaspar Lavater (1741-1801), sobretudo a seus estudos sobre a fisionomia, e a Franz Josef Gall, já mencionado, conhecido por sua doutrina da frenologia. (N. T.)

conhecem todos os jogos e passatempos que são os complementos ordinários de uma reunião gastronômica.

Aqueles, ao contrário, a quem a natureza recusou a aptidão aos prazeres do paladar, têm o rosto, o nariz e os olhos compridos; seja qual for seu tamanho, possuem algo de alongado no porte. Têm os cabelos negros e lisos, e carecem sobretudo de carnes; foram eles que inventaram as calças.

As mulheres a quem a natureza fez sofrer o mesmo infortúnio são angulosas, entediam-se à mesa, e vivem apenas do jogo de cartas e da maledicência.

Essa teoria fisiológica encontrará, espero, somente poucos contraditores, porque todos podem verificá-la a seu redor: no entanto, vou apoiá-la também em fatos.

Um dia eu participava de um importante jantar e tinha na minha frente uma moça muito graciosa, cuja face era inteiramente sensual. Inclinei-me em direção a meu vizinho, e disse-lhe, em voz baixa, que era impossível que aquela jovem não fosse, com semelhantes traços, uma grande gastrônoma. "Que loucura!", ele respondeu; "ela tem no máximo uns quinze anos; ainda não é a idade da gastronomia... Mas vamos observá-la."

Os primeiros sinais não me foram favoráveis, e comecei a temer por minha reputação; pois, durante os primeiros serviços, a jovem foi de uma discrição que me espantava, e eu receava estar diante de uma exceção, pois elas existem para todas as regras. Mas quando veio finalmente a sobremesa, sobremesa tão variada quanto copiosa, minhas esperanças se reacenderam. E elas não me decepcionaram: a jovem não apenas comeu de tudo o que lhe ofereciam, como também se fez servir dos pratos que estavam mais afastados dela. Enfim, saboreou de tudo; e meu vizinho se surpreendia de que aquele pequeno estômago pudesse conter tanta coisa. Assim foi verificado meu diagnóstico, e a ciência triunfou mais uma vez.

Dois anos depois, voltei a encontrar a mesma jovem, oito dias após seu casamento; ela desenvolvera plenamente sua graça e já demonstrava um pouco de coqueteria; exibindo todos os atrativos que a moda permite mostrar, ela estava encantadora. O marido era uma figura que merecia ser pintada: parecia um certo ventríloquo que sabia rir de um lado enquanto chorava de outro, isto é, parecia muito contente de que admirassem sua mulher; mas assim que um admirador dava a impressão de insistir, era tomado de um ciúme muito visível. Este último sentimento prevaleceu; ele carregou sua mulher para um lugar distante, e nesse ponto termina, para mim, a biografia dela.

Numa outra oportunidade fiz uma observação semelhante sobre o duque Decrès, que por muito tempo foi ministro da Marinha.

Sabe-se que ele era robusto, baixo, pele morena, cabelo crespo e ombros largos; que tinha um rosto redondo, o queixo proeminente, os lábios grossos e a boca de um gigante; também o proclamei, na hora, amante predestinado da boa mesa e das belas mulheres.

Muito suavemente e em voz baixa, soprei essa observação fisiognomônica no ouvido de uma dama muito graciosa e que eu imaginava discreta. Mas estava enganado! Ela era filha de Eva, e não suportaria guardar meu segredo. Assim, durante a noitada, o duque tomou conhecimento da indução científica que eu havia tirado do conjunto de seus traços.

Foi o que fiquei sabendo no dia seguinte por meio de uma carta muito amável que ele me escreveu, na qual negava, com modéstia, possuir as duas qualidades, aliás muito estimáveis, que eu descobrira nele.

Não me dei por vencido. Respondi que a natureza não faz nada em vão; que evidentemente ela o havia formado para certas missões; que, se ele não as cumprisse, contrariava seu destino; que, de resto, eu não tinha nenhum direito a tais confidências etc.

A correspondência ficou por aí; mas, pouco tempo depois, Paris inteira ficou sabendo pelas vozes dos jornais da memorável batalha travada entre o ministro e seu cozinheiro, batalha longa, disputada, e na qual Sua Excelência nem sempre levou a melhor. Ora, se depois de tal aventura o cozinheiro não foi demitido (e ele não o foi), julgo poder concluir do fato que o duque estava absolutamente dominado pelos talentos desse artista, e sabia que não encontraria outro capaz de satisfazer tão agradavelmente seu paladar; caso contrário, jamais teria podido superar a repugnância muito natural de ser servido por um preposto tão belicoso.

Eu traçava estas linhas num belo fim de tarde de inverno, quando o sr. Cartier, ex-primeiro violino da orquestra da Ópera e hábil instrumentista, entra em minha casa e senta-se junto à lareira. Muito envolvido no meu assunto, observei-o com atenção e disse-lhe: "Caro professor, como se explica que o senhor, tendo todos os traços do gastrônomo, não o seja?". "Já fui grande gastrônomo no passado", respondeu, "mas agora me abstenho." "Por sabedoria?", repliquei. Ele não respondeu, mas soltou um suspiro à maneira de Walter Scott, isto é, muito semelhante a um gemido.

63. GASTRÔNOMOS POR CONDIÇÃO

Se há gastrônomos por predestinação, também há outros por condição; e devo assinalar aqui quatro grandes categorias nas quais estes se incluem: os homens de finanças, os médicos, os homens de letras e os religiosos.

OS HOMENS DE FINANÇAS — São os *heróis* da gastronomia. Herói, aqui, é a palavra apropriada, pois havia combate; e a aristocracia da nobreza teria esmagado os financistas sob o peso dos títulos e brasões, se estes não lhe tivessem oposto uma mesa suntuosa e seus cofres-fortes. Os cozinheiros combatiam os genealogistas; e, embora os duques não esperassem deixar o recinto para zombar de seus anfitriões, o fato é que tinham vindo, e sua presença atestava sua derrota.

Além do mais, todos os que acumulam muito dinheiro com facilidade são quase indispensavelmente obrigados a ser gastrônomos.

A desigualdade das condições acarreta a desigualdade de riquezas, mas a desigualdade de riquezas não provoca a desigualdade das necessidades, e aquele capaz de pagar diariamente um jantar para cem pessoas em geral está satisfeito depois de ter comido uma coxa de frango. Assim é preciso que a arte empregue todos os seus recursos para reanimar esse apetite minguado mediante iguarias que o estimulem sem prejudicá-lo, e o afaguem sem sufocá-lo. Foi assim que Mondor tornou-se gastrônomo e atraiu para junto de si gastrônomos de todos os lugares.

Pela mesma razão, em todas as listas de receitas que nos apresentam os livros de culinária elementar, há sempre um ou vários que têm como qualificação: *à la financière*. E sabemos que antigamente não era o rei, mas os responsáveis pela coleta de impostos [*fermiers-généraux*] que comiam o primeiro prato de ervilhas da temporada, pelo qual se pagavam sempre oitocentos francos.

As coisas não são diferentes hoje em dia; as mesas dos homens de finanças continuam a oferecer tudo o que a natureza tem de mais perfeito, as estufas de mais precoce, a arte de mais requintado; e as personalidades mais famosas não deixam de comparecer a esses festins.

64. OS MÉDICOS

Causas não menos poderosas, embora de outra natureza, atuam sobre os médicos: eles são gastrônomos por sedução, e teriam que ser de bronze para resistir à força das coisas.

Os prezados doutores são tão mais bem acolhidos por ser a saúde, que eles protegem, o mais precioso de todos os bens: assim, são os meninos mimados no sentido pleno da expressão.

Sempre impacientemente esperados, são recebidos com solicitude. É uma jovem enferma que os exorta a curá-la, é uma outra que lhes agradece; é um pai, é um marido que confiam o que mais amam a seus cuidados. A esperança os cerca pela direita, a gratidão pela esquerda; são alimentados como pombos; eles consentem, e em seis meses o hábito se arraigou: são gastrônomos sem volta (*past redemption*).

Foi o que ousei exprimir um dia, quando participava, com mais oito convidados, de um jantar presidido pelo doutor Corvisart. Isso ocorreu por volta de 1806:

"Vós sois", dizia eu num tom inspirado de pregador puritano, "vós sois os remanescentes de uma corporação que outrora cobria toda a França. Infelizmente seus membros foram aniquilados ou dispersos: não há mais coletores de impostos do rei, nem abades, nem cavaleiros, nem monges brancos; todo o corpo degustador reside apenas em vós. Sustentai com firmeza tamanha responsabilidade, ainda que tenhais de sofrer a sorte dos trezentos espartanos na passagem das Termópilas."

Falei e não houve protestos: agimos em conformidade com isso, e a verdade subsiste.

Nesse jantar, fiz uma observação que merece ser citada.

O doutor Corvisart, que era muito agradável quando queria ser, não bebia vinho, apenas champanhe gelado. Assim, logo no início da refeição, enquanto os outros convivas se ocupavam em comer, ele falava muito, contando casos e anedotas. Na sobremesa, ao contrário, quando a conversação começava a se animar, ele tornou-se sério, taciturno e até um pouco rabugento.

Dessa observação e de várias outras similares, deduzi o seguinte teorema: "O champanhe, que é excitante em seus primeiros efeitos (*ab initio*), é estupefaciente a seguir (*in recessu*)", o que aliás é um efeito notório do gás ácido carbônico que ele contém.

## 65. OBJURGAÇÃO

Já que me ocupo dos médicos, não quero morrer sem reprovar-lhes a extrema severidade com que costumam tratar seus doentes.

Assim que se tem a infelicidade de cair nas mãos deles, é preciso submeter-se a um rosário de proibições e renunciar a tudo o que nossos hábitos têm de agradável.

Insurjo-me contra a maior parte dessas proibições como inúteis.

Digo *inúteis* porque os doentes quase nunca têm vontade de comer o que lhes seria prejudicial.

O médico racional jamais deve perder de vista a tendência natural de nossas inclinações, nem esquecer que, se as sensações dolorosas são funestas por natureza, as agradáveis favorecem a saúde. Todos já viram um pouco de vinho, uma colherada de café, algumas gotas de licor trazerem de volta o sorriso às faces mais hipocráticas.

Além disso, é preciso que eles saibam, esses ordenadores severos, que suas prescrições quase sempre permanecem sem efeito; o doente busca subtrair-se a elas: os que o cercam sempre acabam lhe dando razão, e não se morre nem mais nem menos por isso.

A ração de um russo doente, em 1815, teria embriagado um moço de Les Halles, e a dos ingleses teria fartado um habitante do Limousin. E não havia como reduzir a ração, pois inspetores militares daqueles países percorriam constantemente nossos hospitais, vigiando tanto o fornecimento como o consumo.

Emito minha opinião com tanto mais confiança por estar apoiado em numerosos fatos, e porque os médicos mais excelentes se aproximam desse sistema.

O cônego Rollet, morto há cerca de cinquenta anos, gostava de beber, conforme o costume daqueles velhos tempos: ele adoeceu, e a primeira frase do médico foi proibir-lhe todo consumo de vinho. No entanto, na visita seguinte, o doutor encontrou o paciente deitado e, diante da cama, um corpo de delito quase completo, a saber: uma mesa coberta com uma toalha branca, uma taça de cristal, uma garrafa de bela aparência e um guardanapo para enxugar os lábios.

Vendo isso, o médico ficou furioso e já falava em retirar-se, quando o desditoso cônego exclamou numa voz lamentável: "Mas, doutor, lembre-se que, quando me proibiu de beber, não me proibiu o prazer de ver a garrafa!".

O médico que tratava o sr. Moutlusin de Pont de Veyle foi ainda mais cruel, pois não apenas proibiu o vinho a seu paciente, como também lhe prescreveu beber água em grandes doses.

Logo após a partida do ordenador, a sra. Moutlusin, desejosa de cumprir a prescrição e de contribuir para o retorno da saúde do marido, trouxe-lhe um grande copo de água fresca e límpida.

O doente recebeu-o com docilidade e pôs-se a beber com resignação; mas deteve-se ao primeiro gole, e, devolvendo o copo à mulher, disse-lhe: "Pegue isto, querida, e guarde para uma outra vez: sempre ouvi dizer que não se devem desperdiçar os remédios".

## 66. OS HOMENS DE LETRAS

No império gastronômico, o território dos homens de letras é quase equivalente ao dos médicos.

No reinado de Luís XIV, os homens de letras eram beberrões; conformavam-se à moda, e as memórias da época são muito ilustrativas a esse respeito. Agora eles são gourmands, o que significa uma mudança para melhor.

Estou muito longe de partilhar a opinião do cínico Geoffroy, que dizia que, se as produções modernas carecem de força, é porque os autores só bebem água açucarada.

Creio, ao contrário, que ele cometeu um duplo equívoco, e se enganou quanto ao fato e quanto à consequência.

A época atual é rica de talentos; talvez até sua quantidade os prejudique; mas a posteridade, julgando com mais calma, descobrirá muito o que admirar neles: é assim que nós mesmos fizemos justiça às obras-primas de Racine e de Molière, que foram friamente recebidas pelos contemporâneos.

Jamais a posição dos homens de letras na sociedade foi tão agradável. Eles não vivem mais nas regiões elevadas que lhes censuravam outrora; os domínios da literatura tornaram-se mais férteis; as águas do Hipocrene [fonte das musas] fluem assim com brilho: iguais a todos, eles não dependem mais de um protetorado; e, para coroar suas felicidades, a gastronomia os cumula de favores.

Os homens de letras são convidados a toda parte porque apreciam seus talentos, porque sua conversação tem geralmente algo de picante, e também porque, de uns tempos para cá, é de regra que toda sociedade deve ter seu homem de letras.

Esses senhores sempre chegam um pouco tarde, o que faz serem ainda mais bem acolhidos, porque mais desejados; são seduzidos para que retornem, regalados para que brilhem; e como eles acham isso muito natural, acostumam-se, e acabam se tornando gastrônomos para o resto da vida.

As coisas foram tão longe que chegou a haver um pouco de escândalo. Alguns bisbilhoteiros afirmaram que certos escritores se deixavam seduzir, que certas promoções vinham com as tortas de sobremesa, e que o templo da imortalidade estava sendo aberto a garfo e faca. Mas eram rumores maliciosos, que se dissiparam como tantos outros: o que é feito é feito honestamente, e só menciono aqui o fato para mostrar que estou a par de tudo o que se refere a meu assunto.

### 67. OS DEVOTOS

Enfim, a gastronomia conta com muitos devotos entre seus mais fiéis adeptos. Entendemos por *devotos* o que entendiam Luís XIV e Molière, ou seja, aqueles para quem a religião consiste em práticas exteriores; as pessoas piedosas e caritativas não se enquadram aqui.

Vejamos como lhes vem a vocação. Entre os que buscam a salvação, o maior número procura o caminho mais suave; os que evitam os homens, deitam sobre tábuas e vestem o cilício, sempre foram e só podem ser exceções.

Ora, há coisas inequivocamente condenáveis a que eles jamais podem se permitir, como os bailes, os espetáculos, os jogos etc.

Enquanto esses passatempos são abominados, bem como aqueles que os praticam, a gastronomia se apresenta e se insinua com uma face inteiramente teológica.

Por direito divino, o homem é o rei da natureza, e tudo o que a terra produz foi criado para ele. É para ele que a codorna engorda, que o café moca tem um aroma tão bom, que o açúcar é favorável à saúde.

Assim, por que não usar, com a devida moderação, os bens que a Providência nos oferece, sobretudo se continuamos a vê-los como coisas perecíveis, sobretudo se exaltam nossa gratidão para com o autor de todas as coisas?

Essas razões são reforçadas por outras não menos fortes. Não devem ser bem recebidos aqueles que dirigem nossas almas e nos mantêm no caminho da salvação? Não devemos tornar agradáveis, e por isso mesmo mais frequentes, reuniões cujo objetivo é excelente?

Às vezes também as dádivas dos deuses chegam sem serem buscadas: é uma lembrança de colégio, é a oferta de uma velha amizade, é um penitente que se humilha, é um parente que chama, um protegido que paga seu débito. Como rejeitar tais oferendas? Como não conformar-se com elas? É uma pura necessidade.

Aliás, as coisas sempre se passaram assim:

Os mosteiros eram verdadeiros magazines das mais adoráveis iguarias, e por isso alguns gastrônomos sentem tanto a falta deles.*

Várias ordens monásticas, sobretudo os bernardinos, faziam profissão de boa comida. Os cozinheiros do clero ampliaram os limites da arte culinária; e, quando o sr. de Pressigni (morto, arcebispo de Besançon) regressou do conclave que nomeara Pio VI, disse que o melhor jantar que fizera em Roma fora oferecido pelo superior dos capuchinhos.

## 68. OS CAVALEIROS E OS ABADES

Não podemos concluir melhor este artigo do que fazendo uma menção honrosa a duas corporações que vimos em toda a sua glória, e que a Revolução eclipsou: os cavaleiros e os abades.

Que gastrônomos eles eram, esses caros amigos! Impossível enganar-se diante de suas narinas abertas, seus olhos arregalados, seus lábios brilhantes, sua língua inquieta. Entretanto, cada classe tinha sua maneira peculiar de comer.

Havia algo de militar no método dos cavaleiros; levavam as garfadas à boca com dignidade, mastigavam calmamente, e lançavam olhares de aprovação, horizontalmente, ao dono e à dona da casa.

Os abades, ao contrário, se curvavam para se aproximar do prato; a mão

---

* Os melhores licores da França eram feitos em La Côte, pelas visitandinas; as irmãs de Niort inventaram as compotas angélicas, os bolos de laranja das irmãs de Château-Thierry eram muito apreciados; e as ursulinas de Belley tinham uma receita que fazia dos doces de nozes um tesouro de amor e de guloseima. Há temores, infelizmente, de que essa receita se perdeu.

direita dobrava-se como a pata do gato que retira castanhas do fogo; sua fisionomia era de puro gozo, e o olhar tinha uma certa concentração mais fácil de conceber que de pintar.

Como três quartas partes dos que compõem a geração atual nunca viram nada de semelhante aos cavaleiros e abades que acabamos de mencionar, e como, no entanto, é indispensável reconhecê-los para compreender muitos livros escritos no século XVII, tomaremos do autor do *Traité historique sur le duel* algumas passagens que nada deixam a desejar sobre o assunto (ver "Variedades", 20).

## 69. LONGEVIDADE ANUNCIADA AOS GASTRÔNOMOS

Baseado em minhas últimas leituras, estou mais do que feliz por poder dar aos meus leitores uma boa notícia, a saber: que o prazer da mesa está longe de ser prejudicial à saúde, e que, em idênticas condições, os gastrônomos vivem mais tempo que os outros. Foi o que demonstrou aritmeticamente uma dissertação muito bem-feita, lida recentemente na Academia de Ciências pelo doutor Villermé.

Ele comparou as diversas classes da sociedade em que se come bem com aquelas em que a comida é pobre, percorrendo a escala social inteira. Também comparou entre si os diversos bairros de Paris conforme seu índice de riqueza, e sabemos que, sob esse aspecto, há uma grande diferença, por exemplo, entre o arrabalde Saint-Marceau e a Chaussée-d'Antin.

Enfim, o doutor estendeu sua pesquisa aos departamentos da França, e comparou, sob o mesmo aspecto, os que são mais ou menos férteis: por toda parte obteve como resultado geral que a mortalidade diminui na mesma proporção em que aumentam os meios de se alimentar bem; assim, aqueles cuja triste sina é alimentar-se mal podem ao menos ter certeza de que a morte os livrará dela mais depressa.

Os dois extremos dessa progressão indicam que, nas classes mais favorecidas, morre num ano apenas um indivíduo em cada cinquenta, enquanto nas mais expostas à miséria morre um em cada quatro no mesmo espaço de tempo.

Não que os que comem muito bem jamais adoeçam! Infelizmente, também eles caem no domínio da medicina, que costuma designá-los pelo qualificativo de *bons doentes*; mas, como têm uma dose maior de vitalidade e uma constituição geral favorecida, a natureza possui mais recursos e o corpo resiste incomparavelmente melhor à destruição.

Essa verdade fisiológica pode igualmente se apoiar na história, que nos ensina que, toda vez que circunstâncias imperiosas, como a guerra, os cercos, a perda de colheitas, diminuíram os meios de se alimentar, esse estado de penúria sempre foi acompanhado de doenças contagiosas e de um grande aumento da mortalidade.

A seguradora Lafarge, tão conhecida dos parisienses, certamente teria prosperado se seus criadores tivessem introduzido em seus cálculos a verdade que o doutor Villermé desenvolve.

Eles haviam calculado a mortalidade baseados nas tabelas de Buffon, Parcieux e outros, que foram estabelecidas a partir de dados tomados indistintamente em todas as classes e em todas as idades de uma população. Mas, como os que investem capitais para assegurar seu futuro geralmente escaparam aos perigos da infância, e estão acostumados a uma dieta regrada, cuidadosa e às vezes suculenta, *a morte não cumpriu as expectativas de vida* e a especulação malogrou.

Certamente essa não foi a única causa, mas ela é elementar.

Esta última observação nos foi fornecida pelo professor Pardessus.

O sr. du Belloy, arcebispo de Paris, que viveu quase um século, tinha um apetite bastante pronunciado; gostava da boa mesa, e diversas vezes vi sua figura patriarcal animar-se à chegada de um prato bem preparado. Napoleão invariavelmente o tratava com deferência e respeito.

# Meditação 13
*Testes gastronômicos*

70. INTRODUÇÃO

Vimos no capítulo precedente que o caráter distintivo dos que têm mais pretensões que direitos às honras da gastronomia consiste em ter os olhos opacos e o rosto inanimado diante da boa mesa.

Estes não são dignos dos tesouros que lhes prodigamos e cujo valor não percebem: por isso nos pareceu muito interessante poder reconhecê-los, e também pesquisar os meios de chegar a um conhecimento tão importante para a escolha e o reconhecimento dos convidados.

Ocupamo-nos dessa pesquisa com aquele esforço que leva ao sucesso, e é graças à nossa perseverança que podemos agora apresentar à honorável agremiação dos anfitriões a descoberta dos *testes gastronômicos*, descoberta que honrará o século XIX.

Entendemos por *testes gastronômicos* as iguarias de reconhecido sabor e de excelência tão inquestionável que sua simples apresentação deve despertar, num homem bem constituído, todas as capacidades degustativas; de modo que aqueles que, em semelhante caso, não manifestam nem o cintilar do desejo, nem o brilho do êxtase, podem justamente ser classificados como indignos das honras do encontro e dos prazeres a ele associados.

O método dos testes, devidamente examinado e deliberado em grande conselho, foi inscrito no livro de ouro nos seguintes termos, tomados de uma língua que não muda: "*Utcumque ferculum, eximii et bene noti saporis, appositum fuerit, fiat autopsia convivae, et nisi facies ejus ac oculi vertantur ad ecstasim, notetur ut indignus*".

O que foi traduzido como segue pelo tradutor juramentado do grande conselho: "Sempre que for servida uma iguaria distinta e bem conhecida, os comensais serão bem observados, e serão classificados como indignos todos aqueles cuja fisionomia não anunciar o êxtase".

A força dos testes é relativa, e deve ser apropriada às faculdades e aos hábitos das diversas classes da sociedade. Consideradas todas as circunstâncias, ela deve ser calculada para causar admiração e surpresa: trata-se de um dinamômetro cuja força deve aumentar à medida que se sobe nas altas esferas da sociedade. Assim, um teste destinado a um pequeno proprietário da rua Coquenard já não teria efeito na casa de um funcionário do segundo escalão, e nem sequer seria percebido num jantar de pessoas seletas (*select few*) na casa de um financista ou de um ministro.

Na enumeração que faremos das iguarias elevadas à dignidade de testes, começaremos pelas que se ajustam à mais baixa pressão; subiremos a seguir gradualmente, para ilustrar a teoria, de maneira não apenas que cada um possa servir-se dela com proveito, mas também que possa inventar novos testes a partir do mesmo princípio, dando-lhes um nome e utilizando-os na esfera da sociedade onde o acaso o colocou.

Chegamos a pensar por um momento em oferecer aqui, como peças justificativas, as receitas para preparar os diversos pratos que indicamos como testes; mas depois desistimos: julgamos que seria uma injustiça para com os diversos livros publicados sobre o assunto, incluindo o de Beauvilliers e, muito recentemente, o *Cuisinier des cuisiniers*. Contentamo-nos em sugerir a leitura desses livros, bem como os de Viaud e D'Appert, observando que, neste último, encontram-se vários comentários científicos antes desconhecidos em obras desse tipo.

É uma pena que o público não tenha podido desfrutar do registro taquigráfico do que foi dito no conselho, quando deliberou sobre os testes. Tudo aquilo ficou guardado em segredo. Mas há pelo menos uma circunstância que me é permitido revelar.

Um dos membros* propôs testes negativos e por privação.

Assim, por exemplo, um acidente impossibilita a preparação de um prato de alto sabor, um cesto de mantimentos deveria chegar pelo correio e se atrasa, seja o fato verdadeiro ou apenas uma suposição; ante essa desagradável notícia, seria observada e anotada a tristeza gradual impressa no rosto dos convidados, e deste modo se teria um bom indicador de sensibilidade gástrica.

Mas essa proposição, embora sedutora à primeira vista, não resistiu a um exame mais aprofundado. O presidente observou, e com muita razão, que tais acontecimentos, os quais agiriam apenas superficialmente sobre os órgãos desvalidos dos indiferentes, poderiam exercer sobre os verdadeiros crentes uma influência funesta, e talvez até causar-lhes uma comoção mortal. Assim, apesar de alguma insistência da parte do autor da proposta, esta foi rejeitada por unanimidade.

Vamos agora apresentar as iguarias que julgamos apropriadas a servir de testes; elas foram divididas em três séries de ascensão gradual, conforme a ordem e o método anteriormente indicados.

TESTES GASTRONÔMICOS

PRIMEIRA SÉRIE — RENDA PRESUMIDA: 5 000 FRANCOS (SUFICIÊNCIA)
Uma grossa fatia de vitela com pedaços de toicinho e cozida em seu próprio suco;
Um peru de granja recheado de castanhas de Lyon;
Pombos de viveiro gordos, temperados com toicinho e devidamente cozidos;
Omelete *à la neige* [claras batidas em neve];
Um prato de chucrute (*sauer-kraut*) guarnecido com salsichas e coroado com toicinho defumado de Estrasburgo.
EXPRESSÃO: "Caramba! Olha que bom aspecto: vamos, é preciso honrar esse prato!...".

---

* O sr. F. S..., que, por sua fisionomia clássica, seu gosto refinado e seus talentos administrativos, tem tudo o que é preciso para tornar-se um homem de finanças perfeito.

SEGUNDA SÉRIE — RENDA PRESUMIDA: 15 000 FRANCOS (COMODIDADE)

Um rosbife com toicinho e cozido em seu suco;

Uma perna de cabrito com pepinos em conserva;

Um linguado ao natural;

Uma perna de carneiro *à la provençale*;

Um peru trufado;

Primícias de ervilhas.

EXPRESSÃO: "Ah, meu amigo, que agradável visão! É realmente um festim de núpcias".*

TERCEIRA SÉRIE — RENDA PRESUMIDA: 30 000 FRANCOS OU MAIS (RIQUEZA)

Uma ave caçada pesando uns três quilos, recheada com trufas do Périgord até adquirir uma forma esférica;

Um enorme patê de *foie gras* de Estrasburgo, em forma de bastião;

Uma grande carpa do Reno *à Chambord*, ricamente guarnecida e enfeitada;

Codornas trufadas *à la moelle*, servidas com torradas amanteigadas e temperadas com manjericão;

Um lúcio de rio recheado e banhado com creme de lagostins, *secundum artem*;

Um faisão ao ponto, com tempero picante, guarnecido de torradas *à la sainte-alliance*;

Cem primícias de aspargos de cinco a seis linhas de diâmetro, com molho de osmazoma;

Duas dúzias de verdelhas *à la provençale*, como é descrito em *Le secrétaire et le cuisinier*;

Uma pirâmide de merengues com sabor de baunilha e rosas (esse teste só tem efeito sobre as damas e os homens com panturrilhas de abade).

EXPRESSÃO: "Ah, senhor ou Excelência, seu cozinheiro é um homem admirável! Essas maravilhas só se comem em sua casa!".

---

* No original, está grafado *nopces* e não *noces* (núpcias). Brillat-Savarin faz o seguinte comentário em nota: "Para que esta frase seja convenientemente articulada, é preciso fazer sentir o *p*". (N. T.)

OBSERVAÇÃO GERAL — Para que um teste produza plenamente seu efeito, é necessário que seja apresentado em comparativamente larga proporção: a experiência, fundada no conhecimento do gênero humano, nos ensinou que a raridade mais saborosa perde sua influência quando não é servida em proporção exuberante; pois o primeiro movimento que ela provoca nos comensais é detido pelo temor de que possam ser mesquinhamente servidos, ou obrigados, em certas situações, a recusar por polidez: o que ocorre com frequência nas mesas dos avarentos faustosos.

Tive várias ocasiões de verificar o efeito dos testes gastronômicos; dou um exemplo que será suficiente.

Certa vez compareci a um jantar de gastrônomos da mais alta categoria, onde apenas dois profanos estavam presentes: meu amigo J. R... e eu.

Após um primeiro serviço refinadíssimo, foram servidos, entre outras coisas, um enorme galo virgem* de Barbezieux, trufado a não mais poder, e um "Gibraltar" de *foie gras* de Estrasburgo.

Essa aparição produziu entre os presentes um efeito marcado, mas difícil de descrever, mais ou menos como o riso silencioso indicado por Cooper, e vi que era o momento de observação.

Com efeito, todas as conversas cessaram, com a plenitude dos corações; todas as atenções se fixaram na habilidade dos trinchadores; e, quando os pratos foram servidos e distribuídos, vi sucederem-se em todas as fisionomias, um após outro, o fogo do desejo, o êxtase do gozo, o repouso perfeito da beatitude.

---

* Homens cuja opinião pode fazer doutrina me asseguraram que a carne de galo virgem é, se não mais tenra, ao menos mais saborosa que a do capão. Minhas muitas atividades me impediram de fazer essa experiência, que delego a meus leitores; mas creio que se pode de antemão concordar com eles, porque na primeira dessas carnes há um elemento sápido que falta na segunda.

Uma mulher de muito espírito disse-me que conhece os gastrônomos pela maneira como pronunciam a palavra *bom* nas frases: "Eis o que é bom, isso está muito bom", e outras semelhantes; ela assegura que os adeptos põem, nesse breve monossílabo, um acento de verdade, de doçura e de entusiasmo que os paladares desfavorecidos jamais conseguem atingir.

# Meditação 14
*Do prazer da mesa*

71. INTRODUÇÃO

O homem é incontestavelmente, dos seres sensitivos que povoam nosso globo, o que experimenta mais sofrimentos.

A natureza o condenou primitivamente à dor pela nudez de sua pele, pela forma de seus pés, e pelo instinto de guerra e destruição que acompanha a espécie humana onde quer que ela se encontre.

Os animais não foram atingidos por essa maldição; e, sem alguns combates causados pelo instinto de reprodução, a dor, no estado de natureza, seria completamente desconhecida da maior parte das espécies: ao passo que o homem, que só encontra o prazer passageiramente e por meio de um pequeno número de órgãos, está sempre exposto, em todas as partes do corpo, a terríveis sofrimentos.

Essa sentença do destino foi agravada, em sua execução, por uma série de doenças nascidas dos hábitos do estado social; de modo que o prazer mais satisfatório que se possa imaginar, seja em intensidade, seja em duração, é incapaz de compensar as dores atrozes que acompanham certos distúrbios, como a gota, a dor de dentes, os reumatismos agudos, a estrangúria, ou aquelas causadas pelos suplícios praticados por certos povos.

É o temor prático da dor que faz o homem, sem se aperceber disso, lançar-se com ímpeto na direção oposta, entregando-se ao pequeno número de prazeres que herdou da natureza.

É pela mesma razão que ele aumenta o número desses prazeres, que os prolonga, que os aperfeiçoa, que os adora enfim, já que sob o reinado da idolatria, e durante muitos séculos, todos os prazeres foram divindades secundárias presididas por deuses superiores.

A severidade das religiões novas destruiu todos esses protetores: Baco, Diana, Cupido não são mais que lembranças poéticas; mas o impulso subsiste, e mesmo na mais séria de todas as crenças as pessoas se regalam por ocasião dos casamentos, dos batismos e até dos funerais.


## 72. ORIGEM DO PRAZER DA MESA

As refeições, no sentido que damos a essa palavra, começaram com a segunda idade da espécie humana, ou seja, no momento em que ela cessou de se alimentar apenas de frutos. O preparo e a distribuição de carnes fizeram a família se reunir, os pais distribuindo aos filhos o produto de sua caça, e os filhos adultos prestando a seguir o mesmo serviço a seus pais envelhecidos.

Essas reuniões, limitadas inicialmente aos familiares mais próximos, estenderam-se gradativamente às relações de vizinhança e amizade.

Mais tarde, quando o gênero humano se espalhou, o viajante fatigado veio participar dessas refeições primitivas, e contou o que se passava nos lugares distantes. Assim nasceu a hospitalidade, com direitos reputados sagrados em todos os povos, pois mesmo os mais ferozes tinham como dever respeitar a vida daquele a quem fora consentido partilhar o pão e o sal.

Foi durante as refeições que devem ter nascido ou se aperfeiçoado nossas línguas, seja porque era uma ocasião de reunião que se repetia, seja porque o lazer que acompanha e segue a refeição dispõe naturalmente à confiança e à loquacidade.


## 73. DIFERENÇA ENTRE O PRAZER DE COMER E O PRAZER DA MESA

Assim devem ter sido, pela natureza das coisas, as origens do prazer da mesa, que convém distinguir com clareza do prazer de comer, seu antecedente necessário.

O prazer de comer é a sensação atual e direta de uma necessidade que se satisfaz.

O prazer da mesa é a sensação refletida que nasce das diversas circunstâncias de fatos, lugares, coisas e personagens que acompanham a refeição.

O prazer de comer, nós o temos em comum com os animais; supõe apenas a fome e o que é preciso para satisfazê-la.

O prazer da mesa é próprio da espécie humana; supõe cuidados preliminares com o preparo da refeição, com a escolha do local e a reunião dos convidados.

O prazer de comer exige, se não a fome, ao menos o apetite; o prazer da mesa, na maioria das vezes, independe de ambos.

Esses dois estados podem sempre ser observados em nossos festins.

No começo da refeição, todos comem avidamente, sem falar, sem prestar atenção no que pode ser dito; e, não importa a posição social, todos se esquecem de tudo e se comportam como simples operários da grande fábrica da natureza. Mas, quando a necessidade começa a ser satisfeita, a reflexão desperta, a conversação se estabelece, uma outra ordem de coisas principia; e aquele que até então era apenas um consumidor, torna-se uma companhia mais ou menos agradável, conforme os meios que o Senhor de todas as coisas lhe concedeu.

## 74. EFEITOS

O prazer da mesa não comporta arrebatamentos, nem êxtases, nem transportes, mas ganha em duração o que perde em intensidade, e se distingue sobretudo pelo privilégio particular de nos inclinar a todos os outros prazeres, ou, pelo menos, de nos consolar por sua perda.

Com efeito, após uma boa refeição, o corpo e a alma gozam de um bem-estar especial.

Fisicamente, ao mesmo tempo em que o cérebro se revigora, a face se anima e se colore, os olhos brilham, um suave calor se espalha em todos os membros.

Moralmente, o espírito se aguça, a imaginação se aquece, os ditos espirituosos nascem e circulam; e se La Fare e Saint-Aulaire passarem à posteridade com a reputação de autores espirituais, devem-no sobretudo ao fato de terem sido comensais agradáveis.

Aliás, com frequência temos em volta da mesa todas as modificações que a extrema sociabilidade introduziu entre nós: o amor, a amizade, os negócios, as especulações, o poder, as solicitações, o protetorado, a ambição, a intriga: eis por que a convivialidade tem a ver com tudo, eis por que produz frutos de todos os sabores.

## 75. ACESSÓRIOS INDUSTRIAIS

Foi por uma consequência imediata desses antecedentes que a indústria humana se empenhou em aumentar a duração e a intensidade do prazer da mesa.

Poetas se queixaram de que o pescoço, sendo demasiado curto, se opunha à duração do prazer da degustação; outros deploraram a pequena capacidade do estômago; e chegou-se ao ponto de liberar essa víscera da tarefa de digerir uma primeira refeição, para dar-se o prazer de devorar uma segunda.

Foi o supremo esforço tentado para amplificar os prazeres do gosto; mas, não podendo o homem transpor os limites impostos pela natureza, ele se voltou para os acessórios, que, pelo menos, ofereciam mais opções.

Vasos e taças foram ornados com flores, os comensais coroados com grinaldas; passou-se a comer ao ar livre, nos jardins, nos bosques, em presença de todas as maravilhas da natureza.

Ao prazer da mesa juntaram-se os encantos da música e o som dos instrumentos. Assim, enquanto a corte do rei dos feaces se regalava, o bardo Femius celebrava os feitos e os guerreiros dos tempos passados.

Com frequência, dançarinos, saltimbancos e bufões de ambos os sexos e com as indumentárias mais diversas vinham distrair os olhos sem prejudicar os prazeres do paladar; os perfumes mais requintados se espalhavam no ar; às vezes até a beleza sem véus vinha servir à mesa, de modo que todos os sentidos eram chamados a um gozo que se tornou universal.

Poderia dedicar várias páginas a provar o que digo. Os autores gregos, romanos e nossas velhas crônicas estão aí para ser copiados; mas essas pesquisas já foram feitas, e minha fácil erudição teria pouco mérito; dou assim como fato o que outros provaram; é um direito de que me valho com frequência, e que o leitor deve me conceder de bom grado.

## 76. SÉCULOS XVIII E XIX

Adotamos em maior ou menor grau, conforme as circunstâncias, esses diversos meios de beatificação, e ainda lhes acrescentamos aqueles que as novas descobertas proporcionaram.

A delicadeza de nossos costumes certamente não podia tolerar os vomitórios dos romanos; mas fizemos melhor, e chegamos ao mesmo objetivo por um caminho compatível com o bom gosto.

Foram inventadas iguarias tão atraentes que fazem renascer a toda hora o apetite; e são tão leves que agradam o paladar sem sobrecarregar o estômago. Sêneca teria dito: "*Nubes esculentas*".*

Chegamos portanto a tal progressão alimentar que, se os afazeres não nos forçassem a deixar a mesa, ou se a necessidade do sono não se interpusesse, a duração das refeições seria praticamente indefinida, e não teríamos nenhum dado certo para determinar o tempo transcorrido desde o primeiro gole de madeira até o último copo de ponche.

Não se deve pensar, porém, que todos esses acessórios sejam indispensáveis para constituir o prazer da mesa. Desfruta-se esse prazer em quase toda a sua extensão toda vez que se reúnem as quatro seguintes condições: comida ao menos passável, bom vinho, comensais agradáveis, tempo suficiente.

É assim que desejei com frequência ter participado da refeição frugal que Horácio ofereceu a seu vizinho, ou ao hóspede que o mau tempo obrigara a buscar abrigo em sua casa: um bom frango, um cabrito (certamente bem gordo) e, como sobremesa, uvas, figos e nozes. Juntando a isso o vinho colhido quando Mânlio era cônsul (*nata mecum consule Manlio*) e a conversação desse poeta voluptuoso, parece-me que eu teria ceado da maneira mais confortável:

*At mihi cum longum post tempus venerat hospes,*
*Sive operum vacuo, longum conviva per imbrem*
*Vicinus, bene erat, non piscibus urbe petitis,*

---
* "Suculentas nuvens." (N. E.)

*Sed pullo atque haedo, tum\* pensilis uva secundas*
*Et nux ornabat mensas, cum duplice ficu.\*\**

É assim também que, ontem ou amanhã, três pares de amigos terão se regalado com perna de cabrito cozida e rins de Pontoise, regados a vinhos Orléans e Médoc bem límpidos; e, encerrando a noitada numa conversa agradável e despreocupada, terão esquecido completamente que há iguarias mais finas e cozinheiros mais apurados.

Ao contrário, por mais rebuscada que seja a comida, por mais suntuosos que sejam os acessórios, não há prazer da mesa se o vinho for ruim, se os convidados se juntam sem discriminação, se as fisionomias estiverem tristes e se a refeição for consumida com precipitação.

MODELO — Mas, dirá talvez o leitor impaciente, como então deve ser feita, no ano da graça de 1825, uma refeição, para reunir todas as condições que produzem em grau supremo o prazer da mesa?

Vou responder a essa questão. Concentrem-se, leitores, e prestem atenção: é Gastérea, a mais graciosa das musas, que me inspira; serei mais claro que um oráculo, e meus preceitos atravessarão os séculos.

"Que o número de comensais não exceda doze, a fim de que a conversação possa ser constantemente geral;

"Que eles sejam escolhidos de tal maneira que suas ocupações sejam variadas, seus gostos análogos, e com pontos de contato suficientes para não ser preciso recorrer à odiosa formalidade das apresentações;

"Que a sala de jantar seja iluminada com luxo, a toalha de mesa esteja impecavelmente limpa, e a temperatura ambiente varie entre 16°C e 20°C;

"Que os homens sejam espirituosos sem pretensão, e as mulheres amáveis sem serem demasiado coquetes;\*\*\*

---

\* A sobremesa está aqui precisamente designada e destacada pelo advérbio *tum* e pelas palavras *secundas mensas.*
\*\* Horácio, *Sátiras*, II, 2, vs. 118-22: "E se, após muito tempo, eu reencontrasse um amigo,/ se um hóspede bem-vindo viesse jantar num dia de chuva/ em que não pude trabalhar, teríamos como festim/ não peixes que se compram na cidade,/ mas frango e cabrito; depois, como sobremesa,/ uvas secas, nozes, figos". (N. E.)
\*\*\* Escrevo em Paris, entre o Palais-Royal e a Chaussée-d'Antin.

"Que os pratos sejam escolhidos com requinte, mas em número pequeno; e os vinhos de primeira qualidade;

"Que a progressão, para os primeiros, seja dos mais substanciais aos mais leves, e, para os segundos, dos mais suaves aos mais perfumados;

"Que o desenrolar da refeição seja moderado, sendo o jantar a última tarefa da jornada; e que os comensais se comportem como viajantes que devem chegar juntos ao mesmo objetivo;

"Que o café seja servido bem quente, e os licores especialmente escolhidos por um conhecedor;

"Que a sala que deve receber os comensais seja bastante espaçosa para comportar um jogo de cartas aos que não podem passar sem ele, mas que sobre espaço suficiente para os colóquios pós-prandiais;

"Que os convidados sejam retidos pelo prazer da boa companhia, e animados pela esperança de que a noitada não se passará sem alguma satisfação ulterior;

"Que o chá não seja demasiado forte; que as torradas sejam artisticamente amanteigadas e o ponche preparado com cuidado;

"Que a retirada não comece antes das onze, mas que à meia-noite todos estejam deitados."

Se alguém participou de uma refeição que reunia todas essas condições, pode se vangloriar de ter assistido à própria apoteose; inversamente, tanto menor será seu prazer quanto maior for o número daquelas refeições esquecidas ou ignoradas.

Disse que o prazer da mesa tal como o caracterizei era suscetível de uma duração bastante longa; vou demonstrá-lo com o relato verídico e detalhado da mais longa refeição que fiz em minha vida; é um bombom que ponho na boca do leitor para recompensá-lo por sua complacência em me ler com prazer. Eis o relato:

No fim da rua du Bac, vivia uma família de parentes meus, composta como segue: o doutor, 78 anos; o capitão, 76 anos; sua irmã Jeannette, 74. Eu ia visitá-los de vez em quando e era sempre muito bem recebido.

"Por Deus!", disse-me um dia o doutor Dubois, levantando-se na ponta dos pés para me bater no ombro, "há tempos que vens nos falando de tuas *fondues* (ovos mexidos com queijo); não cessas de nos fazer vir água à boca, está na hora de acabar com isso. Iremos um dia almoçar em tua casa, o capitão e eu, e veremos do que se trata." (Foi por volta de 1801, se não me engano, que ele me fez essa provocação.) "Com muito prazer", respondi, "e o senhor a conhecerá em toda a sua glória, pois eu mesmo a prepararei. Sua proposta me deixa imensamente feliz. Assim, amanhã às dez horas, hora militar."*

Na hora indicada, vi chegarem meus dois convidados, bem barbeados, bem penteados e perfumados: dois velhinhos ainda faceiros e bem de saúde.

Eles sorriram de prazer ao verem a mesa posta, a toalha de linho, três lugares preparados, e em cada lugar duas dúzias de ostras, com um limão reluzente e dourado.

Nas duas extremidades da mesa erguia-se uma garrafa de vinho de Sauterne, cuidadosamente limpa com exceção da rolha, que indicava de maneira certa que fora retirada já havia algum tempo.

Oh, como lamento ver praticamente desaparecidos aqueles almoços de ostras, outrora tão frequentes e alegres, quando elas eram devoradas aos milhares! Esses almoços desapareceram com os abades, que jamais comiam menos de uma grosa delas, e os cavaleiros, que as comiam sem parar. Lamento, mas filosoficamente: se o tempo modifica os governos, que direitos não terá sobre simples costumes?!

Depois das ostras, que foram consideradas frescas e ótimas, seguiram-se um prato de rins *à la brochette*, uma fôrma de *foie gras* com trufas, e finalmente a *fondue*.

Seus elementos haviam sido reunidos numa caçarola, que foi trazida à mesa com um fogareiro a álcool. Eu dirigia as ações no campo de batalha, e os primos seguiam com atenção meus movimentos.

Eles ficaram admirados com o charme desse prato e me pediram a receita, que lhes prometi, enquanto lhes contava duas anedotas que o leitor talvez encontre noutra parte.

Depois da *fondue* vieram as frutas da estação e os doces, uma xícara do verdadeiro café moca preparado *à la Dubelloy*, cujo método começava a se propagar, e finalmente dois licores, um mais alcoólico para purificar, outro mais oleoso para adoçar.

Quando o almoço terminou, propus a meus convidados um pouco de exer-

---

* Sempre que um encontro é anunciado desta forma, a comida é servida na hora marcada: os retardatários são considerados desertores.

cício, na forma de um passeio pelo meu apartamento, que está longe de ser elegante, mas é amplo, confortável, e no qual meus amigos se sentiam em casa, já que os ornamentos do teto e das paredes datavam da metade do reinado de Luís XV.

Mostrei-lhes a argila original do busto de minha bela prima, mme. Récamier, por Chinard, e seu retrato em miniatura por Augustin; eles ficaram tão encantados que o doutor, com seus lábios grossos, beijou o retrato, enquanto o capitão se permitia sobre o busto uma licença que me fez admoestá-lo, pois se todos os admiradores do original vierem a fazer o mesmo, esse seio voluptuosamente contornado acabará em breve como o dedão do pé de são Pedro de Roma, que os peregrinos desgastaram à força de beijá-lo.

A seguir mostrei-lhes alguns gessos dos melhores escultores antigos, pinturas que têm algum mérito, meus fuzis, meus instrumentos de música e algumas belas edições, tanto francesas quanto estrangeiras.

Em sua viagem polimática, eles não esqueceram minha cozinha. Apresentei-lhes meu panelão econômico, minha assadeira, meu espeto a manivela e meu vaporizador. Examinaram tudo com uma curiosidade minuciosa, e tanto mais espantados porque na casa deles tudo ainda era feito como no tempo da Regência.

No momento em que voltávamos à sala, soaram duas da tarde. "Droga!", exclamou o doutor, "está na hora do jantar, e minha irmã Jeannette nos espera! Preciso ir. Não que esteja com muita vontade de comer, mas não passo sem minha sopa. É um hábito tão antigo que, quando deixo de tomá-la, digo como Tito: '*Diem perdidi*'."* "Caro doutor", respondi-lhe, "por que ir tão longe para encontrar o que tem à mão? Vou mandar alguém até a prima para avisá-la que o senhor permanece comigo, e me dá o prazer de aceitar uma janta que lhe requer alguma indulgência, pois não terá todos os méritos de um *impromptu* feito devagar."

Houve, entre os dois irmãos, uma deliberação ocular acerca do meu convite, seguida de consentimento formal. Despachei um *volante* [garoto de recados] ao bairro Saint-Germain, dei uma rápida instrução ao meu cozinheiro-chefe, e, após um intervalo de tempo não muito longo, contando em parte com seus recursos, em parte com os dos restaurantes vizinhos, ele nos serviu uma pequena refeição bem preparada e muito apetitosa.

* "Tive um dia perdido." (N. E.)

Para mim foi uma satisfação ver o sangue-frio e a firmeza com que meus dois amigos se sentaram, se aproximaram da mesa, abriram seus guardanapos e se prepararam para agir.

Eles se depararam com duas surpresas que eu mesmo não sabia que desconheciam; pois lhes mandei servir parmesão com a sopa, e a seguir lhes ofereci um copo de madeira seco. Eram duas novidades recentemente importadas pelo príncipe de Talleyrand, o maior de nossos diplomatas, a quem devemos tantos ditos finos, espirituosos, profundos, e que, no poder ou aposentado, sempre atraiu o interesse da opinião pública.

O jantar transcorreu muito bem, tanto em sua parte substancial como em seus acessórios indispensáveis, e contou com a complacência e a alegria de meus dois amigos.

Propus a seguir um jogo de cartas, que foi recusado; eles preferiam o *far-niente* dos italianos, disse o capitão; e formamos um pequeno círculo em volta da lareira.

Apesar das delícias do *far-niente*, sempre achei que nada torna mais agradável a conversação do que uma ocupação qualquer, quando ela não absorve a atenção; assim propus um chá.

O chá era uma novidade para os franceses da velha guarda; no entanto, foi aceito. Preparei-o em presença deles, que tomaram algumas xícaras com prazer redobrado por não o estarem vendo mais como um remédio.

Uma longa prática me havia ensinado que uma complacência acarreta outra, e que, uma vez nesse caminho, se perde o poder de recusar. Assim, foi num tom quase imperativo que propus, para encerrar, uma tigela de ponche.

"Mas vais nos matar", dizia o doutor. "Mas vais nos embebedar", dizia o capitão. Ao que respondi requisitando, em voz alta, limões, açúcar e rum.

Fiz assim o ponche, enquanto na cozinha eram preparadas torradas bem leves, delicadamente amanteigadas e salgadas.

Desta vez houve uma reclamação. Os primos garantiram que haviam comido bastante, e que não tocariam nas torradas; mas, como conheço o atrativo dessa iguaria tão simples, respondi que minha única preocupação era que elas não fossem suficientes. De fato, pouco depois o capitão pegava a última fatia, e surpreendi seu olhar indagando se não havia mais ou se seriam providenciadas outras; o que ordenei no mesmo instante.

No entanto, o tempo transcorrera, e meu relógio de pêndulo marcava mais de oito da noite. "Vamos", disseram meus hóspedes, "é tarde, e precisamos comer uma saladinha com nossa pobre irmã, que não nos viu o dia todo."

Ao que não fiz objeção; e, fiel aos deveres de hospitalidade para com esses dois encantadores velhinhos, acompanhei-os até sua carruagem e os vi partir.

Talvez me perguntem se uma sessão assim tão longa não teve alguns momentos de tédio.

Responderei negativamente: a atenção de meus convidados foi mantida pela preparação da *fondue*, pela viagem ao redor do apartamento, por algumas novidades no jantar, pelo chá, e sobretudo pelo ponche, que eles jamais haviam experimentado.

Além disso, o doutor conhecia Paris inteira por genealogias e anedotas; o capitão havia passado uma parte da vida na Itália, seja como militar, seja como enviado à corte de Parma; e eu também viajei muito; conversávamos sem pretensão e escutávamos com complacência. Não foi preciso muito para que o tempo se escoasse com doçura e rapidez.

Na manhã seguinte recebi uma carta do doutor; ele fazia questão de me informar que a pequena libertinagem da véspera não lhes causara mal algum; muito pelo contrário, após um sono dos mais felizes, os dois tinham levantado dispostos, saudáveis e prontos para recomeçar.

# Meditação 15
*Dos descansos de caça*

77. INTRODUÇÃO

De todas as circunstâncias da vida em que comer conta para alguma coisa, uma das mais agradáveis é certamente o descanso de caça; e, de todos os intervalos conhecidos, é também o descanso de caça que melhor se pode prolongar sem tédio.

Após algumas horas de exercício, o caçador mais vigoroso sente que precisa de repouso; seu rosto foi acariciado pela brisa da manhã; não lhe faltou destreza no momento oportuno, e o sol está quase atingindo o ponto mais alto de seu curso; o caçador irá portanto deter-se algumas horas, não por excesso de fadiga, mas por aquele impulso instintivo que nos adverte de que nossa atividade não pode ser indefinida.

Uma sombra o atrai; a grama o acolhe, e o murmúrio de uma fonte próxima o convida a depositar ali a garrafa de vinho destinada a acalmar sua sede.*

Então, com um prazer tranquilo, ele pega os pãezinhos de crosta dourada e o frango frio que certa mão amiga colocou em sua sacola, e coloca-os junto aos pedaços de queijo gruyère ou roquefort que servirão de sobremesa.

---

* Convido os colegas a preferirem o vinho branco, que resiste melhor ao movimento e ao calor, e sacia a sede mais agradavelmente.

O caçador não está sozinho durante esses preparativos, mas acompanhado do animal fiel que o céu criou para ele: agachado, o cão observa seu mestre com amor, a cooperação superou as distâncias; são dois amigos, e o servidor está ao mesmo tempo feliz e orgulhoso de ser o comensal de seu mestre.

Eles têm um apetite que tanto os mundanos quanto os devotos desconhecem; os primeiros, porque não dão à fome o tempo de chegar; os segundos, porque jamais se entregam aos exercícios que a fazem nascer.

A refeição foi consumida com delícia; cada um teve sua parte; tudo transcorreu em ordem e em paz. Por que não conceder alguns instantes ao sono? O meio-dia é também uma hora de repouso para toda a criação.

Esses prazeres puros se multiplicam se vários amigos estão presentes; pois, nesse caso, uma refeição mais copiosa foi trazida em caixas de mantimentos militares, agora empregadas para fins mais suaves. Todos conversam com alegria das proezas de um, dos solecismos de outro, e das esperanças da tarde.

E o que dizer, então, se servidores atentos chegam carregados daqueles vasos consagrados a Baco, nos quais um frio artificial faz gelar o madeira, o suco de framboesa e de ananás, bebidas deliciosas, preparações divinas que fazem correr nas veias um frescor maravilhoso e enchem os sentidos de um bem-estar desconhecido aos profanos?*

Mas esse não é ainda o último termo dessa progressão de encantamentos.

## 78. AS DAMAS

Há dias em que nossas mulheres, nossas irmãs, nossas primas, suas amigas, são convidadas a participar de nossos divertimentos.

Na hora marcada, chegam carruagens ligeiras e cavalos fogosos, carrega-

---

* Meu amigo Alexandre Delessert foi o primeiro a adotar essa prática cheia de encantos.
    Caçávamos em Villeneuve, debaixo de um sol ardente, o termômetro marcando 32,5°C. Prevendo esse calor, ele teve o cuidado de fazer-nos acompanhar de servidores *potóforos* (o sr. Hoffman condena essa expressão por causa de sua semelhança com *pot-au-feu*; ele propõe substituí-la por *enóforo*, palavra já conhecida) que traziam, em baldes de couro cheios de gelo, tudo o que se pudesse desejar como refresco ou conforto. Bastava escolher, e sentíamo-nos reviver.
    Sou tentado a supor que um líquido de tal frescor aplicado a línguas áridas e a gargantas secas cause a sensação mais delicada que se pode degustar com clareza de consciência.

dos de belas, de plumas e de flores. O vestuário das damas, nessa ocasião, tem algo de militar e de coquete; e o olho do professor pode captar, de vez em quando, relances de olhar que não foi o mero acaso que dispôs.

Logo o flanco das carruagens se abre e deixa à mostra os tesouros do Périgord, as maravilhas de Estrasburgo, as guloseimas de Achard, e tudo o que é transportável nos laboratórios mais apurados.

Não foi esquecido o borbulhante champanhe que se agita na mão da beleza; rolhas disparam no ar. Sentadas na grama, as damas comem, conversam, riem, divertem-se com toda a liberdade; pois têm o universo por sala de jantar e o sol por luminária. Aliás, o apetite, essa emanação do céu, confere a tal refeição uma vivacidade desconhecida nos recintos fechados, por mais embelezados que sejam.

Mas, como tudo deve terminar, o decano dos caçadores dá o sinal; todos se levantam, os homens pegam seus fuzis, as damas seus chapéus. Despedem-se, as carruagens se afastam, e as beldades desaparecem para não mais se mostrarem até o fim do dia.

Eis o que vi nas altas esferas da sociedade onde o Pactolo escoa suas águas;* mas nem tudo isso é indispensável.

Cacei no centro da França e no interior das províncias; nos momentos de descanso, vi chegarem mulheres encantadoras, jovens em todo o seu frescor, umas de cabriolé, outras em simples carroças, ou sobre um asno modesto que faz a glória e a fortuna dos habitantes de Montmorency; as vi primeiro rindo dos inconvenientes do transporte; as vi dispondo sobre a grama o peru em geleia transparente, a massa feita em casa, a salada pronta para ser temperada; as vi dançando com leveza em volta do fogo de acampamento aceso na ocasião; tomei parte dos jogos e *brincadeiras* que acompanham esse repasto nômade, e estou convencido de que, com menos luxo, não há menos encanto, nem menos alegria nem menos prazer.

E, ao chegar a hora da separação, por que elas não trocariam alguns beijos, primeiro com o rei da caçada, que vive seu momento de glória? depois com o caçador azarado, que está infeliz? e com os demais, para não ficarem com inveja? A hora é de partida, o costume autoriza, é permitido e mesmo aconselhável aproveitar.

---

* Referência mitológica à fonte das riquezas de Creso. (N. T.)

Companheiros! caçadores prudentes interessados no principal: façam boa pontaria e encham as sacolas antes da chegada das damas; pois a experiência ensina que depois de sua partida é raro a caça ser frutífera.

Muitas conjeturas se fizeram para explicar esse efeito. Uns o atribuem ao trabalho da digestão, que deixa sempre o corpo mais pesado; outros, à atenção distraída que não consegue mais se concentrar; outros ainda, à influência de colóquios confidenciais que podem fazer um homem querer voltar depressa para casa.

Quanto a nós, que aprendemos a ler o fundo dos corações, pensamos que, sendo de matéria inflamável os caçadores, e estando na flor da idade as damas, é inevitável escapar alguma fagulha genésica que assuste a casta Diana, e que, desgostosa, esta retire, para o resto da jornada, seus favores aos delinquentes.

Dizemos *para o resto da jornada*, pois a história de Endimião nos ensina que a deusa está longe de ser severa depois do pôr do sol. (Ver o quadro de Girodet.)

Os descansos de caça são uma matéria virgem que apenas afloramos; poderiam ser o objeto de um tratado igualmente divertido e instrutivo. Deixamos como legado ao leitor inteligente que quiser se ocupar do assunto.

# Meditação 16
## *Da digestão*

### 79. INTRODUÇÃO

"Não se vive do que se come", diz um velho adágio, "mas do que se digere." É preciso portanto digerir para viver; e essa necessidade nivela com seu poder o rico e o pobre, o pastor e o rei.

Mas quão poucos sabem o que fazem quando digerem! A maioria é como monsieur Jourdain, que falava sem saber do que estava falando; e é para estes que traço uma história popular da digestão, convencido de que monsieur Jourdain ficaria bem mais contente se um filósofo lhe explicasse o que estava falando.

Para conhecer a digestão em seu conjunto, é preciso ligá-la a seus antecedentes e a suas consequências.

### 80. INGESTÃO

O apetite, a fome e a sede nos advertem de que o corpo tem necessidade de se restaurar; e a dor, esse monitor universal, não tarda a nos atormentar se não quisermos obedecer a ela.

Comer e beber constituem a ingestão, operação que começa no momento em que os alimentos chegam à boca, e termina quando entram no esôfago.*

Durante esse trajeto, que tem apenas umas polegadas de comprimento, acontecem muitas coisas.

Os dentes dividem os alimentos sólidos; as diferentes glândulas que forram o interior da boca os umedecem, a língua os amassa para misturá-los; a seguir os pressiona contra o palato para extrair seu suco e saborear seu gosto, e deste modo reúne a massa de alimentos que se forma no meio da boca; depois disso, apoiando-se na mandíbula inferior, ela se ergue no meio, de modo a formar em sua raiz uma inclinação que arrasta os alimentos para a parte posterior da boca, onde eles são recebidos pela faringe, a qual, contraindo-se por sua vez, os faz entrar no esôfago, cujo movimento peristáltico os conduz até o estômago.

Ingerida assim uma bocada, uma segunda lhe sucede da mesma maneira; as bebidas que são tragadas entre uma e outra seguem o mesmo caminho, e a deglutição se prolonga até que o instinto que convocara a ingestão nos advirta de que é hora de acabar. Mas é raro obedecer-se à primeira injunção; pois um dos privilégios da espécie humana é beber sem ter sede; e no estado atual da arte culinária, os cozinheiros sabem perfeitamente nos fazer comer sem ter fome.

Para que cada porção de alimento chegue ao estômago, ela deve escapar a dois perigos, o que é uma façanha notável:

O primeiro é retroceder pelo orifício interno das narinas; mas felizmente o abaixamento do véu do palato e a construção da faringe se opõem a isso;

O segundo perigo seria cair na traqueia, por cima da qual todos os alimentos passam, e este seria bem mais grave; pois assim que um corpo estranho penetra na traqueia, começa uma tosse convulsiva que só termina quando ele foi expulso.

Mas, por um mecanismo admirável, a glote se fecha enquanto engolimos; ela é protegida pela epiglote, que a recobre, e instintivamente somos levados a não respirar durante a deglutição; assim, pode-se dizer que, apesar dessa estranha conformação, os alimentos em geral chegam facilmente ao estômago, onde termina o império da vontade e começa a digestão propriamente dita.

---

* O *esôfago* é o canal que começa atrás da traqueia, e vai da garganta ao estômago; sua extremidade superior é chamada *faringe*.

## 81. FUNÇÃO DO ESTÔMAGO

A digestão é uma operação inteiramente mecânica, e o aparelho digestivo pode ser considerado como um moinho guarnecido de grandes peneiras, cujo efeito é extrair dos alimentos o que pode servir para reparar nossos corpos, e rejeitar os resíduos não animalizáveis.

Por muito tempo se discutiu acerca da maneira como a digestão se produz no estômago, e se acontece por cocção, por maturação, por fermentação, por dissolução gástrica, química ou vital.

Um pouco de tudo isso se verifica, e o erro estava apenas em querer atribuir a um único agente o resultado de várias causas necessariamente reunidas.

De fato, os alimentos se impregnam de todos os fluidos que lhes fornecem a boca e o esôfago até chegarem ao estômago, onde são penetrados pelo suco gástrico que existe sempre em grande quantidade nesse órgão; durante várias horas submetem-se a um calor de mais de 37°C, sendo peneirados e revolvidos pelo movimento orgânico do estômago, que a presença deles excita; devido a essa justaposição, uns agem sobre os outros, e é impossível não ocorrer fermentação, já que todo alimento é fermentescível.

Em consequência de todas essas operações, o quilo se elabora; a camada alimentar imediatamente superposta é a primeira a ser apropriada; ela passa pelo piloro e cai nos intestinos; sucede-lhe uma outra, e assim por diante, até nada mais haver no estômago, que se esvazia, por assim dizer, às bocadas, e da mesma maneira como fora enchido.

O piloro é uma espécie de funil carnudo, que serve de comunicação entre o estômago e os intestinos; é feito de tal maneira que os alimentos não possam, a não ser dificilmente, retornar. Essa víscera importante é sujeita às vezes à obstrução; nesse caso morre-se de fome, após longos e terríveis sofrimentos.

O intestino que recebe os alimentos na saída do piloro é o duodeno; foi assim chamado por ter doze dedos de comprimento.

Quando chega ao duodeno, o quilo sofre uma nova elaboração, mediante a mistura da bile e do suco pancreático; perde a coloração cinza-esbranquiçada que tinha antes, fica mais amarelo, e começa a contrair o cheiro estercoral, que irá aumentando à medida que avança em direção ao reto. Os diversos princípios envolvidos nessa mistura atuam reciprocamente uns sobre os outros; enquanto o quilo se prepara, gases análogos estão necessariamente em formação.

À medida que prossegue o impulso orgânico que fez sair do estômago o quilo, este é impelido para o intestino delgado, sendo ali decomposto e absorvido pelos órgãos destinados a essa função, e levado ao fígado para se misturar ao sangue e reparar as perdas causadas pela absorção dos órgãos vitais e pela exalação transpiratória.

É bastante difícil explicar como o quilo, que é um líquido branco e mais ou menos insípido e inodoro, pode resultar de uma massa cuja cor, odor e gosto devem ser muito pronunciados.

Seja como for, a extração do quilo parece ser o verdadeiro objetivo da digestão: e, assim que ele se mistura à circulação, o indivíduo toma consciência disso por um aumento da força vital e por uma convicção íntima de que suas perdas foram reparadas.

A digestão dos líquidos é bem menos complicada que a dos alimentos sólidos, e pode ser exposta em poucas palavras.

A parte alimentar é decomposta e integrada ao quilo, sofrendo todas as vicissitudes descritas acima.

A parte puramente líquida é absorvida pelos sugadores do estômago e lançada na circulação: daí é levada pelas artérias emulgentes até os rins, que a filtram e a elaboram, e, por meio dos ureteres,* a fazem chegar à bexiga sob a forma de urina.

Nesse último receptáculo, a urina, embora controlada por um esfíncter, permanece por pouco tempo; sua ação excitante faz nascer uma necessidade, e logo uma constrição voluntária a leva até a luz do dia, jorrando pelos canais de irrigação que todos conhecem mas convencionaram jamais mencionar pelo nome.

A digestão dura mais ou menos tempo conforme a disposição particular dos indivíduos. Entretanto, pode-se dar-lhe um prazo médio de sete horas, sendo um pouco mais de três horas para o estômago e o restante para o trajeto até o reto.

Por meio dessa explanação, que extraí dos melhores autores e despojei convenientemente da aridez anatômica e das abstrações da ciência, meus leitores poderão doravante saber o lugar exato onde se encontra a última refeição

---

* Os ureteres são dois condutos, da grossura de um tubo de caneta, que partem de cada um dos rins e chegam ao colo posterior da bexiga.

que fizeram, a saber: durante as três primeiras horas, no estômago; mais tarde, no trajeto intestinal; e após sete ou oito horas, no reto, aguardando o momento de expulsão.

## 82. INFLUÊNCIA DA DIGESTÃO

De todas as operações corporais, a digestão é a que mais influi sobre o estado moral do indivíduo.

Essa afirmação não deve surpreender ninguém, e seria impossível que fosse de outro modo.

Os princípios mais elementares da psicologia nos ensinam que a alma só pode ser impressionada pelos órgãos a ela submetidos e que a põem em contato com os objetos exteriores; donde se segue que, quando esses órgãos são malconservados, mal restaurados, ou irritados, tal estado de degradação exerce uma influência necessária sobre as sensações, que são os meios intermediários e ocasionais das operações intelectuais.

Assim, a maneira habitual como a digestão se faz, e sobretudo como termina, nos torna habitualmente tristes, alegres, taciturnos, falantes, rabugentos ou melancólicos, sem que suspeitemos disso, e sobretudo sem que possamos evitá-lo.

Sob esse aspecto, o gênero humano civilizado poderia ser dividido em três grandes categorias: os regulares, os contidos e os relaxados.

A experiência mostra que cada um dos que se acham nessas diferentes categorias não apenas têm disposições naturais semelhantes e propensões comuns, mas também algo de análogo e similar na maneira como cumprem as missões de que o acaso os incumbiu no curso da vida.

Para me fazer compreender por um exemplo, o tomarei no vasto campo da literatura. Creio que os homens de letras devem em geral a seus estômagos o gênero que preferencialmente escolheram.

Desse ponto de vista, os poetas cômicos enquadram-se entre os regulares, os trágicos entre os contidos, e os elegíacos e pastoris entre os relaxados: donde se segue que o poeta mais lacrimoso está separado do mais cômico apenas por um grau de cocção digestiva.

Foi por aplicação desse princípio à coragem que, no tempo em que o príncipe Eugênio de Savoia atormentava a França, alguém da corte de Luís XIV exclamou: "Ah, se eu pudesse causar-lhe uma diarreia por oito dias!... Num instante o transformaria no maior covarde da Europa".

"Apressemo-nos", dizia um general inglês, "em fazer nossos soldados combaterem enquanto têm ainda um pedaço de bife no estômago!"

A digestão, nos homens jovens, é frequentemente acompanhada de um leve calafrio, e nos velhos, de uma forte vontade de dormir.

No primeiro caso, é a natureza que retira o calor das superfícies para empregá-lo em seu laboratório; no segundo, é a mesma força, já enfraquecida pela idade, que não consegue mais realizar ao mesmo tempo o trabalho da digestão e a excitação dos sentidos.

Nos primeiros momentos da digestão, é perigoso dedicar-se à atividade mental, e mais perigoso ainda entregar-se aos prazeres genésicos. Anualmente são carregados aos cemitérios da capital centenas de homens que, após terem jantado bem, e às vezes por terem jantado bem demais, não souberam fechar os olhos e tapar os ouvidos.

Essa observação contém uma advertência, mesmo para os jovens despreocupados; um conselho para os homens maduros, que esquecem que o tempo jamais se detém; e uma lei penal para os que estão com mais de cinquenta anos (*on the wrong side of fifty*).

Algumas pessoas ficam mal-humoradas durante todo o tempo em que digerem; não é o momento então de lhes apresentar projetos nem de lhes pedir perdão.

Entre estes figurava especialmente o marechal Augereau: na primeira hora após o jantar, estava disposto a matar qualquer um, amigo ou inimigo.

Um dia o ouvi dizer que havia no exército duas pessoas que o comandante-chefe sempre tinha a liberdade de mandar fuzilar, a saber: o chefe de seu estado-maior e seu ajudante de ordens. Ambos estavam presentes; o general Chérin respondeu de maneira obsequiosa, mas com espírito; o outro não disse nada, mas provavelmente pensou a mesma coisa.

Nessa época eu estava ligado a seu estado-maior, e sempre reservavam meu lugar em sua mesa; mas eu raramente comparecia, por receio dessas borrascas periódicas; temia que, por causa de uma palavra, ele me mandasse digerir na prisão.

Mais tarde voltei a encontrá-lo várias vezes em Paris; e, como um dia ele cortesmente lamentasse não me ver com mais frequência, não lhe dissimulei a causa; rimos juntos, e ele praticamente admitiu que eu tinha alguma razão.

Estávamos então em Offenberg, na Alemanha, e no estado-maior havia queixas de que não comíamos carne de caça nem peixe.

Tinha fundamento a queixa, pois é uma máxima de direito público que os vencedores devem comer bem a expensas dos vencidos. Assim, no mesmo dia, escrevi uma carta muito polida ao superintendente das florestas, para indicar-lhe o mal e prescrever-lhe o remédio.

O superintendente era um antigo cavaleiro alemão, alto, seco, trigueiro, que devia nos odiar, e que certamente não nos tratava bem por temor de que viéssemos a nos enraizar em seu território. Assim sua resposta foi mais ou menos negativa e cheia de evasivas. Os guardas haviam fugido, assustados com nossos soldados; os pescadores não estavam mais sob controle; as águas estavam escuras etc. etc. Diante de tais razões, não repliquei, mas lhe enviei dez granadeiros para serem alojados e alimentados por ele até segunda ordem.

O estratagema fez efeito: dois dias depois, chegava uma carroça bem carregada a nosso acampamento; os guardas certamente haviam retornado, os pescadores já estavam sob controle; pois nos traziam caça e peixe para nos regalar por mais de uma semana: cabritos, galinholas, carpas, lúcios; era uma dádiva dos céus.

Ante a recepção dessa oferenda expiatória, livrei o superintendente de seus incômodos hóspedes. Ele veio nos ver, fi-lo compreender nossas razões; e, durante o resto de nossa temporada naquele país, só tivemos que nos congratular por seus bons procedimentos.

# Meditação 17
*Do repouso*

83. INTRODUÇÃO

O homem não foi feito para desfrutar de uma atividade indefinida; a natureza o destinou a uma existência interrompida; é preciso que suas percepções cessem após um certo tempo. O tempo de atividade pode se estender conforme o gênero e a natureza das sensações experimentadas, mas essa continuidade de existência leva a desejar o repouso. O repouso conduz ao sono, e o sono produz os sonhos.

Aqui estamos nos limites extremos da humanidade: pois o homem que dorme não é mais o homem social; a lei ainda o protege, mas não mais o comanda.

Nesse ponto se insere naturalmente um fato bastante singular, que me foi relatado por dom Duhaget, outrora superior do convento de Pierre-Châtel.

Dom Duhaget provinha de uma excelente família da Gasconha e tinha servido com distinção no exército; durante vinte anos fora capitão da infantaria; era cavaleiro da Ordem de São Luís. Jamais conheci alguém com mais genuína piedade e uma conversação mais agradável.

"Em ..., onde fui prior antes de vir para Pierre-Châtel", me dizia ele, "havia um religioso de um humor melancólico, de um caráter sombrio, e que era conhecido por ser sonâmbulo.

"Às vezes, em seus acessos, saía de sua cela e retornava sozinho; outras vezes se perdia, e éramos então obrigados a trazê-lo de volta. Ele já havia consultado médicos e tomado alguns remédios; como as recaídas se tornaram mais raras, deixamos de nos preocupar com ele.

"Uma noite em que não deitei à hora de costume, e fiquei à escrivaninha a examinar alguns papéis, ouvi que abriam a porta dos meus aposentos, que eu raramente chaveava, e logo vi entrar esse religioso num estado de completo sonambulismo.

"Tinha os olhos abertos, mas fixos, vestia apenas a túnica com a qual provavelmente se deitara, e trazia uma grande faca na mão.

"Dirigiu-se diretamente a meu leito, cuja posição conhecia, deu a impressão de verificar, tateando com a mão, se eu me encontrava de fato ali; feito isso, disparou três facadas com tanta força que a lâmina, após atravessar as cobertas, penetrou profundamente no colchão, ou melhor, na esteira que fazia as vezes de colchão.

"Quando ele passara por mim em direção à cama, tinha a face contraída e as sobrancelhas franzidas. Quando retornou, após as facadas, observei que seu rosto havia se distendido e que nele reinava um certo ar de satisfação.

"O brilho das duas lamparinas que estavam sobre minha mesa não causou nenhuma impressão sobre seus olhos, e ele saiu assim como entrara, abrindo e fechando com discrição as duas portas que conduziam à minha cela, e logo constatei que retornava tranquilamente à sua.

"O senhor pode imaginar", continuou o prior, "o estado em que me encontrava durante essa terrível aparição. Tremia só de pensar no perigo do qual havia escapado, e agradecia à Providência; mas minha emoção era tanta que foi impossível fechar os olhos pelo resto da noite.

"No dia seguinte, mandei chamar o sonâmbulo, e lhe perguntei sem rodeios o que havia sonhado na noite precedente.

"Ele se perturbou ante essa questão. 'Meu pai', respondeu, 'tive um sonho tão estranho que realmente é difícil contá-lo: talvez seja obra do demônio, e...' 'Eu lhe ordeno', repliquei; 'um sonho é sempre involuntário, é apenas uma ilusão. Fale com sinceridade.' 'Meu pai', disse ele então, 'eu mal havia deitado quando sonhei que o senhor havia matado minha mãe; que o fantasma sangrento dela me aparecia exigindo vingança, e que fui tomado de tal furor ante essa visão que corri como um possesso aos seus aposentos; e, tendo-o encontrado em seu leito, o apunhalei. Pouco depois despertei banhado em suor, abominando meu atentado e logo agradecendo a Deus por não ter cometido tamanho crime...' 'Ele esteve mais perto de ser cometido do que você imagina', disse-lhe com um ar sério e tranquilo.

"Então contei-lhe o que havia ocorrido, e mostrei-lhe o vestígio dos golpes que ele acreditara desferir contra mim.

"A essa visão ele se lançou a meus pés, em lágrimas, lamentando a infelicidade involuntária que poderia ter causado, e implorando qualquer penitência que eu julgasse dever lhe infligir.

"'Não, de modo nenhum', exclamei, 'não vou puni-lo por um fato involuntário; mas doravante o dispenso de assistir aos ofícios da noite, e aviso que sua cela será trancada por fora, após a refeição da noite, sendo aberta apenas para que compareça à missa matinal.'"

Se em tal circunstância, à qual só escapou por milagre, o prior tivesse sido morto, o monge sonâmbulo não sofreria punição, porque teria cometido um crime involuntário.

### 84. TEMPO DO REPOUSO

As leis gerais que governam o mundo que habitamos devem ter influído sobre a maneira de existir da espécie humana. A alternância de dia e de noite que se verifica em toda a Terra com algumas variações, mas de tal maneira que no cômputo geral ambos se compensam, indica naturalmente que há um tempo de atividade, assim como um tempo de repouso; e é provável que nossa vida seria muito diferente se tivéssemos um dia sem fim.

Seja como for, quando um homem desfrutou, durante certo tempo, da plenitude de sua vida, chega um momento em que não pode mais permanecer assim; sua impressionabilidade gradativamente diminui; os ataques mais bem dirigidos a seus sentidos não produzem mais efeito, os órgãos se recusam ao que antes chamavam com ardor, a alma está saturada de sensações: é o momento do repouso.

É fácil perceber que consideramos aqui o homem social, cercado dos recursos e do bem-estar da civilização avançada; pois essa necessidade de repouso vem mais depressa e mais regularmente para quem sofre a fadiga de um trabalho assíduo nos gabinetes, nas oficinas, em viagem, na guerra, na caça ou de qualquer outra maneira.

A esse repouso, como a todos os atos conservadores, a natureza, mãe excelente, associou um grande prazer.

O homem que repousa experimenta um bem-estar tão geral quanto indefinível; sente seus braços entregues ao próprio peso, suas fibras distendidas, seu cérebro descansado; seus sentidos se acalmam, um torpor invade suas sensações; ele não deseja nada, não reflete mais: um véu transparente cobre seus olhos. Dentro em pouco estará dormindo.

# Meditação 18
*Do sono*

85. INTRODUÇÃO

Embora haja homens tão organizados que quase se pode dizer que não dormem, a verdade geral é que a necessidade de dormir é tão imperiosa quanto a fome e a sede. As sentinelas avançadas do exército adormecem muitas vezes, mesmo lançando rapé nos olhos para mantê-los abertos; e Pichegru, perseguido pela polícia de Bonaparte, pagou 30 mil francos por uma noite de sono, durante a qual foi traído e preso.

86. DEFINIÇÃO

O sono é aquele estado de torpor no qual o homem, separado dos objetos exteriores pela inatividade forçada dos sentidos, vive apenas sob o aspecto mecânico.

O sono, como a noite, é precedido e seguido de dois crepúsculos, sendo que o primeiro conduz à inércia absoluta, e o segundo traz de volta à vida ativa.

Procuremos examinar esses dois fenômenos.

No momento em que o sono começa, os órgãos dos sentidos mergulham aos poucos na inatividade; primeiramente o gosto, a seguir a visão e o olfato; a audição vigia por algum tempo, e o tato sempre; pois ele está aí para nos advertir por meio da dor dos perigos que podem ameaçar o corpo.

O sono é sempre precedido de uma sensação mais ou menos voluptuosa: o corpo entrega-se a ele com prazer, na certeza de uma pronta restauração, e a alma com confiança, na esperança de que seus meios de atividade serão revigorados.

Foi por não terem apreciado devidamente essa sensação, não obstante tão positiva, que cientistas de primeira ordem compararam o sono à morte, à qual todos os seres vivos resistem com todas as suas forças, e é marcada por sintomas tão particulares que causam horror inclusive aos animais.

Como todos os prazeres, o sono pode tornar-se uma paixão, pois sabe-se de pessoas que chegam a dormir três quartas partes de sua vida; nesse caso, como todas as paixões, ele produz apenas efeitos funestos — a preguiça, a indolência, o enfraquecimento, a estupidez e a morte.

A escola de Salerno prescrevia apenas sete horas de sono, sem distinção de idade ou de sexo. Essa doutrina é muito severa; é preciso ser mais tolerante com as crianças, por necessidade, e com as mulheres, por complacência; mas pode-se ter como certo que, sempre que se passa mais de dez horas na cama, há excesso.

Nos primeiros momentos do sono crepuscular, a vontade ainda persiste: seria possível despertar, a visão não perdeu completamente sua capacidade. "*Non omnibus dormio*"\*, dizia Mecenas; e foi nesse estado que mais de um marido adquiriu certezas desagradáveis. Algumas ideias ainda surgem, mas são incoerentes; há vislumbres duvidosos, objetos incompletos parecem esvoaçar ante os olhos. Esse estado dura pouco; logo tudo desaparece, cessa qualquer perturbação, e caímos no sono absoluto.

O que faz a alma nesse meio-tempo? Ela vive em si mesma; é como o piloto de um barco na calmaria, como um espelho durante a noite, como um alaúde que ninguém toca; ela espera novos estímulos.

Alguns psicólogos, no entanto, entre os quais o conde de Redern, afirmam que a alma jamais cessa de agir; e este último dá como prova que todo homem arrancado de seu primeiro sono experimenta a mesma sensação daquele que é perturbado no momento em que se ocupa seriamente com alguma coisa.

\* "Não durmo completamente." (N. E.)

Essa observação não é sem fundamento e merece ser atentamente verificada.

De qualquer forma, esse estado de abandono absoluto é de pouca duração (quase nunca ultrapassa cinco ou seis horas); gradativamente as perdas são reparadas; um sentimento obscuro de existência começa a renascer, e o adormecido penetra no império dos sonhos.

# Meditação 19
*Dos sonhos*

Os sonhos são impressões unilaterais que chegam à alma sem o auxílio dos objetos exteriores.

Esses fenômenos, tão comuns e ao mesmo tempo tão extraordinários, são ainda pouco conhecidos.

A falha está nos cientistas que ainda não nos proporcionaram um conjunto de observações suficiente. Esse auxílio indispensável virá com o tempo, e a dupla natureza do homem será mais bem compreendida.

No estado atual da ciência, supõe-se que haja um fluido igualmente sutil e poderoso, que transmite ao cérebro as impressões recebidas pelos sentidos, e é pelo estímulo causado por essas impressões que nascem as ideias.

O sono absoluto deve-se à diminuição e à inércia desse fluido.

É de supor que o trabalho de digestão e assimilação, que está longe de se deter durante o sono, repare essa perda, de modo que haveria um momento em que o indivíduo, tendo já tudo o que é preciso para agir, ainda não estaria excitado pelos objetos exteriores.

Então o fluido nervoso, móvel por natureza, dirige-se ao cérebro pelos condutos nervosos; insinua-se nos mesmos lugares e segue os mesmos caminhos como quando o indivíduo está desperto; deve portanto produzir os mesmos efeitos, mas com menos intensidade.

A razão dessa diferença me parece fácil de perceber. Quando o homem desperto é impressionado por um objeto exterior, a sensação é precisa, súbita e necessária; o órgão inteiro está em movimento. Quando, ao contrário, a mesma impressão lhe é transmitida durante o sono, apenas a parte posterior dos nervos está em movimento; a sensação deve necessariamente ser menos viva e menos positiva; para sermos mais facilmente compreendidos, diremos que no homem adormecido as impressões provocam apenas um abalo na parte vizinha ao cérebro.

Sabemos, no entanto, que nos sonhos voluptuosos a natureza atinge seu objetivo aproximadamente da mesma forma que na vigília; mas essa diferença provém da diferença mesma dos órgãos; pois, para o genésico, é suficiente uma excitação qualquer, e cada sexo traz consigo todo o material para a consumação daquilo a que a natureza o destinou.

## 87. PESQUISA A SER FEITA

Quando o fluido nervoso chega deste modo ao cérebro, ele sempre chega pelas vias destinadas ao exercício de algum dos nossos sentidos, e eis aí por que desperta certas sensações ou séries de ideias preferencialmente a outras. Assim, acreditamos ver quando é o nervo óptico que é afetado, ouvir quando são os nervos auditivos etc.; e assinalemos aqui, como singularidade, que é pelo menos muito raro que as sensações que experimentamos sonhando se relacionem ao gosto e ao olfato; quando sonhamos com um canteiro ou um jardim, vemos flores sem sentir seu perfume; se sonhamos que participamos de uma refeição, vemos as comidas sem saborear seu gosto.

Seria um trabalho digno dos maiores cientistas descobrir por que dois de nossos sentidos não impressionam a alma durante o sono, enquanto os outros quatro desfrutam de quase todos os seus poderes. Não sei de nenhum psicólogo que tenha se ocupado do assunto.

Observemos também que, quanto mais interiores as afecções que experimentamos dormindo, tanto maior será sua força. Assim, as ideias mais sensuais nem se comparam com as angústias que sentimos se sonhamos com a morte de um filho querido, ou que ele vai ser enforcado. Em semelhantes casos, podemos despertar completamente banhados de suor ou molhados de lágrimas.

## 88. NATUREZA DOS SONHOS

Seja qual for a extravagância das ideias que nos agitam às vezes enquanto dormimos, veremos, no entanto, ao examiná-las mais atentamente, que são apenas lembranças ou combinações de lembranças. Sou tentado a afirmar que os sonhos são apenas a memória dos sentidos.

Sua estranheza, portanto, consiste no fato de a associação dessas ideias ser insólita, porque desligada das leis da cronologia, das conveniências e do tempo; de modo que, em última análise, ninguém jamais sonhou com aquilo que lhe era antes inteiramente desconhecido.

Não nos espantaremos com a singularidade de nossos sonhos se refletirmos que, para o homem desperto, quatro poderes se vigiam e se retificam reciprocamente, a saber: a visão, a audição, o tato e a memória; ao passo que, naquele que dorme, cada sentido está entregue a seus próprios recursos.

Sou tentado a comparar esses dois estados do cérebro a um piano junto ao qual se sentaria um músico que, correndo os dedos distraidamente sobre as teclas, formaria por reminiscência alguma melodia, e que poderia enriquecê-la com uma harmonia completa caso utilizasse todas as suas capacidades. Essa comparação poderia ser levada bem mais longe, se acrescentarmos que a reflexão está para as ideias assim como a harmonia para os sons, e que certas ideias contêm outras, da mesma forma que um som principal contém os que lhe são secundários etc. etc.

## 89. SISTEMA DO DOUTOR GALL

Deixando-me conduzir docemente por um tema que não é sem encantos, eis-me nos confins do sistema do doutor Gall, que ensina e sustenta a multiformidade dos órgãos do cérebro.

Não deveria ir mais longe, nem transpor os limites que me fixei; no entanto, por amor à ciência (à qual se vê claramente que não sou alheio), não posso deixar de consignar aqui duas observações que fiz com cuidado, e que são tanto mais confiáveis por haver, entre os que me lerão, várias pessoas capazes de comprovar sua verdade.

PRIMEIRA OBSERVAÇÃO — Por volta de 1790, num vilarejo chamado Gevrin, distrito de Belley, vivia um comerciante extremamente esperto; chamava-se Landot e havia amealhado uma boa fortuna.

Um dia, teve uma paralisia súbita e todos o julgaram morto. A medicina veio em seu auxílio e ele se recuperou, mas não sem perdas, pois foi privado de quase todas as capacidades intelectuais, sobretudo a memória. Entretanto, como bem ou mal ainda se arrastava e havia recuperado o apetite, continuou a controlar seus negócios.

Quando o viram nesse estado, os que haviam negociado com ele acharam que chegara o momento da desforra; e, sob pretexto de lhe fazer companhia, vinham de todas as partes para propor negócios, compras, vendas, trocas, tudo o que até então fora o objeto de seu comércio habitual. Mas os aproveitadores se surpreenderam, e logo viram que as coisas não eram como esperavam.

A velha raposa nada perdera de suas capacidades comerciais, e o mesmo homem que às vezes não reconhecia seus empregados e inclusive esquecia o próprio nome, estava sempre a par dos preços de todas as mercadorias, bem como do valor de campos, vinhedos e bosques num raio de três léguas do vilarejo.

Sob esse aspecto, seu juízo permanecera intacto; e, como não suspeitavam disso, a maior parte dos que testaram o comerciante inválido acabou caindo nas próprias armadilhas preparadas para ele.

SEGUNDA OBSERVAÇÃO — Havia em Belley um certo sr. Chirol, que por muito tempo servira na guarda real, nos reinados de Luís XV e Luís XVI.

Sua inteligência estava à altura do serviço que havia prestado durante toda a vida; mas ele tinha um talento especial para os jogos de cartas, de modo que não apenas jogava bem todos os antigos, como o *ombre*, o *piquet*, o *whist*, como também, quando a moda introduzia um novo, conhecia todas as suas sutilezas já na terceira partida.

Ora, também esse sr. Chirol foi acometido de paralisia, e foi tão forte o ataque que caiu num estado de insensibilidade quase absoluta. No entanto, duas coisas foram poupadas, as faculdades digestivas e a capacidade de jogar.

Ele vinha diariamente à casa onde havia mais de vinte anos costumava jogar, sentava-se num canto e ali permanecia imóvel e sonolento, sem prestar atenção em nada do que se passava ao redor.

Quando chegava o momento de iniciar uma partida, propunham-lhe que participasse; ele sempre aceitava, arrastando-se até a mesa; e ali, todos podiam se convencer de que a doença que havia paralisado a maior parte de suas faculdades não prejudicara em nada seu talento no jogo. Pouco antes de sua morte, o sr. Chirol deu uma prova autêntica da integridade de sua existência como jogador.

Havia chegado a Belley um banqueiro de Paris que, se não me engano, chamava-se Delins. Trazia cartas de recomendação, era de fora, era parisiense, atributos mais do que suficientes numa cidadezinha para que procurassem fazer tudo o que lhe pudesse ser agradável.

O sr. Delins era gastrônomo e jogador de cartas. Quanto ao primeiro aspecto, deram-lhe ocupação suficiente mantendo-o diariamente à mesa por cinco ou seis horas; quanto ao segundo, ele era mais difícil de contentar: tinha um grande amor pelo *piquet*, e falava de jogar a seis francos a ficha, o que excedia em muito o cacife de nosso jogo mais caro.

Para superar esse obstáculo, foi feita uma sociedade, para a qual se contribuiu, ou não, conforme a natureza dos pressentimentos; uns dizendo que os parisienses são mais experientes nesse assunto que os provincianos; outros sustentando, ao contrário, que todos os habitantes dessa grande cidade têm sempre, em sua individualidade, alguns átomos de parvoíce. Seja como for, a sociedade se formou. E a quem foi confiada a tarefa de defender o fundo comum? Ao sr. Chirol.

Quando o sr. Delins viu aproximar-se aquela figura pálida, macilenta, arrastando-se de lado, que veio sentar-se defronte a ele, primeiro achou que se tratava de uma brincadeira; mas, quando viu o espectro pegar as cartas e embaralhá-las como profissional, começou a pensar que esse adversário talvez tivesse sido no passado um grande jogador.

Não precisou de muito tempo para se convencer de que ainda continuava sendo; pois não apenas nessa partida, como em várias outras que se sucederam, o sr. Delins foi batido, humilhado e depenado de tal maneira que, ao terminar o jogo, perdera mais de seiscentos francos, que foram cuidadosamente divididos entre os associados.

Antes de partir, o sr. Delins agradeceu a boa acolhida que recebera de todos nós; no entanto, queixava-se do estado caduco de seu oponente, e nos assegurava que jamais poderia se consolar de ter sido derrotado por um morto.

RESULTADO — A consequência dessas duas observações é fácil de deduzir: parece-me evidente que o ataque que afetou o cérebro das vítimas respeitou a porção desse órgão por muito tempo aplicada às combinações do comércio, num caso, e do jogo, no outro; e certamente essa porção de órgão resistira porque um exercício contínuo lhe havia dado mais vigor, ou ainda porque as mesmas impressões, longamente repetidas, haviam deixado ali traços mais profundos.

## 90. INFLUÊNCIA DA IDADE

A idade tem uma influência marcada sobre a natureza dos sonhos.

Na infância, sonhamos com brinquedos, jardins, flores, árvores e outras coisas alegres; depois, com prazeres, amores, combates, casamentos; mais tarde, com negócios, viagens, favores de príncipes ou de seus representantes; enfim, mais tarde ainda, com problemas, preocupações, dinheiro, prazeres de antigamente e amigos mortos há muito tempo.

## 91. FENÔMENOS DOS SONHOS

Certos fenômenos pouco comuns acompanham algumas vezes o sono e os sonhos; seu exame pode servir aos progressos da antroponomia [sic]; e por essa razão consigno aqui três observações colhidas entre as várias que, durante o curso de uma vida bastante longa, tive a ocasião de fazer sobre mim mesmo no silêncio da noite.

PRIMEIRA OBSERVAÇÃO — Sonhei certa noite que havia descoberto o segredo de me libertar da lei da gravidade, de maneira que, tendo meu corpo se tornado indiferente a subir ou a descer, podia fazer ambos os movimentos com igual facilidade e quando quisesse.

Esse estado me parecia delicioso, e é possível que muitas pessoas tenham sonhado algo semelhante; mas o que havia de especial é que me lembro de explicar a mim mesmo muito claramente (assim pensava, pelo menos) os meios que me haviam conduzido a tal resultado, e esses meios me pareciam tão simples que me surpreendia de não terem sido descobertos mais cedo.

Ao despertar, essa parte explicativa me escapou completamente, mas a conclusão permaneceu; e desde então me é impossível não estar convencido de que, cedo ou tarde, um gênio mais esclarecido fará essa descoberta, e, haja o que houver, conto com esse dia.

## 92. SEGUNDA OBSERVAÇÃO

Há poucos meses experimentei, enquanto dormia, uma sensação de prazer completamente extraordinária. Consistia numa espécie de frêmito maravilhoso de todas as partículas que compõem meu ser. Era como um formigamento cheio de delícias que, partindo da epiderme dos pés à cabeça, me agitava até a medula dos ossos. Eu parecia ver uma chama violeta brincando em volta de minha fronte.

"*Lambere flamma comas, et circum tempora pasci.*"*

Calculo que esse estado, que senti muito fisicamente, durou no mínimo uns trinta segundos, e despertei tomado de espanto, e não sem um pouco de pavor.

Essa sensação, que continua muito viva em minha lembrança, e algumas observações feitas sobre pessoas nervosas ou em êxtase, me levaram a pensar que os limites do prazer não são ainda conhecidos nem foram fixados, e que não sabemos até que ponto nosso corpo pode ser beatificado. Acredito que em alguns séculos a fisiologia será capaz de controlar essas sensações extraordinárias e produzi-las à vontade, tal como hoje se provoca o sono pelo ópio, e que assim nossos tataranetos terão compensações para as dores atrozes que às vezes padecemos.

A proposição que acabo de enunciar pode ser apoiada por uma analogia; já observei que o poder da harmonia, que provoca prazeres tão intensos, tão puros e tão avidamente buscados, era totalmente desconhecido dos romanos: essa descoberta foi feita há não mais de quinhentos anos.

* Virgílio, *Eneida*, II, v. 684: "... (e se viu) uma chama lamber seus cabelos e crescer em suas têmporas". (N. E.)

## 93. TERCEIRA OBSERVAÇÃO

No ano VIII (1800), tendo me deitado após um dia sem nada de especial, despertei por volta da uma da madrugada, tempo ordinário de meu primeiro sono; achei-me num estado de excitação cerebral completamente extraordinário; minhas concepções eram vivas, meus pensamentos profundos; a esfera de minha inteligência parecia aumentada. Eu havia me sentado e meus olhos percebiam apenas uma luz pálida, vaporosa, indeterminada, que de maneira nenhuma servia para distinguir os objetos.

A julgar pela quantidade de ideias que se sucederam rapidamente, poderia acreditar que essa situação durou várias horas; mas, de acordo com meu relógio, estou certo de que não ultrapassou meia hora. Fui retirado dela por um incidente exterior e alheio à minha vontade, que me chamou de volta às coisas terrenas.

No mesmo instante a sensação luminosa desapareceu e senti que meus poderes diminuíam; os limites de minha inteligência se contraíram; em suma, voltei a ser o que era na véspera. Mas como estava bem desperto, minha memória, embora com cores apagadas, reteve parte das ideias que atravessaram meu espírito.

As primeiras tiveram o tempo por objeto. Parecia-me que o passado, o presente e o futuro eram da mesma natureza e formavam um único ponto, de modo que devia ser tão fácil prever o futuro quanto lembrar-se do passado. Eis aí tudo o que restou dessa primeira intuição, em parte apagada pelas seguintes.

Minha atenção voltou-se depois para os sentidos; os classifiquei por ordem de perfeição, e, vindo a pensar que os sentidos deveriam ser tanto internos quanto externos, me ocupei em investigar os primeiros.

Já havia descoberto três, e quase quatro, quando voltei de novo à terra. Aqui estão eles:

1) A *compaixão*, que é uma sensação precordial que experimentamos ao ver sofrer nosso semelhante;

2) A *predileção*, que é um sentimento de preferência não apenas por um objeto, mas por tudo o que se relaciona a esse objeto, ou evoca sua lembrança;

3) A *simpatia*, que é também um sentimento de preferência que atrai dois objetos um para o outro.

Poder-se-ia pensar, à primeira vista, que os dois últimos sentimentos são uma coisa só; mas o que impede confundi-los é que a *predileção* nem sempre é recíproca, enquanto a *simpatia* necessariamente o é.

Enfim, ocupando-me da *compaixão*, fui levado a uma indução que me pareceu muito justa, e que não teria percebido noutro momento, a saber: que é da compaixão que deriva este belo teorema, primeiro fundamento de todas as legislações:

NÃO FAÇAS AOS OUTROS O QUE NÃO QUERES QUE TE FAÇAM.
*Do as you will done by.*
*Alteri ne facias quod tibi fieri non vis.*

Tal foi, afinal, a ideia que me restou do estado em que me encontrava e do que senti nessa ocasião, e de bom grado trocaria, se fosse possível, todo o tempo que me resta a viver por um mês de semelhante existência.

Os homens de letras me compreenderão mais facilmente que os outros; pois há poucos deles a quem não tenha ocorrido, certamente num grau muito inferior, algo de parecido.

Eles estão no leito, confortavelmente aquecidos, numa posição horizontal, e com a cabeça bem coberta; pensam no livro que estão escrevendo, a imaginação se aquece, ideias proliferam, expressões palpitam; e, como é preciso levantar-se para escrever, vestem-se, retiram o gorro noturno e sentam-se à escrivaninha.

Mas eis que de repente as coisas mudam; a imaginação esfria, o fio de ideias se rompe, as expressões se retraem; são obrigados a buscar com dificuldade o que haviam encontrado tão facilmente, e com frequência o trabalho tem que ser adiado para um momento mais propício.

Tudo isso se explica facilmente pelo efeito que a mudança de temperatura e de posição deve produzir sobre o cérebro; reencontramos aqui também a influência do físico sobre o moral.

Ao aprofundar essa observação, talvez tenha ido um pouco longe demais; mas, enfim, cheguei a pensar que a exaltação dos seguidores da religião de Maomé se devia em parte ao fato de terem sempre a cabeça coberta e aquecida, e que é para obter o efeito contrário que a legislação monástica impõe a obrigação de conservar essa parte do corpo descoberta e raspada.

# Meditação 20
## Da influência da dieta sobre o repouso, o sono e os sonhos

94. INTRODUÇÃO

Repousando, dormindo ou sonhando, o homem não cessa de estar sob a influência das leis da nutrição, e permanece no domínio da gastronomia.

A teoria e a experiência se unem para provar que a qualidade e a quantidade dos alimentos influem poderosamente sobre o trabalho, o repouso, o sono e os sonhos.

95. EFEITOS DA DIETA SOBRE O TRABALHO

O homem mal alimentado é incapaz de suportar por muito tempo as fadigas de um trabalho prolongado; seu corpo se cobre de suor; suas forças logo o abandonam; e para ele o repouso é apenas a impossibilidade de agir.

No caso do trabalho mental, as ideias carecem de vigor e de precisão; a reflexão se recusa a acompanhá-las, o juízo a analisá-las; o cérebro se esgota em esforços inúteis, e acaba-se dormindo no campo de batalha.

Sempre achei que as famosas ceias de Auteuil, bem como as das mansões de Rambouillet e de Soissons, fizeram um grande bem aos autores do tempo de Luís XIV; e o mordaz Geoffroy (se o fato foi verdadeiro) poderia ter alguma razão quando gracejava com os poetas do fim do século XVIII acerca da água açucarada, que ele dizia ser a bebida favorita deles.

Com base nesse princípios, examinei as obras de certos autores que se sabe terem sido pobres e enfermiços, e de fato não encontrei energia neles a não ser quando estimulados pelo sentimento habitual de seus males ou por uma inveja geralmente muito mal dissimulada.

Aquele, ao contrário, que se alimenta bem e que repara suas forças com prudência e discernimento, pode suportar uma quantidade de trabalho que nenhum outro ser animado aguentaria.

Na véspera de sua partida para Boulogne, o imperador Napoleão trabalhou durante mais de trinta horas seguidas, tanto com seu conselho de Estado como com diversos depositários de seu poder, tendo como alimentação apenas duas refeições muito curtas e algumas xícaras de café.

Brown menciona um funcionário do almirantado britânico que, tendo perdido por acidente documentos com os quais só ele podia trabalhar, empregou 52 horas consecutivas para refazê-los. Sem um regime apropriado, ele jamais teria podido suportar esse tremendo desgaste de energia; ele se manteve da seguinte maneira; primeiro água, depois alimentos leves, depois vinho, depois consomês, finalmente ópio.

Encontrei um dia um mensageiro que eu havia conhecido no exército, e que acabava de chegar da Espanha, aonde fora enviado com uma encomenda urgente pelo governo (*correo ganando horas*); havia feito a viagem em doze horas, ficando em Madri apenas quatro horas; alguns copos de vinho e umas tigelas de caldo de carne, foi tudo o que havia tomado nesse longo percurso de sacudidas e insônia; e ele dizia que alimentos mais sólidos infalivelmente o teriam impossibilitado de continuar a viagem.

## 96. EFEITOS DA DIETA SOBRE OS SONHOS

A influência da dieta não é menor sobre o sono e os sonhos.

Quem tem necessidade de comer não consegue dormir; o estômago vazio o mantém dolorosamente desperto, e, se a fraqueza e o esgotamento o forçam a dormir, o sono é leve, inquieto e entrecortado.

Ao contrário, quem ultrapassa em sua refeição os limites da discrição, esse cai imediatamente no sono absoluto: se tem sonhos, não conserva nenhuma lembrança, porque o fluido nervoso tomou todas as direções nos canais sensitivos. Pela mesma razão, seu despertar é brusco; retorna com dificuldade à vida social; e mesmo quando o sono se dissipa completamente, sente ainda por muito tempo as fadigas da digestão.

Pode-se estabelecer como regra geral que o café afasta o sono. O hábito diminui e faz inclusive desaparecer por completo esse inconveniente; mas ele infalivelmente ocorre a todos os europeus, quando bebem café pela primeira vez. Alguns alimentos, ao contrário, provocam suavemente o sono: são aqueles em que o leite predomina, as alfaces de um modo geral, a carne de galinha, a beldroega, a flor de laranjeira, e sobretudo a maçã raineta quando comida imediatamente antes de se deitar.

## 97. CONTINUAÇÃO

A experiência, baseada em milhões de observações, ensinou que a dieta determina os sonhos.

Em geral, todos os alimentos ligeiramente excitantes fazem sonhar: é o caso das carnes escuras, carne de pombo, de pato, de caça, sobretudo a lebre.

A mesma propriedade foi descoberta no aspargo, no aipo, nas trufas, nos confeitos perfumados, em particular a baunilha.

Seria um grande erro pensar que devem ser banidas de nossas mesas essas substâncias soníferas; pois os sonhos que resultam delas são em geral de natureza agradável, leves, e prolongam nossa existência, mesmo durante o tempo em que ela parece suspensa.

Há pessoas para quem o sono é uma vida à parte, uma espécie de romance prolongado, ou seja, os sonhos têm uma continuação, terminam numa segunda noite o que haviam começado na véspera, e elas veem, enquanto dormem, certas fisionomias que reconhecem como as tendo já visto, embora jamais encontradas no mundo real.

## 98. RESULTADO

O homem que refletiu sobre sua existência física, e que a conduziu de acordo com os princípios que desenvolvemos, esse prepara com sagacidade seu repouso, seu sono e seus sonhos.

Ele divide seu trabalho de maneira a jamais se exceder; torna-o mais leve variando-o com discernimento, e revigora suas capacidades mediante breves intervalos de repouso, que o aliviam sem interromper a continuidade, a qual é às vezes um dever.

Se, durante o dia, um repouso mais longo lhe é necessário, jamais se entrega a ele a não ser na posição sentada; recusa-se ao sono, a menos que seja irresistível, e evita sobretudo contrair o hábito de dormir.

Quando a noite traz a hora do repouso diário, ele se retira a um quarto arejado, sem cortinas, que lhe fariam respirar cem vezes o mesmo ar, e procura não fechar completamente os postigos das janelas, a fim de que, toda vez que seus olhos se entreabrirem, sejam consolados por um resto de luz.

Estende-se num leito levemente elevado na cabeceira: seu travesseiro é de crina, o gorro noturno feito de algodão; seu busto não deve ser oprimido pelo peso das cobertas, mas é importante que os pés estejam cobertos e aquecidos.

Ele comeu com discernimento, embora não se recusando à boa e à excelente comida; bebeu os melhores vinhos, e com precaução, mesmo os mais famosos. Durante a sobremesa, sua conversa foi mais galante que política, e ele fez mais madrigais que epigramas; tomou uma xícara de café, se sua constituição se presta a isso, e aceitou, um pouco mais tarde, um gole de excelente licor, apenas para perfumar a boca. Em tudo mostrou-se um comensal agradável, um gastrônomo distinto, ultrapassando apenas um pouco o limite da necessidade.

Nesse estado, ele se deita contente consigo e com os outros, seus olhos se fecham; atravessa o crepúsculo e, por algumas horas, cai num sono absoluto.

Em breve a natureza recolheu seu tributo; a assimilação compensa suas perdas. Então sonhos agradáveis vêm lhe dar uma existência misteriosa: ele vê as pessoas que ama, reencontra suas ocupações favoritas e se transporta aos lugares onde gosta de estar.

Sente enfim o sono dissipar-se gradativamente e retorna à sociedade sem lamentar o tempo perdido, porque, mesmo em seu sono, gozou de uma atividade sem fadiga e de um prazer sem impurezas.

# Meditação 21
*Da obesidade*

99. INTRODUÇÃO

Se eu tivesse sido médico diplomado, teria feito primeiro uma boa monografia sobre a obesidade; a seguir teria estabelecido meu império nesse recanto da ciência, com a dupla vantagem de ter por doentes as pessoas mais saudáveis e de ser diariamente procurado pela mais graciosa metade do gênero humano; pois ter uma justa opulência de carnes, nem demais, nem de menos, é para as mulheres o estudo de toda a sua vida.

O que não fiz, outro médico o fará; e se ele for ao mesmo tempo competente, discreto e simpático, predigo-lhe sucesso às maravilhas.

*Exoriare aliquis nostris ex ossibus haeres!**

Enquanto isso, vou abrindo o caminho; pois um artigo sobre a obesidade é essencial num livro que tem por objeto o homem enquanto ser que se alimenta.

Entendo por *obesidade* aquele estado de congestão gordurosa no qual, sem que o indivíduo esteja doente, os membros aumentam gradativamente de volume, perdendo sua forma e sua harmonia primitivas.

---

* Paródia de um verso da *Eneida*, de Virgílio, em que Dido exclama, ao morrer: "De meus ossos nascerá um vingador!". O autor substitui a última palavra por "herdeiro". (N. T.)

Há um tipo de obesidade que se limita ao ventre; jamais o observei nas mulheres: como geralmente elas têm a fibra mais mole, a obesidade, ao atacá-las, não poupa nada. Chamo essa variedade *gastroforia*, e *gastróforos* os afetados por ela. Eu mesmo me incluo entre estes; mas, embora portador de um ventre bastante proeminente, ainda tenho a parte inferior da perna estreita e o tendão destacado como um cavalo árabe.

Mesmo assim sempre considerei meu ventre como um inimigo temível; consegui vencê-lo e fixá-lo em proporção majestosa; mas para tanto foi preciso combatê-lo: é a essa luta de trinta anos que devo o que há de bom no presente ensaio.

Começarei citando alguns dos muitos diálogos que tive outrora com meus vizinhos de mesa, ameaçados ou afetados de obesidade.

O OBESO: Céus! Que pão delicioso! Onde o conseguiu?

EU: Na padaria do senhor Limet, na rua de Richelieu. Ele é o padeiro de Suas Altezas o duque de Orléans e o príncipe de Condé; o escolhi por ser meu vizinho, e continuo freguês porque o proclamei o melhor panificador do mundo.

O OBESO: Vou tomar nota; como muito pão, e com pãezinhos como esses não comeria outra coisa.

OUTRO OBESO: Mas o que está fazendo? Bebe o caldo da sopa e deixa esse belo arroz da Carolina?

EU: É um regime particular que me impus.

O OBESO: Mau regime! Acho o arroz delicioso, assim como as féculas, as massas e coisas desse tipo; nada alimenta melhor, nada é mais barato e mais fácil de digerir.

UM OBESO REFORÇADO: Faria a gentileza de me alcançar as batatas que estão na sua frente? Do jeito que vamos, receio não chegar a elas a tempo.

EU: Aqui estão elas a seu alcance, senhor.

O OBESO: Mas não vai se servir primeiro? Há o suficiente para nós dois; e depois de nós, o dilúvio.

EU: Não, obrigado; gosto de batata apenas como preservativo contra a fome; afora isso, não sei de nada mais eminentemente insípido.

O OBESO: Heresia gastronômica! Não há nada melhor que as batatas; como-as de todas as maneiras; e se elas aparecerem num segundo prato, seja *à la lyonnaise* ou com suflê, reivindico aqui a reserva de meus direitos.

UMA DAMA OBESA: Faria o obséquio de alcançar para mim o feijão de Soissons que vejo na ponta da mesa?

EU (*após ter executado a ordem, e cantando baixinho uma canção conhecida*):
Les Soissonnais sont heureux,
Les haricots sont chez eux...*

O OBESO: Não graceje; esse feijão é um verdadeiro tesouro para a região de Soissons. Paris paga somas consideráveis por ele. Peço-lhe também consideração pelas pequenas favas do pântano, chamadas *favas inglesas*; quando ainda verdes, são um manjar dos deuses.

EU: Anátema ao feijão! Anátema às favas do pântano!...

O OBESO (*com um ar decidido*): Pouco me importa seu anátema. Não acha que está querendo ser sozinho um concílio inteiro?

EU (*a uma outra*): Felicito-a por sua bela saúde, madame; parece-me que engordou um pouco desde a última vez que tive a honra de vê-la.

A OBESA: Isso se deve provavelmente a meu novo regime.

EU: Como assim?

A OBESA: Há algum tempo venho tomando uma sopa grossa no café da manhã, numa tigela que daria para dois. E que sopa! a colher ficaria de pé dentro dela.

EU (*a uma outra*): Madame, se seus olhos não me enganam, aceitaria um pedaço dessa torta de maçã? Permita-me que lha sirva.

A OBESA: Oh, senhor, meus olhos o enganam. Tenho aqui dois objetos de predileção, e ambos do gênero masculino: esse bolo de arroz com bordas douradas, e esse gigantesco pão de ló de Savoia; pois o senhor sabe que adoro massas açucaradas.

EU (*a uma outra*): Enquanto os outros conversam de política, a senhora não gostaria de provar dessa torta de amêndoas?

A OBESA: Com muito gosto: nada me agrada mais do que tortas. Temos um confeiteiro por locatário; e acho que minha filha e eu consumimos em doces o valor do aluguel que ele nos paga, e talvez até mais.

EU (*após observar a filha dela*): Esse regime lhe convém perfeitamente; sua filha é uma bela jovem, muito bem guarnecida.

---

* "Os soissoneses são felizes, há feijão na casa deles..." (N. T.)

A OBESA: E o senhor acredita que suas companheiras lhe dizem às vezes que ela é muito gorda?

EU: Deve ser por inveja...

A OBESA: Provavelmente. De qualquer forma, ela vai casar em breve, e o primeiro filho resolverá tudo isso.

Foi por meio de conversas como essas que elaborei uma teoria cujos elementos tomei fora da espécie humana, a saber: que a corpulência gordurosa tem sempre por causa principal uma dieta carregada de elementos feculentos e farináceos, e estou certo de que esse regime, no homem, é sempre acompanhado do mesmo efeito.

De fato, os animais carnívoros jamais engordam (vejam os lobos, os chacais, as aves de rapina, o corvo etc.).

Os herbívoros engordam pouco, ao menos enquanto a idade não os reduziu à inatividade; ao contrário, engordam rapidamente se passamos a alimentá-los com batatas, grãos e farinhas de toda espécie.

A obesidade jamais se verifica entre os selvagens e nas classes sociais em que se trabalha para comer, e nas quais só se come para sobreviver.

## 100. CAUSAS DA OBESIDADE

Com base nas observações precedentes, e cuja exatidão todos podem verificar, é fácil apontar as principais causas da obesidade.

A primeira é a disposição natural do indivíduo. Quase todos os homens nascem com certas predisposições, que se mostram em sua fisionomia. De cada cem pessoas que morrem de tuberculose, noventa têm os cabelos escuros, o rosto longo e o nariz pontudo. De cada cem obesos, noventa têm o rosto curto, os olhos e o nariz arredondados.

Assim há de fato pessoas predestinadas de certo modo à obesidade, e cujas capacidades digestivas, sem considerar outros fatores, elaboram uma quantidade maior de gordura.

Essa verdade física, da qual estou profundamente convencido, em certas ocasiões influencia de maneira incômoda meu modo de ver as coisas.

Quando nos deparamos em sociedade com uma garotinha bem esperta, bem rosada, com um nariz brejeiro, formas arredondadas, mãos gorduchinhas, pés curtos e rechonchudos, todos ficam encantados e a acham maravilhosa; enquanto eu, instruído pela experiência, lanço sobre ela olhares de dez anos à frente, e vejo os estragos que a obesidade terá causado em tão graciosos encantos, e sofro com males que ainda não existem. Essa compaixão antecipada é um sentimento penoso, e oferece uma prova, entre mil outras, de que o homem seria mais infeliz se fosse capaz de prever o futuro.

A segunda e principal causa da obesidade reside nas farinhas e féculas que o homem transformou em base da sua alimentação diária. Já dissemos que todos os animais que vivem dos farináceos acabam engordando, espontaneamente ou à força; o homem segue a lei comum.

A fécula produz mais rápida e mais seguramente seu efeito quando unida ao açúcar: tanto o açúcar como a gordura contêm hidrogênio como princípio comum; ambos são inflamáveis. Com esse amálgama, a fécula torna-se tanto mais ativa quanto mais agrada ao paladar, e porque as iguarias açucaradas geralmente se comem quando o apetite natural já está satisfeito, restando apenas aquele outro apetite de luxo provocado por tudo o que a arte culinária tem de mais refinado e tentador.

A fécula não produz menos gordura quando transportada nas bebidas, como a cerveja e outras do mesmo tipo. Os povos que as bebem habitualmente são também aqueles em que encontramos os ventres mais maravilhosos, e algumas famílias parisienses que, em 1817, passaram a beber cerveja por economia, porque o vinho estava muito caro, criaram algumas barrigas com as quais não sabem mais o que fazer.

101. CONTINUAÇÃO

Uma dupla causa de obesidade resulta do prolongamento do sono e da falta de exercício.

O corpo humano tem muitos ganhos durante o sono, e poucas perdas, já que a ação muscular está suspensa. Assim, seria preciso que o supérfluo adquirido fosse evaporado pelo exercício, mas, pelo fato de se dormir muito, diminui-se também o tempo em que se poderia agir.

Por consequência, os grandes dormidores fogem de tudo o que lhes apresenta a possibilidade de uma fadiga; o excedente da assimilação é assim levado pela corrente da circulação, carregando-se aí, por uma operação cujo segredo a natureza se reservou, de alguns centésimos a mais de hidrogênio; e a gordura logo se forma, sendo depositada pelo mesmo movimento nas cápsulas do tecido celular.

## 102. CONTINUAÇÃO

Uma última causa de obesidade consiste no excesso do comer e do beber.

Já disseram que um dos privilégios da espécie humana é comer sem ter fome e beber sem ter sede; de fato, os animais não podem ter esse privilégio, que nasce da reflexão sobre o prazer da mesa e do desejo de prolongar sua duração.

Essa dupla tendência foi verificada em todo lugar onde existem homens; e sabemos que os selvagens comem com excesso e se embriagam até o embrutecimento sempre que uma oportunidade se apresenta.

Quanto a nós, cidadãos dos dois mundos, que acreditamos viver no apogeu da civilização, é certo que comemos demais.

Não me refiro aos poucos que, por avareza ou incapacidade, vivem sozinhos e à parte: os primeiros, satisfeitos por perceberem que acumulam; os outros, gemendo por não poderem fazer melhor; mas digo isso referindo-me a todos aqueles que, circulando a nosso redor, são alternadamente anfitriões ou convidados, oferecem com polidez ou aceitam com complacência; todos aqueles que, já não tendo mais necessidade, comem uma iguaria porque ela é atraente, e bebem um vinho porque é estrangeiro; digo isso, quer frequentem diariamente salas de jantar refinadas, quer festejem apenas o domingo e às vezes a segunda-feira; na imensa maioria dos casos, todos bebem e comem demais, e grandes quantidades de alimentos são diariamente absorvidas sem necessidade.

Essa causa, quase sempre presente, age diferentemente conforme a constituição dos indivíduos; e, para os que têm um mau estômago, ela tem por efeito a indigestão, não a obesidade.

## 103. ANEDOTA

Testemunhamos com os próprios olhos um exemplo que a metade de Paris pôde conhecer.

O sr. Lang tinha uma das mais luxuosas casas dessa cidade; sua mesa, sobretudo, era excelente, mas infelizmente seu estômago não fazia jus à sua gastronomia. Ele fazia perfeitamente as honras da casa, mas era obrigado a comer com uma coragem digna de uma melhor sorte.

Tudo corria bem até depois do café; mas a seguir o estômago se recusava ao trabalho que lhe fora imposto, as dores começavam, e o infeliz gastrônomo tinha que se lançar num sofá, onde permanecia até o dia seguinte a expiar em longas angústias o curto prazer que desfrutara.

O mais notável é que ele jamais se corrigiu; enquanto viveu, submeteu-se a essa estranha alternativa, e os sofrimentos da véspera jamais influíram sobre a refeição do dia seguinte.

Nos indivíduos que têm o estômago ativo, o excesso de comida age como no artigo precedente. Tudo é digerido, e o que não é necessário para a reparação do corpo se fixa e se transforma em gordura.

Nos outros, há indigestão perpétua: os alimentos passam por eles sem beneficiá-los, e os que não conhecem a causa disso se espantam que tantas coisas boas não produzam melhor resultado.

Deve ficar bem claro que não esgoto minuciosamente o assunto; pois há uma série de causas secundárias que provêm de nossos hábitos, de nossas preocupações, de nossas manias, de nossos prazeres, que secundam e ativam aquelas que acabo de mencionar.

Lego tudo isso ao sucessor que plantei no começo deste capítulo, e me contento em prelibar, o que é um direito do primeiro a abordar qualquer matéria.

Há muito que a intemperança chamou a atenção dos observadores. Os filósofos enalteceram a temperança; os príncipes fizeram leis suntuárias, a religião moralizou a gastronomia. Tudo em vão: não se passou a comer menos, e a arte de comer em excesso torna-se a cada dia mais florescente.

Talvez eu tenha melhor sorte se tomar um novo caminho; vou expor os *inconvenientes físicos da obesidade*; o cuidado consigo mesmo (*self preservation*) talvez seja mais influente que a moral, mais persuasivo que os sermões, mais poderoso que as leis, e creio que o belo sexo está bastante disposto a abrir os olhos à luz.

104. INCONVENIENTES DA OBESIDADE

A obesidade tem uma influência desagradável sobre os dois sexos, na medida em que prejudica tanto a força como a beleza.

Prejudica a força porque, ao aumentar o peso da massa a mover, não aumenta a potência motora; prejudica-a igualmente ao dificultar a respiração, o que torna impossível qualquer trabalho que exija um emprego prolongado da força muscular.

A obesidade prejudica a beleza ao destruir a harmonia de proporção primitivamente estabelecida; porque nem todas as partes aumentam de volume de igual maneira.

Prejudica-a também ao preencher cavidades que a natureza havia destinado a fazer sombra: assim, nada é tão comum quanto encontrar fisionomias outrora muito atraentes que a obesidade tornou quase insignificantes.

O chefe do último governo não escapou a essa lei. Ele engordou muito em suas últimas campanhas; de pálido tornou-se esbranquiçado, e seus olhos perderam uma parte de sua altivez.

A obesidade traz consigo o desgosto pela dança, pela caminhada, pela equitação, ou a inaptidão para todas as ocupações ou divertimentos que exijam um pouco de agilidade ou destreza.

Também predispõe a diversas doenças, como a apoplexia, a hidropisia, as úlceras nas pernas, e torna todas as outras afecções mais difíceis de curar.

105. EXEMPLOS DE OBESIDADE

Entre os heróis corpulentos, só consigo lembrar de Mário, o general romano, e de João Sobieski.

Mário, que era baixo, tornou-se quase igual em largura e comprimento, e foi talvez essa enormidade que assustou o cimbro encarregado de matá-lo.

Quanto ao rei da Polônia, sua obesidade quase lhe foi funesta, pois, forçado a fugir ante um ataque da cavalaria turca, logo sentiu falta de ar, e certamente teria sido massacrado se alguns de seus auxiliares de campo não o tivessem amparado quase desmaiado sobre o cavalo, enquanto outros se sacrificavam generosamente para deter o inimigo.

Se não me engano, o duque de Vendôme, digno filho do grande Henrique IV, era também um homem de notável corpulência. Morreu numa estalagem abandonado por todos, e conservou suficiente consciência para ver o último de seus criados arrancar a almofada sobre a qual repousava no momento de dar o último suspiro.

Os relatos históricos estão cheios de exemplos de obesidade monstruosa; deixo-os de lado, para falar em poucas palavras daqueles que eu mesmo testemunhei.

O sr. Rameau, meu condiscípulo, prefeito de La Chaleur, na Borgonha, tinha apenas 1,67 metro de altura, e pesava 245 quilos.

O duque de Luynes, ao lado de quem várias vezes sentei, ficou enorme com o tempo; a gordura desorganizou sua bela figura, e ele passou os últimos anos de sua vida numa sonolência quase habitual.

Mas o que vi de mais extraordinário nesse gênero foi um habitante de Nova York, que muitos franceses ainda vivos em Paris podem ter visto na rua da Broadway, sentado numa enorme poltrona cujas pernas teriam podido suportar uma igreja.

Edward tinha 1,90 metro de altura; como a gordura o havia inflado em todos os sentidos, sua circunferência chegava a pelo menos 2,60 metros. Seus dedos eram como os daquele imperador romano a quem os colares de sua mulher serviam de anéis; seus braços e suas coxas eram tubulares, da grossura de um homem de estatura média, e ele tinha os pés como os de um elefante, semicobertos pelo aumento das pernas; o peso da gordura fizera repuxar e abrir a pálpebra inferior; mas o que o tornava horrendo de ver eram três queixos esferoides que lhe pendiam sobre o peito por mais de trinta centímetros, de modo que sua figura parecia ser o capitel de uma coluna torsa.

Nesse estado, Edward passava a vida sentado junto à janela de uma sala que dava para a rua, e bebendo de tempo em tempo um copo de cerveja, da qual se servia em um jarro de grande capacidade que estava sempre junto dele.

Uma figura tão extraordinária não podia deixar de deter os transeuntes; mas se ficassem ali muito tempo, Edward não tardava a colocá-los em fuga, dizendo-lhes com voz sepulcral: *"What have you to stare like wild cats!... Go your way you, lazy body... Be gone you good for nothing dogs..."* (Que estão olhando espantados como gatos selvagens?... Sigam seu caminho, preguiçosos. Fora daqui, cães de vagabundos!) e outras doçuras semelhantes.

Várias vezes o saudei por seu nome, e cheguei a conversar com ele; garantiu-me que não se entediava, que não era infeliz, e que, se a morte não viesse perturbá-lo, esperaria de bom grado o fim do mundo daquele jeito.

Do que precede, fica claro que a obesidade, se não é uma doença, é ao menos uma indisposição indesejável, na qual caímos quase sempre por culpa nossa.

Também fica claro que todos devem desejar evitá-la quando ainda não a contraíram, e sair dela quando a ela chegaram; e é em favor disso que vamos examinar quais os recursos que a ciência nos oferece, com o auxílio da observação.

# Meditação 22
## *Tratamento preservativo ou curativo da obesidade**

106. INTRODUÇÃO

Começo por um fato que mostra que é preciso coragem, seja para se preservar, seja para se curar da obesidade.

O sr. Louis Greffulhe, que Sua Majestade honrou mais tarde com o título de conde, veio me procurar certa manhã, e disse-me que soubera que me ocupava da obesidade, que estava muito preocupado com ela e vinha me pedir conselhos.

"Senhor", respondi-lhe, "não sendo médico qualificado, considero-me no direito de recusar seu pedido, mas poderei atendê-lo com uma condição: o senhor dará sua palavra de honra de que seguirá, durante um mês, com exatidão rigorosa, a regra de conduta que eu lhe impuser."

O sr. Greffulhe fez a promessa exigida, apertando-me a mão, e no dia seguinte lhe entreguei minha receita, cujo primeiro artigo era pesar-se no co-

---

* Há cerca de vinte anos escrevi um tratado *ex-professo* sobre a obesidade. Meus leitores devem sobretudo lamentar o prefácio, que tinha forma dramática: ali eu demonstrava a um médico que a febre é bem menos perigosa que um processo judicial; pois este último, após ter feito o queixoso correr, esperar, mentir, praguejar, após tê-lo privado indefinidamente de repouso, de alegria e de dinheiro, acabava ainda por fazê-lo adoecer e morrer de desgosto, verdade tão boa de propagar quanto qualquer outra.

meço e no final do tratamento, de modo a obter uma base matemática para verificar seu resultado.

Um mês depois o sr. Greffulhe voltou a me procurar, e me falou mais ou menos nos seguintes termos: "Senhor, segui suas prescrições como se minha vida dependesse delas, e constatei que em um mês meu peso diminuiu um quilo e meio, ou até um pouco mais. Mas, para chegar a esse resultado, fui obrigado a fazer tal violência a meus gostos, a meus hábitos, em suma, sofri tanto, que, mesmo agradecendo por seus bons conselhos, renuncio ao bem que pode provir deles, e me entrego no futuro ao que a Providência ordenar".

Após essa resolução, que não ouvi sem pesar, aconteceu o que era de se esperar: o sr. Greffulhe tornou-se cada vez mais gordo, teve de enfrentar os inconvenientes da extrema obesidade, e, com pouco mais de quarenta anos, morreu em consequência de uma doença respiratória.

## 107. GENERALIDADES

Toda cura da obesidade deve começar por estes três preceitos de teoria absoluta: discrição no comer, moderação no sono, exercícios a pé e a cavalo.

Esses são os primeiros recursos que a ciência nos oferece: no entanto, conto pouco com eles, porque conheço os homens e as coisas, e toda prescrição que não for executada ao pé da letra é incapaz de produzir efeito.

Ora, em primeiro lugar, é necessária muita força de vontade para sair da mesa ainda com apetite; enquanto essa necessidade persiste, um bocado atrai outro com uma atração irresistível, e em geral se come enquanto se tem fome, a despeito dos médicos, e mesmo a exemplo dos médicos.

Em segundo, propor aos obesos que levantem cedo é trespassar-lhes o coração; eles dirão que sua saúde se opõe a isso; que, quando levantam cedo, não fazem nada que preste o dia todo; as mulheres se queixarão de ficar com olheiras; todos consentirão em dormir tarde, mas se reservarão o direito de ficar na cama de manhã; e eis aí um recurso que escapa.

Em terceiro, andar a cavalo é um remédio caro, que não convém nem a todos os bolsos nem a todas as posições.

Proponha-se a uma graciosa obesa que monte a cavalo, ela consentirá alegre, mas com três condições: a primeira, que terá um cavalo ao mesmo tempo elegante, ágil e manso; a segunda, que terá uma roupa de amazona leve e ao gosto da última moda; a terceira, que terá um acompanhante complacente e simpático. É raro que todas essas condições se cumpram, e sendo assim, adeus, equitação.

O exercício a pé dá ensejo a outras objeções: é fatigante demais, faz transpirar e expõe ao risco de um resfriado; a poeira suja as meias, as pedras furam a sola dos sapatos, não há meio de persistir. Enfim, se durante essas diversas tentativas sobrevém a mais leve dor de cabeça, ou se um espinho do tamanho de um alfinete machuca a pele, isso é posto na conta do regime, que é abandonado, para desespero do doutor.

Assim, permanecendo válido que toda pessoa que deseja diminuir seu peso deve comer moderadamente, dormir pouco e fazer o máximo de exercício possível, é preciso, no entanto, buscar um outro caminho para chegar ao objetivo. Ora, há um método infalível para impedir que a corpulência se torne excessiva, ou para diminuí-la quando chegou a esse ponto. Esse método, fundamentado em tudo o que a física e a química têm de mais certo, consiste num regime dietético apropriado ao efeito que se quer obter.

De todas as prescrições médicas, o regime é a primeira, porque atua permanentemente, de dia, de noite, durante a vigília, durante o sono; seu efeito é reforçado a cada refeição e ele acaba por subjugar todas as partes do indivíduo. Ora, um regime antiobêsico deve ser indicado em função da causa mais comum e mais ativa da obesidade; e uma vez demonstrado que é à força de farinhas e féculas que as congestões gordurosas se formam, tanto no homem como nos animais; uma vez que, em relação a estes últimos, esse efeito se produz diariamente sob nossos olhos, dando ocasião ao comércio de animais engordados, pode-se concluir, como consequência exata, que uma abstinência mais ou menos rígida de tudo o que é farinhoso ou feculento leva a uma diminuição da gordura.

"Ó meu Deus!", irão exclamar vocês, leitores e leitoras, "ó meu Deus! mas vejam como o professor é bárbaro! Sumariamente proscreve tudo o que amamos, os pães brancos de Limet, os pães de ló de Achard, os biscoitos de..., e tantas coisas gostosas feitas com farinha e manteiga, com farinha e açúcar, com farinha, açúcar e ovos! Ele não perdoa nem as batatas, nem os macarrões! Isto é o que se deveria esperar de um gastrônomo que parecia tão bom?"

"Mas o que ouço aí?", respondo, assumindo uma feição severa que só me ocorre uma vez por ano. "Pois bem! então comam, engordem; fiquem feios, pesados, asmáticos, e morram de doenças do estômago; estarei lá para tomar notas, e vocês vão figurar em minha segunda edição... O quê! uma única frase os venceu? Estão com medo e imploram para suspender o raio?... Acalmem-se; vou traçar o regime de vocês, e provar que ainda terão algumas delícias nessa terra em que se vive para comer.

"Vocês gostam de pão: pois bem! comerão pão de centeio; o estimável Cadet de Vaux há muito preconizou suas virtudes; ele é menos nutritivo, e sobretudo menos agradável: o que torna o preceito mais fácil de cumprir. Pois, para se ter autodomínio, convém sobretudo evitar a tentação. Guardem bem isso: é um conselho moral.

"Vocês gostam de sopa; tomem-na *à la julienne*, com verduras, repolho, raízes; mas proíbo-lhes sopas engrossadas com massas e pão.

"No primeiro serviço, terão a liberdade de comer o que quiserem, quase sem exceções, como o arroz com galinha e os empadões. Comam bem, mas com circunspecção, para não precisarem satisfazer mais tarde uma necessidade que não existirá mais.

"Quando for a vez do segundo serviço, terão necessidade de filosofia. Evitem os farináceos, seja sob que forma se apresentem; ainda lhes restam o assado, a salada, os legumes; e, se não puderem passar sem algum prato açucarado, prefiram o creme de chocolate e as geleias de laranja e outras semelhantes.

"Eis a sobremesa. Novo perigo: mas, se até então se conduziram bem, a sabedoria de vocês será cada vez maior. Desconfiem dos acepipes (geralmente são brioches mais ou menos enfeitados); desviem os olhos das tortas e bolos de amêndoa; ainda lhes restam frutas de vários tipos, doces em calda e muitas outras coisas que saberão escolher se adotarem meus princípios.

"Após o jantar, ordeno-lhes o café, permito-lhes o licor, e aconselho o chá e o ponche na ocasião.

"No desjejum, pão de centeio, como sempre, e chocolate em vez de café. Contudo, permito o café com pouco leite; nada de ovos, e o resto à vontade. Mas os obesos não costumam fazer o desjejum de manhã cedo. E, quando ele é feito tarde, o almoço vem antes de se completar a digestão; no entanto, se come; e essa comezaina sem apetite é uma causa muito ativa de obesidade, porque ocorre com frequência."

## 108. CONTINUAÇÃO DO REGIME

Até aqui tracei, como pai terno e um pouco complacente, os limites de um regime que afasta a obesidade que os ameaça: acrescentemos agora alguns preceitos contra a que já afetou alguns de vocês.

Bebam, durante o verão, trinta garrafas de água de Seltz, um grande copo ao despertar, dois antes do desjejum, e mais dois antes de dormir. Prefiram em geral vinhos brancos, leves e acidulados, como os de Anjou. Fujam da cerveja como da peste. Comam com frequência rabanetes, alcachofras, aspargos, aipos. Entre as carnes, prefiram a de vitela e aves domésticas; do pão, comam apenas a casca; nos casos duvidosos, deixem-se guiar por um doutor que adota meus princípios; e, seja qual for a idade em que começarem a segui-los, logo se sentirão renovados, bonitos, ágeis, bem de saúde e dispostos a tudo.

Após tê-los assim orientado, devo também mostrar alguns perigos, para que, levados por um zelo obesífugo, não queiram ir além do objetivo.

O perigo que quero assinalar é o uso habitual dos ácidos, aconselhados às vezes por alguns ignorantes, e cujos maus efeitos a experiência sempre demonstrou.

## 109. PERIGO DOS ÁCIDOS

Circula entre as mulheres uma doutrina funesta que faz perecer a cada ano muitas pessoas jovens, a saber: que os ácidos, e sobretudo o vinagre, são preservativos contra a obesidade.

Certamente o uso contínuo dos ácidos faz emagrecer, mas destruindo o frescor, a saúde e a vida; e, embora a limonada seja o mais suave desses ácidos, há poucos estômagos que resistem por muito tempo a ela.

A verdade que acabo de enunciar é por demais conhecida; poucos de meus leitores não terão alguma observação para comprová-la, e dentre elas prefiro a seguinte, que de certo modo me é pessoal.

Em 1776, eu morava em Dijon; lá fazia um curso de direito na faculdade, um curso de química com o sr. Guyton de Morveau, então advogado geral, e um curso de medicina doméstica com o sr. Maret, secretário perpétuo da Academia e pai do duque de Bassano.

Tinha amizade por uma das mais simpáticas garotas que me lembro de ter conhecido. Digo *amizade*, o que é rigorosamente verdadeiro e ao mesmo tempo bastante surpreendente, pois na época eu estava interessado em afinidades bem mais exigentes.

Essa amizade, que deve ser tomada pelo que foi e não pelo que poderia ter sido, tinha por característica uma familiaridade que se convertera, desde o primeiro dia, numa confiança que nos parecia perfeitamente natural, e cochichos sem ter fim, com os quais a mãe dela não se alarmava, porque tinham uma inocência digna das primeiras idades.

Luísa era muito graciosa, e acima de tudo possuía, em justa proporção, aquela clássica opulência de carnes que faz o encanto dos olhos e a glória das artes imitativas.

Embora eu fosse apenas seu amigo, estava longe de ser cego aos atrativos que ela deixava ver ou suspeitar, e que talvez reforçavam, sem que me desse conta disso, o casto sentimento que me ligava a ela. Seja como for, uma noite observei Luísa com mais atenção que de costume: "Querida amiga", disse-lhe, "você está doente; parece-me que emagreceu". "Oh! não", ela me respondeu com um sorriso que tinha algo de melancólico, "me sinto bem; e, se estou mais magra, posso muito bem perder uns quilos sem empobrecer." "Perder!", repliquei-lhe com ardor; "você não tem necessidade de perder nem de adquirir; permaneça como está, admiravelmente encantadora", e outras frases semelhantes que um amigo de vinte anos sempre tem prontas.

Depois dessa conversa, passei a observar essa jovem com um interesse mesclado de inquietude, e logo vi sua tez empalidecer, suas bochechas se escavarem, seus encantos perderem o viço... Oh! como a beleza é frágil e fugaz! Enfim, encontrei-a no baile, aonde ainda ia como de costume; fiz que repousasse entre duas contradanças e, aproveitando a ocasião, obtive dela a confissão de que, cansada dos gracejos de algumas amigas que lhe diziam que em dois anos estaria tão gorda como *são Cristóvão*, e ajudada pelos conselhos de outras, resolvera tentar emagrecer, e para tanto bebera durante um mês um copo de vinagre toda manhã; acrescentou que até então não tinha revelado a ninguém essa tentativa.

Estremeci ante essa confissão; percebi toda a extensão do perigo e, no dia seguinte, informei a mãe de Luísa, que não ficou menos alarmada que eu, pois ela adorava sua filha. Sem perda de tempo, consultaram-se médicos, prescreveram-se medicamentos. Esforços inúteis: as fontes da vida estavam irremediavelmente atingidas; no momento em que se começou a suspeitar do perigo, já não havia mais esperança.

Assim, por ter seguido conselhos imprudentes, a adorável Luísa, reduzida ao estado terrível que acompanha a apatia, adormeceu para sempre, com apenas dezoito anos de idade.

Extinguiu-se lançando olhares desesperados a um futuro que, para ela, jamais existiria; e a ideia de ter atentado contra a própria vida, ainda que involuntariamente, apressou seu fim e o tornou mais doloroso.

Foi a primeira pessoa que vi morrer, pois ela deu seu último suspiro em meus braços, no momento em que, seguindo seu desejo, a levantava para ver o dia. Cerca de oito horas após sua morte, sua desolada mãe me pediu que a acompanhasse numa última visita ao que restava da filha; e observamos, com surpresa, que sua face havia adquirido algo de radioso e de extático que não havia antes. Fiquei espantado: a mãe viu nisso um augúrio consolador. Mas o caso não é raro. Lavater o menciona em seu *Tratado da fisionomia*.

### 110. CINTURÃO ANTIOBÊSICO

Todo regime antiobêsico deve ser acompanhado de uma precaução que eu havia esquecido, e pela qual deveria ter começado: consiste em usar, noite e dia, um cinturão que contém o ventre, comprimindo-o moderadamente.

Para avaliar bem essa necessidade, cumpre considerar que a coluna vertebral, que forma uma das paredes da caixa intestinal, é firme e inflexível; com isso, todo o excesso de peso que os intestinos adquirem, no momento em que a obesidade os faz desviar da linha vertical, se apoia nos diversos invólucros que compõem a pele do ventre, e estes, podendo se distender quase indefinidamente,* não teriam energia suficiente para se retrair quando o esforço diminui, se não lhes déssemos uma ajuda mecânica que, tendo como ponto de apoio a pró-

---

* Mirabeau dizia de um homem excessivamente barrigudo que Deus o havia criado para mostrar até que ponto a pele humana era capaz de se esticar sem romper.

pria coluna dorsal, funciona como antagonista e restabelece o equilíbrio. Assim, o cinturão tem o duplo efeito de impedir o ventre de ceder ulteriormente ao peso atual dos intestinos, e de lhe dar a força necessária para se contrair quando esse peso diminui. Não se deve jamais deixar de usá-lo; caso contrário, o bem produzido de dia seria desfeito à noite; embora um pouco incômodo, rapidamente nos acostumamos a ele.

O cinturão, que serve também de monitor para indicar que se está suficientemente alimentado, requer alguns cuidados; sua pressão deve ser moderada e sempre a mesma, ou seja, deve se comprimir à medida que a barriga diminui.

O paciente não está condenado a usá-lo para o resto da vida; pode-se abandoná-lo sem problemas quando se chegou ao peso desejado e este permanece estacionário por algumas semanas. Claro que uma dieta adequada deve ser observada. Há seis anos, pelo menos, não uso mais cinturão.

111. QUINQUINA

Há uma substância que penso ser muito ativa contra a obesidade; várias observações me fizeram pensar assim; no entanto, ainda permito que haja dúvidas, e convoco os médicos a testarem.

Essa substância é a quinquina.

Dez ou doze pessoas de meu conhecimento tiveram longas febres intermitentes; alguns se curaram com remédios e chás caseiros; outros, com o uso contínuo da quinquina, que jamais deixa de produzir efeito.

Todos os indivíduos da primeira categoria, que eram obesos, retomaram sua antiga corpulência; todos os da segunda ficaram livres do excesso de peso; o que me leva a pensar que foi a quinquina que produziu esse último efeito, pois não houve diferença entre eles senão quanto à forma de tratamento.

A teoria racional não se opõe a essa consequência; pois, por um lado, ao elevar todas as forças vitais, a quinquina pode perfeitamente proporcionar à circulação uma atividade que perturbe e dissipe os gases destinados a se tornarem gordura; por outro, está provado que a quinquina contém uma quantidade de tanino capaz de fechar as cápsulas destinadas normalmente a receber as congestões gordurosas. É mesmo provável que esses dois efeitos cooperem e se reforcem mutuamente.

É com base nesses dados, disponíveis à apreciação do leitor, que julgo poder aconselhar o uso da quinquina a todos os que desejarem livrar-se de um excesso de peso que se tornou incômodo. Assim, *dummodo annuerint in omni medicationis genere doctissimi facultatis professores*,* penso que, após o primeiro mês de um regime apropriado, aquele ou aquela que desejar ficar menos gordo fará bem em tomar, durante um mês, a cada dois dias, às sete da manhã ou duas horas antes do desjejum, um copo de vinho branco seco, no qual se dissolverá uma colherada, das de café, da boa quinquina vermelha, e certamente haverá bons resultados.

Tais são os meios que proponho para combater um problema tão incômodo quanto comum. Adaptei-os à fraqueza humana, modificada pelo estado de sociedade em que vivemos.

Para tanto me baseei numa verdade experimental, segundo a qual um regime, quanto mais rigoroso, tanto menos efeito produz, ou porque o seguem mal, ou porque não o seguem em absoluto.

Os grandes esforços são raros, e, se quisermos ser seguidos, devemos propor aos homens o que lhes é fácil, e até mesmo, quando possível, o que lhes é agradável.

---

* Contanto que o aprovem os professores da faculdade, doutíssimos em toda espécie de medicação. (N. T.)

# Meditação 23
*Da magreza*

112. DEFINIÇÃO

A magreza é o estado de um indivíduo cuja carne muscular, não sendo forrada pela gordura, deixa perceber as formas e os ângulos da estrutura óssea.

ESPÉCIES — Há dois tipos de magreza: a primeira, sendo o resultado da disposição primitiva do corpo, é acompanhada da saúde e do exercício completo de todas as funções orgânicas; a segunda, tendo por causa a fraqueza de certos órgãos ou a ação defeituosa de alguns outros, faz com que aquele afetado por ela tenha uma aparência miserável e doentia. Conheci uma mulher jovem de estatura média que pesava pouco mais de trinta quilos.

113. EFEITOS DA MAGREZA

A magreza não é uma grande desvantagem para os homens; eles continuam tendo vigor e são muito mais ágeis. O pai da jovem que acabo de mencionar, embora tão magro quanto ela, era suficientemente forte para erguer com os dentes uma pesada cadeira e lançá-la para trás, fazendo-a passar por cima da cabeça.

Mas ela é um terrível infortúnio para as mulheres, pois para elas a beleza é mais do que vida, e a beleza consiste sobretudo na redondez das formas e na curvatura graciosa das linhas. A roupa mais sofisticada, a costureira mais sublime são incapazes de encobrir certas ausências, ou de dissimular certos ângulos; e diz-se com frequência que uma mulher magra, por mais bela que pareça, perde algo de seus encantos a cada alfinete que tira.

Para as doentias não há remédio, ou melhor, é preciso que a medicina se ocupe delas, e o tratamento poderá ser tão longo quanto demorada será a cura.

Mas, para as mulheres que nasceram magras e não obstante têm o estômago bom, não vemos por que seriam mais difíceis de engordar que as galinhas; e se isso requer mais tempo, é que as mulheres têm o estômago comparativamente menor, e não podem ser submetidas, como essas devotadas aves, a um regime rigoroso e minuciosamente executado.

Essa comparação foi a mais suave que pude encontrar; eu precisava de uma, e estou certo de que as damas a perdoarão, tendo em vista as louváveis intenções com que este capítulo é redigido.

### 114. PREDESTINAÇÃO NATURAL

A natureza, variada em suas obras, tem moldes tanto para a magreza quanto para a obesidade.

As pessoas destinadas a serem magras são construídas num sistema alongado. Têm as mãos e os pés miúdos, as pernas delgadas, a região do cóccix pouco guarnecida, as costelas aparentes, o nariz aquilino, os olhos em forma de amêndoa, a boca grande, o queixo pontudo e os cabelos castanhos.

Esse é o tipo geral: algumas partes do corpo podem variar, mas isso ocorre raramente.

Às vezes vemos pessoas magras que comem muito. Todas as que pude interrogar me confessaram que digeriam mal, que..., e eis por que continuam no mesmo estado.

Os doentios variam desde os cabelos até as formas. Distinguimo-los pelo fato de nada terem de notável, nem nos traços nem no comportamento; por terem os olhos mortos, os lábios pálidos, e por todas as características indicarem a falta de energia, a fraqueza, e algo que se assemelha ao sofrimento. Quase se poderia dizer que dão a impressão de não terem sido terminados, ou que neles a chama da vida ainda não se acendeu completamente.

### 115. REGIME DE ENGORDA

Toda mulher magra deseja engordar: é um desejo que recolhemos mil vezes; é portanto para prestar uma última homenagem a esse sexo todo-poderoso que vamos buscar substituir por formas reais esses atrativos de seda ou de algodão que vemos expostos em profusão nos magazines da moda, para grande escândalo dos severos, que passam espavoridos e se desviam dessas quimeras com tanto e maior cuidado como se a realidade se apresentasse a seus olhos.

Todo o segredo para engordar consiste num regime adequado: basta comer e escolher bem os alimentos.

Com esse regime, as prescrições positivas quanto ao repouso e ao sono tornam-se quase desnecessárias, chegando-se de um modo ou de outro ao objetivo proposto. Pois, se você não fizer exercício, tenderá a engordar; se o fizer, engordará também, pois comerá mais; e, quando o apetite é convenientemente satisfeito, não apenas se reparam as perdas, mas também se tem apetite quando há necessidade de tê-lo.

Se você dorme muito, o sono fará engordar; se dorme pouco, sua digestão será mais rápida e você comerá mais.

Portanto, trata-se apenas de indicar a maneira como devem se alimentar os que desejam arredondar suas formas; e essa tarefa não pode ser difícil, depois dos diversos princípios que já estabelecemos.

Para resolver o problema, cumpre apresentar ao estômago alimentos que o ocupem sem fatigá-lo, e aos poderes assimilativos materiais que eles possam transformar em gordura.

Procuremos traçar a jornada de um silfo ou de uma sílfide que tem vontade de se materializar.

Regra geral: comer muito pão fresco, feito no dia, sem desprezar o miolo. Antes das oito da manhã, e na cama, se for o caso, tomar uma sopa engrossada com pão ou macarrão miúdo, não em quantidade demasiada, a fim de que seja digerida rapidamente; ou, se quiserem, uma xícara de bom chocolate.

Às onze horas, fazer um almoço com ovos frescos, mexidos ou estalados, empadas, costeletas e o que se preferir: o essencial é que haja ovos. A xícara de café não prejudica.

A hora do jantar será regulada de maneira que a refeição anterior esteja digerida no momento em que se vai para a mesa; pois estamos acostumados a dizer que, quando a ingestão de uma refeição invade a digestão da precedente, há problemas.

Após o almoço convém fazer um pouco de exercício: os homens, apenas se sua ocupação o permitir, pois acima de tudo o dever; as damas irão ao bosque de Boulogne, às Tulherias, à sua costureira, ao seu comerciante de modas, aos magazines de novidades e à casa das amigas, para falar do que tiverem visto. Temos certeza de que tal conversa é eminentemente medicamentosa, pelo grande contentamento que a acompanha.

No jantar, sopa, carne e peixe à vontade, acompanhados de arroz, macarrão, tortinhas doces, cremes, bolo de amêndoas etc.

Como sobremesa, pães de ló de Savoia, pudins e outras iguarias contendo fécula, ovos e açúcar.

Esse regime, embora aparentemente circunscrito, é, no entanto, suscetível de grande variedade; ele admite todo o reino animal; e deve-se ter o cuidado de mudar a natureza, o preparo e o condimento dos diversos pratos farinhosos que forem servidos, para torná-los apetitosos e evitar o tédio, que oporia um obstáculo invencível a todo melhoramento ulterior.

Beber cerveja preferencialmente, ou então vinhos de Bordeaux ou do Sul da França.

Evitar os ácidos, com exceção da salada, que é boa para o coração. Comer com açúcar as frutas que podem ser comidas assim. Convém não tomar banhos muito frios e procurar respirar de tempo em tempo o ar puro do campo; comer muita uva na estação. No baile, não se extenuar à força de dançar.

Procurar deitar por volta das onze da noite nos dias comuns, e não mais tarde que uma da madrugada nos *extras*.

Seguindo esse regime com exatidão e coragem, em breve terão sido reparadas as distrações da natureza; haverá ganhos na saúde e na beleza; o prazer virá tanto de uma como da outra, e sinais de reconhecimento ressoarão agradavelmente nos ouvidos do professor.

Engordamos os carneiros, os bezerros, os bois, as galinhas, as lagostas, as ostras; donde deduzo esta máxima geral: "Tudo o que come é capaz de engordar, contanto que os alimentos sejam cuidadosa e convenientemente escolhidos".

# Meditação 24
*Do jejum*

### 116. DEFINIÇÃO

O jejum é uma abstinência voluntária de alimentos, tendo em vista um objetivo moral ou religioso.

Embora o jejum seja contrário a uma de nossas inclinações, ou melhor, a uma de nossas necessidades mais habituais, é não obstante um costume da mais alta antiguidade.

ORIGEM DO JEJUM — Eis como os autores explicam seu estabelecimento.

Nas aflições particulares, dizem, quando um pai, uma mãe, um filho querido vinha a morrer numa família, toda a casa ficava de luto: choravam-no, lavavam-lhe o corpo, embalsamavam-no, faziam-lhe o funeral conforme sua posição social. Nessas ocasiões, quase ninguém pensava em comer: jejuava-se espontaneamente.

Do mesmo modo, nas calamidades públicas, por ocasião de uma seca extraordinária, de chuvas excessivas, de guerras cruéis, de doenças contagiosas, em suma, desses flagelos contra os quais a força e a indústria são impotentes, todos se abandonavam às lágrimas, atribuíam essas calamidades à cólera dos deuses; sendo assim, humilhavam-se diante deles, oferecendo-lhes as mortificações da abstinência. Como as infelicidades cessassem, convenciam-se de que deviam atribuir a causa disso às lágrimas e ao jejum, e continuavam a recorrer a eles em conjunturas semelhantes.

Deste modo, os homens afligidos por calamidades públicas ou particulares entregaram-se à tristeza e negligenciaram a alimentação; depois, passaram a ver essa abstinência voluntária como um ato de religião.

Acreditaram que, macerando o corpo quando sua alma estava desolada, podiam despertar a misericórdia dos deuses; e essa ideia, ocorrendo em todos os povos, lhes inspirou o luto, os votos, as preces, os sacrifícios, as mortificações e a abstinência.

Enfim, Jesus Cristo santificou o jejum quando veio à terra, e todas as seitas cristãs o adotaram com mortificações em maior ou menor grau.

## 117. COMO SE JEJUAVA

Essa prática do jejum, sou forçado a dizê-lo, caiu singularmente em desuso; e, seja para a edificação dos descrentes, seja para sua conversão, comprazo-me em contar como fazíamos por volta da metade do século XVIII.

Em tempos ordinários, fazíamos o desjejum antes das nove da manhã com pão, queijo, frutas, às vezes patê e carne fria.

Entre meio-dia e uma hora, almoçávamos, como de costume, sopa e carne cozida, mais ou menos bem acompanhadas conforme as fortunas e as circunstâncias.

Por volta das quatro da tarde era hora da merenda: tratava-se de uma refeição leve, especialmente destinada às crianças e aos que faziam questão de seguir os costumes dos tempos antigos.

Mas havia merendas semelhantes a ceias, que começavam às cinco e duravam indefinidamente; essas refeições eram em geral muito alegres, e ajustavam-se perfeitamente às damas, que às vezes as faziam entre si, excluindo os homens. Descubro em minhas memórias secretas que havia muita maledicência e mexericos nesses encontros.

Por volta das oito da noite, jantava-se com entrada, prato principal (assado), acompanhamentos, salada e sobremesa: conversava-se, jogava-se uma partida de cartas e ia-se dormir.

Em Paris houve sempre ceias de uma ordem superior, que começavam após o espetáculo de teatro. Delas participavam, conforme as circunstâncias, belas mulheres, atrizes da moda, cortesãs elegantes, nobres, financistas, libertinos e homens de espírito.

Nesses encontros, contava-se a aventura do dia, cantava-se uma nova canção; falava-se de política, de literatura, de teatro; e o amor era o assunto principal.

Vejamos agora o que se fazia nos dias de jejum.

Não se comia carne, não se fazia o desjejum, e por isso mesmo tinha-se mais apetite do que normalmente.

Na hora do almoço, comia-se o que era permitido; mas o peixe e os legumes são logo digeridos; antes das cinco já se estava morrendo de fome; olhava-se o relógio, esperava-se, com a impaciência de quem espera a salvação.

Por volta das oito, em vez de uma boa ceia, era servida a colação, palavra originada do claustro, porque, no fim do dia, os monges se reuniam para ler e discutir os Padres da Igreja, e depois podiam tomar um copo de vinho.

Na colação, nem manteiga, nem ovos, nem nada que tivesse tido vida animal podia ser servido. Era preciso portanto contentar-se com saladas, doces em compota, frutas, alimentos bem pouco consistentes para o apetite que se tinha na ocasião; mas, por amor ao céu, as pessoas se resignavam, iam dormir, e, durante a quaresma, tudo recomeçava no dia seguinte.

Quanto aos que faziam as merendas que mencionei, asseguraram-me que jamais jejuavam, mesmo na quaresma.

A obra-prima da culinária daqueles tempos antigos era uma colação rigorosamente apostólica mas que tinha a aparência de uma boa ceia.

A ciência havia conseguido resolver esse problema por meio da tolerância ao peixe *au bleu*, ao *coulis* de raízes e à *pâtisserie* preparada com óleo.

A observância exata da quaresma proporcionava um prazer que nos é desconhecido, o de *desforrar-se* no desjejum do domingo da Páscoa.

Se examinarmos mais atentamente, os elementos de nossos prazeres são a dificuldade, a privação, o desejo de gozo. Tudo isso se completava no ato de romper a abstinência. Vi dois de meus tios-avós, homens graves e comedidos, doidos de alegria ao verem, num domingo de Páscoa, ser cortado um presunto ou aberto um patê. Hoje, raça degenerada que somos, não suportaríamos tão poderosas sensações!

## 118. ORIGEM DO RELAXAMENTO

Eu próprio vi nascer o relaxamento do jejum, que se insinuou por nuances insensíveis.

Os jovens até uma certa idade não eram obrigados ao jejum; e as mulheres grávidas, ou supostamente grávidas, também estavam isentas por sua situação; podiam comer carnes e fazer uma ceia que tentava violentamente os jejuadores.

Depois as pessoas começaram a perceber que o jejum as irritava, causava-lhes dor de cabeça, as impedia de dormir. Puseram na conta do jejum todos as pequenas enfermidades que acometem o homem na época da primavera, como as erupções vernais, tonturas, sangramentos de nariz e outros sintomas de efervescência que indicam a renovação da natureza. De modo que um não jejuava porque se julgava enfermo, outro porque havia ficado, um terceiro porque temia ficar; com isso, a abstinência e as colações se tornavam cada vez mais raras.

E não é tudo: havia invernos suficientemente rigorosos para fazer escassear a provisão de raízes; e a própria autoridade eclesiástica abrandou oficialmente seu rigor, ao mesmo tempo em que os empregadores se queixavam do aumento de despesas resultante do regime de abstinência de carne, alguns dizendo que Deus não queria que colocássemos a saúde em risco, e os homens de pouca fé acrescentando que a miséria não era o meio de chegar ao paraíso.

Não obstante, o dever continuava reconhecido; e os padres recebiam com frequência pedidos de dispensa que eles raramente recusavam, com a condição de que fossem dadas algumas esmolas em troca da abstinência.

Veio enfim a Revolução, ocupando todas as mentes com preocupações, temores e interesses de outra natureza; e não houve mais tempo nem ocasião de recorrer aos padres, alguns dos quais eram perseguidos como inimigos do Estado, o que não os impedia de acusar os outros de cismáticos.

A essa causa, que felizmente não subsiste mais, juntou-se uma outra não menos influente. A hora de nossas refeições mudou por completo: não comemos mais nem com a mesma frequência nem nas mesmas horas que nossos antepassados, e o jejum teria necessidade de uma nova organização.

Tanto isso é verdade que, embora eu frequente apenas pessoas regradas, respeitáveis e inclusive bastante religiosas, creio ter encontrado, em 25 anos, *fora de minha casa*, apenas dez refeições sem carne e uma única colação.

Muitos poderiam sentir-se bastante embaraçados em tal situação: mas sei que são Paulo a previu, e permaneço abrigado sob sua proteção.

De resto, seria um grande erro supor que a intemperança prevaleceu na nova ordem das coisas.

O número de refeições diminuiu quase pela metade. A bebedeira desapareceu para se refugiar, em certos dias, nas classes mais baixas da sociedade. Não se fazem mais orgias: um homem devasso seria execrado. Mais de um terço de Paris só se permite, de manhã, uma leve refeição, e, se alguns se entregam aos prazeres de uma gastronomia delicada e sofisticada, não vejo razão para censurá-los, pois já vimos anteriormente que todos ganham com isso e ninguém perde.

Não terminemos este capítulo sem observar a nova orientação no gosto popular.

Diariamente, milhares de homens passam a noite nos teatros ou nos cafés, quando quarenta anos antes teriam passado nas tavernas.

Certamente a economia nada ganha com essa nova situação, mas ela é muito vantajosa sob o aspecto dos costumes. Os costumes se civilizam com o teatro; nos cafés os homens se instruem com a leitura dos jornais; e seguramente escapam das brigas, das enfermidades e do embrutecimento que são as consequências infalíveis da frequentação das tavernas.

# Meditação 25
*Da exaustão*

119. INTRODUÇÃO

Entende-se por exaustão um estado de fraqueza, desânimo e abatimento, causado por circunstâncias antecedentes, e que torna mais difícil o exercício das funções vitais. Com exceção daquele causado pela privação de alimentos, podemos contar três tipos de exaustão: a exaustão causada pela fadiga muscular, a causada pelos trabalhos do espírito, e a causada pelos excessos genésicos.

Um remédio comum aos três tipos de exaustão é a cessação imediata dos atos que conduziram a esse estado, se não doentio, ao menos muito próximo da doença.

TRATAMENTO — Após essa preliminar indispensável, a gastronomia está aí, sempre pronta a oferecer recursos.

Ao homem que se excedeu no exercício prolongado de suas forças musculares, ela oferece uma boa sopa, vinho generoso, carne cozida e sono.

Ao estudioso que se deixou levar pelos encantos de seu assunto, ela propõe um exercício ao ar livre para refrescar o cérebro, um banho para relaxar suas fibras doloridas, carne de galinha, legumes herbáceos e repouso.

Enfim, ficaremos sabendo, pela observação a seguir, o que ela pode fazer por aquele que esquece que a volúpia tem seus limites e o prazer seus perigos.

### 120. CURA OPERADA PELO PROFESSOR

Um dia fui visitar um de meus melhores amigos (o sr. Rubat); disseram-me que estava doente, e de fato o encontrei de robe junto à lareira, em atitude de prostração.

Sua fisionomia me assustou; tinha o rosto pálido, os olhos brilhantes, e seu lábio pendia deixando entrever os dentes da mandíbula inferior, o que tinha algo de horrendo.

Indaguei com interesse a causa daquela mudança súbita; ele hesitou, eu o pressionei, e após alguma resistência acabou por confessar, ruborizando-se: "Meu amigo, sabes que minha mulher é ciumenta, e que essa mania já me fez passar muitos maus momentos. Há poucos dias ela teve uma crise terrível, e foi por querer provar que ela nada perdeu de meu afeto e que nenhuma porção do tributo conjugal é desviada em seu prejuízo, que me encontro nesse estado".

"Então esqueceste", disse-lhe eu, "que tens quarenta e cinco anos, e que o ciúme é um mal sem remédio? Acaso não sabes *furens quid foemina possit*?"\* Disse ainda outras frases pouco galantes, pois eu estava zangado.

"E agora vejamos", continuei; "tua pulsação está fraca e lenta; que vais fazer?" "O médico acabou de sair", disse ele; "achou que eu tinha uma febre nervosa e prescreveu uma sangria, e para tanto deve me enviar imediatamente o cirurgião." "O cirurgião!", exclamei. "Afasta-te dele ou és um homem morto. Expulsa-o como a um assassino, e diz-lhe que me apoderei de teu corpo e de tua alma. Além do mais, teu médico sabe a causa ocasional de teu mal?" "Infelizmente não, a vergonha me impediu de fazer-lhe uma confissão completa." "Pois bem! é preciso pedir que retorne à tua casa. Vou preparar uma poção apropriada a teu estado; enquanto esperas, bebe isto." Apresentei-lhe um copo de água saturada de açúcar, que ele engoliu com a confiança de Alexandre e a fé do carbonário.

\* "O que uma mulher furiosa é capaz de fazer." (N. T.)

Deixei-o então, e corri à minha casa para compor e preparar uma poção reparadora que poderá ser encontrada nas "Variedades",* com os diversos métodos que adotei para me apressar; pois, em semelhantes casos, algumas horas de atraso podem ocasionar danos irreparáveis.

Em pouco tempo retornei armado de minha poção, e já o encontrei melhor; a cor reaparecia na face, o olhar estava mais tranquilo; mas o lábio continuava pendendo com terrível disformidade.

O médico não tardou a voltar; expliquei-lhe o que havia feito, e o doente fez sua confissão. Sua fronte doutoral adquiriu primeiro um aspecto severo, mas ele em seguida observou, num leve tom de ironia: "O senhor não deve se espantar", disse a meu amigo, "que eu não tenha adivinhado uma doença que não convém à sua idade nem à sua condição; e da sua parte houve muita modéstia em ocultar uma causa que em nada o desmerece, muito pelo contrário. Mas o recrimino por ter me induzido a um erro que lhe poderia ser funesto. Além disso, meu colega", e voltou-se para mim, fazendo uma saudação que retribuí discretamente, "indicou-lhe o caminho correto; tome sua sopa, não importa o nome que tiver, e se a febre o deixar, como acredito, faça amanhã o desjejum com uma xícara de chocolate, na qual dissolverá duas gemas de ovos frescos".

Com essas palavras, pegou a bengala, o chapéu e partiu, deixando-nos muito tentados a nos alegrar apesar de tudo.

Logo fiz meu doente tomar uma taça do meu elixir da vida; ele o bebeu com avidez e quis repetir; mas exigi um intervalo de duas horas, e ministrei-lhe uma segunda dose antes de me retirar.

No dia seguinte, estava sem febre e quase bem de saúde; fez o desjejum conforme o prescrito, continuou a beber a poção, e dois dias depois estava retomando suas ocupações ordinárias; mas a febre rebelde só o deixou após o terceiro dia.

Pouco tempo depois o assunto transpirou, e todas as damas cochichavam entre si.

Algumas admiravam meu amigo, quase todas se apiedavam dele, e o professor gastrônomo foi glorificado.

* Ver no final do volume, pp. 304-6.

# Meditação 26
*Da morte*

"*Omnia mors poscit; lex est, non poena perire.*"*

**121. INTRODUÇÃO**

O Criador impôs ao homem seis grandes e principais necessidades, que são o nascimento, a ação, a comida, o sono, a reprodução e a morte.

A morte é a interrupção absoluta das relações sensitivas e o aniquilamento absoluto das forças vitais, que abandonam o corpo às leis da decomposição.

Todas essas diversas necessidades são acompanhadas e suavizadas por algumas sensações de prazer, e a própria morte não deixa de ter seus encantos quando é natural, ou seja, quando o corpo percorreu as diversas fases de crescimento, virilidade, velhice e decrepitude às quais está destinado.

Se eu não tivesse decidido fazer aqui apenas um capítulo muito curto,

---

* "A morte exige tudo; morrer é uma lei, não um castigo." (N. E.)

chamaria em meu auxílio os médicos que observaram os graus imperceptíveis pelos quais os corpos animados passam ao estado de matéria inerte. Citaria filósofos, reis, escritores, que, no limiar da eternidade, longe de se deixarem dominar pela dor, tiveram pensamentos amáveis e os ornaram com os encantos da poesia. Recordaria esta resposta de Fontenelle moribundo, que, interrogado sobre o que sentia, disse: "Nada, a não ser uma dificuldade de viver". Mas prefiro simplesmente anunciar minha convicção, fundada não apenas na analogia, mas também em várias observações que considero bem-feitas, dentre as quais apresento a última:

Eu tinha uma tia-avó com 93 anos, que estava morrendo. Embora presa ao leito havia algum tempo, tinha conservado todas as suas faculdades, e seu estado só era percebido pela diminuição do apetite e o enfraquecimento da voz.

Ela sempre demonstrara muita amizade por mim, e eu estava junto ao seu leito, pronto a servi-la com ternura, o que não me impedia de observá-la com aquele olhar filosófico que sempre dirigi a tudo o que me cerca.

"Estás aí, meu sobrinho?", disse-me ela com uma voz dificilmente articulada. "Sim, minha tia, estou às suas ordens, e acho que a senhora faria bem em tomar um pouco do bom velho vinho." "Me dá, meu amigo; o líquido vai sempre para baixo." Erguendo-a suavemente, fiz que engolisse meio copo do meu melhor vinho. Ela se reanimou no mesmo instante; e, voltando para mim os olhos que haviam sido muito belos, disse-me: "Muito obrigada por esse último serviço; se chegares à minha idade, verás que a morte se torna uma necessidade exatamente como o sono".

Foram suas últimas palavras, e meia hora depois ela havia adormecido para sempre.

O doutor Richerand descreveu com tanta verdade e filosofia as últimas degradações do corpo humano e os últimos momentos do indivíduo que meus leitores me serão gratos por ter lhes feito conhecer a seguinte passagem:

"Eis a ordem em que as faculdades intelectuais cessam e se decompõem. A razão, esse atributo que o homem afirma ser o único a possuir, é a primeira a abandoná-lo. Inicialmente ele perde a capacidade de associar os juízos, e logo em seguida a de comparar, reunir, combinar e considerar ao mesmo tempo várias ideias para estabelecer suas relações. Diz-se então que o paciente perde a razão, que desatina, que delira. Geralmente esse delírio revolve as ideias mais familiares ao indivíduo; a paixão dominante se manifesta claramente: o avarento diz as frases mais indiscretas sobre seus tesouros escondidos, enquanto outro fala de seus terrores religiosos. Recordações deliciosas da infância despertam então com todos os seus encantos e toda a sua energia.

"Depois do raciocínio e do juízo, é a vez de a faculdade de associar ideias ser afetada pela destruição sucessiva. Isso acontece no estado conhecido pelo nome de *desfalecimento*, como sei por experiência própria. Conversava com um de meus amigos, quando senti uma dificuldade insuperável de juntar duas ideias sobre a semelhança das quais desejava formular um juízo. No entanto, a síncope não era completa; eu conservava ainda a memória e a faculdade de sentir; ouvia distintamente as pessoas a meu redor dizerem: 'Ele está perdendo os sentidos', e se agitarem para me fazer sair daquele estado *que não deixava de ter uma certa doçura.*

"A memória se apaga a seguir. O paciente, que em seu delírio ainda reconhecia os que se aproximavam dele, agora não reconhece mais os familiares, e depois aqueles com os quais vivia em grande intimidade. Enfim, cessa de sentir; mas os sentidos se extinguem numa ordem sucessiva e determinada: o gosto e o olfato não dão mais nenhum sinal de sua existência; os olhos se cobrem de uma luz mortiça e adquirem uma expressão sinistra; o ouvido é ainda sensível aos sons e ao ruído. Eis por que os antigos, certamente para se assegurarem da realidade da morte, costumavam lançar grandes gritos nos ouvidos do defunto. O moribundo não sente cheiro, não sente gosto, não vê nem ouve mais. Resta-lhe a sensação do tato; ele se agita em seu leito, lança os braços para fora, muda a todo instante de posição; faz movimentos análogos, conforme já dissemos, aos do feto que se mexe no ventre materno. A morte que irá atingi-lo é incapaz de inspirar-lhe qualquer terror; pois ele não tem mais ideias, e termina de viver como havia começado, sem ter a consciência disso".*

---

* (Richerand, *Nouveaux éléments de physiologie*, nova edição, t. II, p. 600.)

# Meditação 27
*História filosófica da culinária*

122. INTRODUÇÃO

A culinária é a mais antiga das artes; pois Adão nasceu em jejum, e o recém-nascido, assim que entra no mundo, lança gritos que só se acalmam com o seio de sua mãe.

É também de todas as artes a que nos prestou o serviço mais importante para a vida civil; pois foram as necessidades da culinária que nos ensinaram a usar o fogo, e foi utilizando o fogo que o homem dominou a natureza.

Numa visão panorâmica do assunto, podemos reconhecer até três espécies de *culinária*:

A primeira, que se ocupa do preparo dos alimentos, conservou o nome primitivo;

A segunda se ocupa em analisá-los e em verificar seus elementos: convencionou-se chamá-la *química*;

E a terceira, que pode ser chamada culinária de reparação, é mais conhecida pelo nome de *farmácia*.

Se elas diferem quanto ao objetivo, têm em comum o emprego do fogo, de fornos e dos mesmos recipientes.

Assim, o mesmo pedaço de carne bovina que o cozinheiro converte em sopa e caldo de carne, o químico utiliza para saber quantos tipos de substâncias o compõem, e o farmacêutico o faz sair violentamente de nosso corpo se eventualmente causar uma indigestão.

## 123. ORDEM DE ALIMENTAÇÃO

O homem é um animal onívoro; tem dentes incisivos para dividir os frutos, dentes molares para triturar os grãos e dentes caninos para rasgar as carnes: a esse respeito foi observado que, quanto mais próximo o homem se encontra do estado selvagem, tanto mais fortes e fáceis de distinguir são seus dentes caninos.

É altamente provável que a espécie foi frugívora durante muito tempo, sendo obrigada a isso pela necessidade; pois o homem é o mais desajeitado dos animais do antigo mundo, com meios de ataque muito reduzidos quando não está armado. Mas o instinto de aperfeiçoamento ligado à sua natureza não tardou a se desenvolver: o próprio sentimento de fraqueza o levou a buscar munir-se de armas; foi impelido na mesma direção pelo instinto carnívoro, anunciado por seus dentes caninos; e, a partir do momento em que se armou, fez de todos os animais que o cercavam a presa e o alimento.

Esse instinto de destruição ainda subsiste: as crianças quase sempre acabam matando os pequenos animais entregues a seus cuidados, e os comeriam se tivessem fome.

Não é surpreendente que o homem tenha desejado alimentar-se de carne; seu estômago é relativamente pequeno, e os frutos têm muito poucas substâncias animalizáveis para restaurar plenamente suas forças; talvez ele pudesse se alimentar melhor com vegetais, mas esse regime supõe conhecimentos que só puderam vir com o passar dos séculos.

As primeiras armas foram provavelmente ramos de árvores, mais tarde seguidas pelos arcos e flechas.

É digno de nota que, onde quer que o homem tenha sido encontrado, em todos os climas e em todas as latitudes, sempre o vimos armado de arcos e flechas. Essa uniformidade é difícil de explicar. Não se percebe como a mesma série de ideias se apresentou a indivíduos submetidos a circunstâncias tão diferentes: ela deve provir de uma causa que se ocultou nas brumas do tempo.

A carne crua tem apenas um inconveniente: o de prender-se aos dentes por causa de sua viscosidade; afora isso, não é desagradável ao gosto. Temperada com um pouco de sal, é facilmente digerida e deve ser mais nutritiva que qualquer outra.

"Mein Gott", me dizia, em 1815, um capitão croata a quem eu oferecia um jantar, "não são necessários tantos preparativos para uma boa comida. Quando estamos no campo e temos fome, abatemos o primeiro animal que cruza nosso caminho; cortamos-lhe um pedaço bem carnudo, o temperamos com um pouco de sal, que sempre trazemos na *sabre-tasche*,\* e o colocamos debaixo da sela, sobre o lombo do cavalo; galopamos por mais algum tempo, e [fazendo o gesto de um homem que rompe a carne com os dentes] *gniam, gniam, gniam*, regalamo-nos como príncipes."

Quando os caçadores do Dauphiné vão à caça, no mês de setembro, também costumam levar pimenta e sal. Se matam uma toutinegra gorda, a depenam, a temperam e a colocam durante algum tempo sobre o chapéu, antes de comê-la. Garantem que, assim tratada, essa ave é ainda melhor que assada.

Aliás, se nossos tataravós comiam seus alimentos crus, nós mesmos não perdemos completamente o hábito. Os paladares mais delicados apreciam salames de Arles, mortadelas, carne defumada de Hamburgo, anchovas, arenques e várias outras coisas que não passaram pelo fogo, e mesmo assim despertam o apetite.

124. DESCOBERTA DO FOGO

Depois de terem se regalado por muito tempo à maneira dos croatas, os homens descobriram o fogo; e foi uma descoberta casual, pois o fogo não existe espontaneamente na terra; os habitantes das ilhas Marianas não o conhecem.

---

\* A *sabre-tasche*, ou bolsa de sabre, é aquela sacola ornada com o brasão de armar e presa ao cinturão de onde pende o sabre das tropas de cavalaria; ela desempenha um papel importante nas histórias que os soldados contam entre si.

## 125. COZIMENTO

Uma vez conhecido o fogo, o instinto de aperfeiçoamento levou os homens a aproximar das chamas as carnes, primeiro para secá-las, depois para cozê-las sobre as brasas.

A carne assim tratada foi considerada bem melhor: ela adquire mais consistência, mastiga-se com mais facilidade; e a osmazoma, ao tostar-se, exala um aroma que não cessou de nos agradar.

Os homens notaram, porém, que a carne cozida sobre as brasas não fica isenta de sujeira, pois sempre carrega consigo partículas de cinzas ou de carvão das quais dificilmente pode se desembaraçar. Remediou-se tal inconveniente atravessando-a com espetos colocados por cima das brasas, e apoiados em pedras a uma altura adequada.

Foi assim que se chegou aos assados na grelha, preparação tão simples quanto saborosa; pois toda carne grelhada tem muito sabor, por ser em parte defumada.

As coisas não eram muito mais avançadas que isso nos tempos de Homero; e espero que vejam aqui com prazer a maneira como Aquiles recebeu em sua tenda três dos mais consideráveis dentre os gregos, um dos quais era rei.

Dedico às damas o relato que vou fazer, porque Aquiles era o mais belo dos gregos, e seu orgulho não o impediu de chorar quando lhe roubaram a jovem Briseida que ele amava; é também por elas que escolhi a tradução elegante do sr. Dugas-Montbel, autor agradável, complacente, e bastante gastrônomo para um helenista:

*Majorem jam crateram, Moenetti fili, appone,*
*Meraciusque misce, poculum autem para unicuique;*
*Charissimi enim isti viri meo sub tecto.*
*Sic dixit: Patroclus dilecto obedividit socio;*
*Sed carabum ingentem posuit ad ignis jubar;*
*Tergum in ipso posuit ovis et pinguis caprae.*
*Apposuit et suis saginam scapulam abundantem pinguedine.*
*Huic tenebat carnes Automedon, secabatque nobilis Achilles.*
*Eas quidem minute secabat, et verubus affigebat.*
*Igne Moenetiades accendebat magnum, deo similis vir;*

*Sed postquam ignis deflagravit, et flamma extincta est,*
*Prunas sternens, verua desuper extindit.*
*Inspersit autem sale sacro, a lapidibus elevans.*
*At posquam assavit et in mensas culinarias fudit,*
*Patroclus quidem, panem accipiens, distribuit in mensas*
*Pulchris in canistris, sed carnem distribuit Achilles.*
*Ipse autem adversus sedit Ulyssi divino,*
*Ad parietem alterum. Diis auteum sacrificare jussit*
*Patroclum suum socium. Is in ignem jecit libamenta.*
*Hi in cibos paratos appositos manus immiserunt;*
*Sed postquam potus et cibi desiderium exemerunt,*
*Innuit Ajax Phoenici: intellexit autem divinus Ulysses,*
*Implensque vino poculum, propinavit Achilli\* etc.*

Ilíada, ix, 202

"Imediatamente Pátroclo obedece às ordens de seu companheiro fiel. Enquanto isso, Aquiles aproxima das chamas brilhantes um vaso que contém o quarto dianteiro de um cordeiro, de uma cabra gorda, e o lombo de um porco suculento. Automedonte segura as carnes que o divino Aquiles corta; este a divide em pedaços, e as atravessa com espetos de ferro.

"Pátroclo, semelhante aos imortais, acende um grande fogo. Assim que a madeira consumida lança apenas uma chama languescente, ele põe sobre o braseiro dois longos dardos apoiados por duas fortes pedras, e espalha o sal sagrado.

"Quando as carnes estão prontas e o festim preparado, Pátroclo distribui o pão em volta da mesa em ricas corbelhas; mas Aquiles quer ele próprio servir as carnes. Ele se coloca em frente a Ulisses, na outra extremidade da mesa, e ordena a seu companheiro fazer sacrifícios aos deuses.

"Pátroclo lança nas chamas as primícias da refeição, e logo todos estendem as mãos para as iguarias que lhes foram preparadas e servidas. Quando, na abundância do festim, eles saciaram a fome e a sede, Ajax faz um sinal a

---

\* Não transcrevi o texto original, que poucos teriam entendido; mas julguei que devia dar a versão latina, porque essa língua, mais difundida, e moldada perfeitamente sobre o grego, se presta melhor aos detalhes e à simplicidade dessa refeição heroica.

Fênix; Ulisses percebe o sinal, enche de vinho sua grande taça, e diz, dirigindo-se ao herói: 'Salve Aquiles...'"

Assim, um rei, um filho de rei e três generais gregos jantaram muito bem com pão, vinho e carne grelhada.

Devemos supor que, se Aquiles e Pátroclo se ocuparam eles próprios da preparação do festim, fizeram-no extraordinariamente para honrar ainda mais seus ilustres convidados, pois ordinariamente as tarefas da cozinha eram confiadas aos escravos e às mulheres: é o que Homero também nos informa ao se referir, na *Odisseia*, às refeições dos pretendentes.

As vísceras dos animais enchidas de sangue e gordura (o nosso chouriço) eram então consideradas uma iguaria muito distinta.

Naquela época, e certamente durante muito tempo antes, a poesia e a música haviam se associado às delícias das refeições. Bardos venerados celebravam as maravilhas da natureza, os amores dos deuses e os grandes feitos dos guerreiros; eles exerciam uma espécie de sacerdócio, e é provável que o próprio Homero tenha nascido de algum desses homens favorecidos do céu; ele não teria se elevado tão alto se seus estudos poéticos não tivessem começado desde sua infância.

A sra. Dacier observa que Homero não fala da carne fervida em nenhum trecho de suas obras. Os hebreus eram mais avançados, por causa da temporada que passaram no Egito; tinham vasilhas que levavam ao fogo; e foi numa delas que foi feita a sopa que Jacó vendeu tão caro a seu irmão Esaú.

É muito difícil saber como o homem chegou a trabalhar os metais; diz-se que Tubalcaim foi o primeiro a ocupar-se deles.

No estado atual de nossos conhecimentos, os metais nos servem para trabalhar outros metais; os pegamos com pinças de ferro, os forjamos com martelos de ferro; os cortamos com limas de aço; mas ainda não encontrei ninguém que pudesse me explicar como foi feita a primeira pinça e forjado o primeiro martelo.

### 126. FESTINS DOS ORIENTAIS E DOS GREGOS

A culinária fez grandes progressos quando foram produzidos, em bronze ou em cerâmica, vasos que resistiam ao fogo. As carnes puderam ser temperadas, as verduras cozidas; foram obtidos o caldo e o suco da carne, as geleias; todas essas coisas decorrem naturalmente umas das outras.

Os livros mais antigos que conservamos fazem menção honrosa aos festins dos reis do Oriente. Não é difícil imaginar que monarcas que reinavam sobre terras férteis em tantas coisas, sobretudo em especiarias e perfumes, tivessem mesas suntuosas; mas carecemos de detalhes. Sabemos apenas que Cadmo, que introduziu a escrita na Grécia, havia sido cozinheiro do rei de Sídon.

Foi entre os povos voluptuosos e indolentes que surgiu o costume de cercar de leitos as mesas dos festins, e de comer reclinado.

Esse refinamento, associado a certa fraqueza, não foi igualmente bem recebido em toda parte. Os povos que valorizavam especialmente a força e a coragem, aqueles nos quais a frugalidade era uma virtude, o rechaçaram; mas ele foi adotado em Atenas, e esse costume acabou prevalecendo por muito tempo no mundo civilizado.

A culinária e suas delícias foram muito favorecidas entre os atenienses, povo elegante e ávido de novidades: os reis, os cidadãos ricos, os poetas, os sábios deram o exemplo, e os próprios filósofos julgaram não dever recusar prazeres derivados do seio da natureza.

Segundo o que se lê nos autores antigos, não cabe duvidar que seus banquetes fossem verdadeiras festas.

A caça, a pesca e o comércio proporcionavam aos gregos muitos dos objetos ainda hoje considerados excelentes, e que a demanda fizera subir a um preço excessivo.

Todas as artes contribuíam para a ornamentação de suas mesas, em torno das quais os convivas se reuniam, reclinados em leitos cobertos de ricas tapeçarias de púrpura.

Procurava-se valorizar ainda mais a boa comida mediante uma conversação agradável, e as conversas de mesa tornaram-se uma ciência.

Os cantos, que geralmente começavam com o terceiro serviço, perderam a antiga severidade, deixaram de ser exclusivamente empregados para celebrar os deuses, os heróis e os fatos históricos; cantava-se a amizade, o prazer e o amor, com uma doçura e uma harmonia que nossas línguas secas e duras jamais poderão atingir.

Os vinhos da Grécia, que ainda consideramos excelentes, haviam sido examinados e classificados pelos gourmets, dos mais doces aos mais capitosos;

em certos banquetes, percorria-se a escala inteira deles; e, ao contrário do que acontece hoje, os copos eram tanto maiores quanto melhor a qualidade do vinho servido.

As mais graciosas mulheres embelezavam ainda mais essas reuniões voluptuosas. Danças, jogos e divertimentos de todo tipo prolongavam os prazeres da noite. Respirava-se volúpia por todos os poros; e mais de um Aristipo, chegando sob a bandeira de Platão, partia sob a de Epicuro.

Os sábios, uns desafiando os outros, apressaram-se em escrever sobre uma arte que proporcionava tão doces prazeres. Platão, Ateneu e vários outros nos deixaram seus nomes. Mas infelizmente suas obras se perderam; e há que lamentar sobretudo a perda da *Gastronomia de Aquestrades*, que foi amigo de um dos filhos de Péricles.

"Esse grande escritor", diz Teótimo, "havia percorrido as terras e os mares para conhecer por si mesmo o que produziam de melhor. Instruía-se, em suas viagens, não dos costumes dos povos, já que é impossível mudá-los, mas penetrava nos laboratórios onde se preparam as delícias da mesa, e só teve contato com homens úteis a seus prazeres. Seu poema é um tesouro de ciência e não contém um verso que não seja um preceito."

Tal foi a condição da culinária na Grécia; e ela se manteve assim até que um punhado de homens, que haviam se estabelecido às margens do Tibre, estendeu sua dominação sobre os povos vizinhos, e acabou por dominar o mundo.

## 127. FESTIM DOS ROMANOS

A boa comida foi desconhecida dos romanos enquanto eles combatiam para assegurar sua independência ou para subjugar seus vizinhos, igualmente pobres como eles. Seus generais conduziam então a charrua, viviam de vegetais etc. Os historiadores frugívoros não deixam de enaltecer esses tempos primitivos, em que a frugalidade era altamente considerada. Mas quando suas conquistas se estenderam à África, à Sicília, à Grécia, quando se regalaram às custas dos vencidos em terras onde a civilização era mais avançada, eles trouxeram a Roma receitas que os haviam encantado no estrangeiro, e tudo leva a crer que foram bem recebidos.

Os romanos enviaram a Atenas uma delegação para trazer as leis de Sólon; também iam até lá para estudar a literatura e a filosofia. Ao mesmo tempo em que poliam seus costumes, foram conhecendo as delícias dos festins; e os cozinheiros chegaram a Roma juntamente com oradores, filósofos, mestres de retórica e poetas.

Com o tempo e a série de acontecimentos que fizeram afluir a Roma todas as riquezas do universo, o luxo da mesa elevou-se a um ponto quase inacreditável.

Degustava-se de tudo, da cigarra à avestruz, do arganaz ao javali;* tudo o que podia aguçar o paladar foi testado como condimento ou empregado como tal, substâncias cujo uso nem podemos conceber, como a assa-fétida, a arruda etc.

O universo conhecido deu sua contribuição por meio dos exércitos e dos viajantes. Trouxeram da África as galinhas-do-mato e as trufas, os coelhos da Espanha, os faisões da Grécia (para onde haviam migrado desde as margens do rio Fásis, na Cólquida) e os pavões da extremidade da Ásia.

Os mais ricos romanos se orgulharam de ter belos pomares onde fizeram cultivar não apenas as frutas antigamente conhecidas, como peras, maçãs, figos, uvas, mas também as que foram trazidas de diversos países, a saber: damascos da Armênia, pêssegos da Pérsia, o marmelo de Sídon, a framboesa dos vales do monte Ida, e a cereja, conquista de Lúculo no reino do Ponto. Essas importações, que ocorreram necessariamente em circunstâncias muito diver-

---

\* *Glires farsi.* — *Glires isicio porcino, item pulpis ex omni glirium membro ritis, cum pipere, nucloeis, lasere liquamine, farcies glires, et sutos in tegula positos, mittes in furnum, aut farsos in clibaro coques.* Apicius, *Ars culin.*, VIII, IX: "Os arganazes. — Recheie os arganazes com a carne moída de seus membros e carne de porco; junte pimenta, pinhões, *laserpitium* [uma planta] e *garum*; costure-os, coloque-os sobre uma telha e leve-os ao forno; ou então os cozinhe cobertos por uma campânula". (N. E.)

Os arganazes eram considerados uma iguaria requintada. Às vezes eram trazidas balanças à mesa para verificar seu peso. Conhecemos este epigrama de Marcial a respeito dos arganazes (XIII, 59): "*Tota mihi dormitur hyems, et pinguior illo/ Tempore sum, quo me nil nisi somnus alit*". Marcial, *Epigramas*, XIII, 59: "Durmo todo o inverno e engordo sobretudo/ Quando nada me alimenta exceto o sono". (N. E.)

Lister, médico gastrônomo de uma rainha muito gastrônoma (a rainha Ana), falando das vantagens que a culinária pode obter do uso das balanças, observa que, se doze cotovias não chegarem a pesar doze onças [cerca de 350 gramas], elas mal podem ser comidas; se pesarem doze onças, são passáveis; mas se pesarem treze onças, são gordas e excelentes.

sas, provam ao menos que o impulso era geral, e que todos consideravam uma glória e um dever contribuir para as delícias do povo soberano.

Entre os comestíveis, o peixe sobretudo foi visto como um objeto de luxo. Estabeleceram-se preferências em favor de certas espécies, e as preferências aumentavam conforme o lugar onde haviam sido pescadas. Peixes de lugares distantes eram trazidos em vasos cheios de mel; e, quando ultrapassavam o tamanho usual, eram vendidos a preços consideráveis, em função da concorrência entre os consumidores, alguns deles mais ricos que reis.

Não foi menor nem menos constante o interesse pelas bebidas. Os vinhos da Grécia, da Sicília e da Itália fizeram as delícias dos romanos; e como seu preço dependia da região e do ano em que haviam sido produzidos, uma espécie de registro de nascimento era afixado em cada ânfora: "*O nata mecum consule Manlio*" (Horácio).*

E não é tudo. Em consequência daquele instinto de aperfeiçoamento que já indicamos, procuravam tornar os vinhos mais saborosos e mais perfumados; introduziam neles flores, especiarias, drogas de diversas espécies, e as preparações que os autores contemporâneos nos transmitiram sob o nome de *condita* deviam queimar a boca e irritar violentamente o estômago.

Assim, naquela época, os romanos já sonhavam com o álcool, que só veio a ser descoberto mais de quinze séculos depois.

Mas era sobretudo para os acessórios das refeições que esse luxo gigantesco se voltava com mais fervor.

Todos os móveis necessários para os festins foram feitos com esmero, seja quanto ao material, seja quanto à mão de obra. O número de serviços aumentou gradualmente até chegar a vinte ou mais, e a cada serviço era retirado tudo o que havia sido empregado nos anteriores.

Escravos eram especialmente destacados para cada função convivial, e essas funções eram minuciosamente executadas. Os mais preciosos perfumes aromatizavam o salão do festim. Arautos proclamavam o mérito das iguarias dignas de uma atenção especial, e seus anúncios eram recebidos com uma espécie de ovação. Enfim, nada era esquecido do que pudesse aguçar o apetite, sustentar a atenção e prolongar os prazeres.

---

* *Odes*, III, 21, v. 1: "(Frasco) nascido comigo quando Mânlio era cônsul". (N. E.)

Esse luxo tinha também suas aberrações e extravagâncias. Tais eram os banquetes em que os peixes e as aves servidos contavam-se aos milhares, havendo pratos cujo único mérito era terem custado caro, como aquele composto dos miolos de quinhentas avestruzes, ou um outro feito das línguas de 5 mil aves falantes.

Com base no que precede, parece-nos possível explicar facilmente as somas consideráveis que Lúculo dispensava à sua mesa e o alto preço dos banquetes que oferecia no salão de Apolo, onde era de praxe esgotar todos os meios conhecidos para satisfazer a sensualidade dos comensais.

128. RESSURREIÇÃO DE LÚCULO

Esses dias de glória poderiam renascer sob nossos olhos, e para renovar suas maravilhas falta-nos apenas um Lúculo. Suponhamos portanto que um homem conhecido por ser muito rico quisesse celebrar um grande acontecimento político ou financeiro, e oferecer nessa ocasião uma festa memorável, sem se preocupar com os gastos.

Suponhamos que ele convocasse todas as artes para ornar o lugar da festa em suas diversas partes, que ordenasse aos cozinheiros empregar na comida todos os recursos da culinária, e que fosse dado de beber aos convidados o que suas adegas contivessem de melhor.

Que fizesse representar para eles, nesse jantar solene, duas peças com os melhores atores;

Que, durante a refeição, música vocal e instrumental se fizesse ouvir, executada pelos artistas mais renomados;

Que ele tivesse contratado as melhores e mais belas dançarinas da Ópera para um balé, no intervalo entre o jantar e o café;

Que a noite terminasse com um baile que reunisse duzentas mulheres escolhidas entre as mais belas, e quatrocentos dançarinos escolhidos entre os mais elegantes;

Que o bufê estivesse constantemente guarnecido do que se conhece de melhor em bebidas quentes, frescas e geladas;

Que, pelo meio da noite, uma colação bem preparada viesse devolver a todos um novo vigor;

Que os serviçais fossem belos e bem vestidos, a iluminação perfeita; e, para não esquecer nada, que o anfitrião se encarregasse de mandar buscar e de reconduzir comodamente às suas casas os convidados.

Se essa festa fosse bem organizada, bem planejada, bem cuidada e bem conduzida, todos os que conhecem Paris concordarão comigo que nas memórias do dia seguinte haveria algo capaz de fazer estremecer o próprio tesoureiro de Lúculo.

Ao indicar o que seria preciso fazer hoje para imitar as festas dessa Roma magnífica, informei suficientemente o leitor quanto aos acessórios então indispensáveis das refeições, nas quais sempre intervinham atores, cantores, mímicos, bufões, e tudo o que podia contribuir para aumentar a alegria de pessoas convocadas com o único objetivo de se divertirem.

O que foi feito entre os atenienses, depois entre os romanos, mais tarde na Idade Média e finalmente nos dias de hoje, tem sua origem na natureza do homem, que busca com impaciência o fim de tudo aquilo que inicia, e numa certa inquietude que o atormenta enquanto a soma total de vida a seu dispor não está inteiramente ocupada.

## 129. LECTISTERNIUM ET INCUBITATIUM

Tal como os atenienses, os romanos comiam reclinados, mas adotaram esse hábito por uma via um pouco diferente.

Inicialmente eles se serviram dos leitos para as refeições sagradas oferecidas aos deuses; os principais magistrados e os homens poderosos adotaram em seguida esse costume, que em pouco tempo se generalizou, conservando-se até o começo do século IV da era cristã.

Esses leitos, que a princípio eram apenas bancos forrados de palha e cobertos de peles, logo acompanharam o luxo que invadia tudo o que se relacionava aos festins. Passaram a ser feitos das madeiras mais preciosas, incrustadas de ouro, marfim, e às vezes pedras preciosas; ganharam confortáveis almofadas, e seus tecidos de cobertura foram ornados de magníficos bordados.

As pessoas se reclinavam de lado, apoiando-se sobre o cotovelo esquerdo; e geralmente cabiam três pessoas no mesmo leito.

Essa maneira de estar à mesa, que os romanos chamavam *lectisternium*, seria mais cômoda, mais favorável que a que nós adotamos, ou melhor, retomamos? Não o creio.

Fisicamente considerada, a *incubitatium* exige um certo esforço para manter o equilíbrio, e não é sem alguma dor que o peso de uma parte do corpo se apoia sobre a articulação do braço.

Sob o aspecto fisiológico, também há algo a dizer: a introdução da comida na boca se faz de maneira menos natural; os alimentos descem com mais dificuldade e se acumulam menos no estômago.

A ingestão de líquidos ou o ato de beber torna-se ainda mais difícil; devia exigir dos romanos uma atenção especial para não derramar o vinho contido naquelas grandes taças que brilhavam nas mesas dos poderosos; e foi certamente durante o reinado do *lectisternium* que nasceu o provérbio que diz que "da taça à boca geralmente muito vinho se perde".

Tampouco devia ser fácil manter o asseio quando se comia reclinado, sobretudo se considerarmos que vários comensais tinham a barba longa e utilizavam os dedos, ou quando muito a faca, para levar a comida à boca, pois o uso de garfos é moderno; eles não foram encontrados nas ruínas de Herculano, onde, no entanto, se descobriram muitas colheres.

É provável também que ocorressem de vez em quando atentados à decência, em refeições nas quais frequentemente se ultrapassavam os limites da temperança, sobre leitos em que os dois sexos se misturavam, e onde não era raro ver parte dos comensais dormindo. "*Nam pransus jaceo, et satur supinus/ Pertundo tunicamque, paliumque*".*

Assim, a moral foi a primeira a atacar o *lectisternium*.

Tão logo a religião cristã, escapando às perseguições que ensanguentaram seu berço, adquiriu certa influência, seus ministros elevaram a voz contra tais excessos de intemperança. Clamaram contra a duração das refeições, nas quais se praticavam todas as volúpias e se desrespeitavam todos os seus preceitos. Votados por escolha a um regime austero, eles incluíram a gula entre os pecados capitais, criticaram duramente a promiscuidade dos sexos, e atacaram so-

---

* Catulo, *c*. 32, vs. 10-1: "Terminada a refeição, deito-me de costas/ Satisfeito, e abro a túnica e o manto". (N. E.)

bretudo o hábito de comer sobre leitos, costume que lhes pareceu o resultado de uma indolência culpável e a causa principal dos abusos que deploravam.

Suas vozes ameaçadoras foram ouvidas: os leitos deixaram de ornar as salas dos festins, voltou-se ao antigo hábito de comer sentado à mesa; e, por uma rara felicidade, essa forma, ordenada pela moral, não veio em detrimento do prazer.

130. POESIA

No período de que nos ocupamos, a poesia convivial sofre uma nova modificação, e adquire, na boca de Horácio, Tibulo e outros autores mais ou menos contemporâneos, um langor e uma brandura que as musas gregas não conheciam.

>  *Dulce ridentem Lalagem amabo*
>  *Dulce loquentem.*
>
> Horácio*

> *Quaeris quot mihi batiationes*
> *Tuae, Lesbia, sint satis superque.*
>
> Catulo**

> *Pande, puella, pande capillulos*
> *Flavos, lucentes ut aurum nitidum.*
> *Pande, puella, collum candidum*
> *Productum bene candidis humeris.*
>
> Cornélio Galo***

---

* *Odes*, I, 22, vs. 10-1: "Amarei Lalage com suas doces risadas,/ suas doces palavras". (N. E.)
** *c.* 7, vs. 1-2: "Queres então saber, Lésbia,/ Quantos de teus beijos me bastariam...". (N. E.)
*** *Ad Lydiam*, vs. 5-8: "Deixa ver, minha amiga, teus belos cabelos,/ Fulvos e brilhantes como o ouro luzente,/ Deixa ver, minha amiga, teu pescoço puro e branco/ que se eleva gracioso de teus brancos ombros...". (N. E.)

## 131. IRRUPÇÃO DOS BÁRBAROS

Os cinco ou seis séculos que acabamos de percorrer em poucas páginas foram os belos tempos para a culinária, assim como para os que a amam e a cultivam; mas a chegada, ou melhor, a irrupção dos povos do Norte modificou tudo, perturbou tudo; e aqueles dias de glória foram seguidos de longa e terrível escuridão.

Com o aparecimento desses estrangeiros, a arte alimentar desapareceu juntamente com as outras ciências, das quais é a companheira e a consoladora. A maior parte dos cozinheiros foi massacrada nos palácios de seus senhores; outros fugiram para não regalar os opressores de seu país; e os poucos que vieram oferecer seus serviços tiveram a vergonha de vê-los recusados. Aquelas bocas ferozes, aquelas gargantas ásperas, eram insensíveis aos encantos de uma comida delicada. Enormes quantidades de carne de vaca e de javali, quantidades incomensuráveis das mais fortes bebidas, bastavam para satisfazê-los: e, como os usurpadores estavam sempre armados, a maior parte dessas refeições eram orgias que seguidamente acabavam em sangue.

No entanto, faz parte da natureza das coisas que o que é excessivo não dure. Os vencedores se cansaram finalmente de ser cruéis; aliaram-se aos vencidos, tomaram uma tintura de civilização e começaram a conhecer os encantos da vida social.

Esse abrandamento se refletiu nas refeições. Agora um anfitrião convidava seus amigos menos para se repastar do que para se regalar com a comida; e estes perceberam que se faziam esforços para agradá-los; uma alegria mais decente os animou, e os deveres da hospitalidade passaram a ter algo de mais afetuoso.

Esses melhoramentos, que ocorreram por volta do século V de nossa era, tornaram-se mais visíveis no reinado de Carlos Magno; e vemos, por suas atas legislativas, que esse grande rei cuidava pessoalmente que seus domínios pudessem prover o luxo de sua mesa.

Na época de Carlos Magno e de seus sucessores, as festas adquiriram um caráter ao mesmo tempo galante e cavaleiresco; as damas vieram embelezar a corte e premiar os valorosos; e à mesa dos príncipes eram servidos o faisão de patas douradas e o pavão de cauda aberta, por pajens galonados de ouro e por donzelas nas quais a inocência nem sempre excluía o desejo de agradar.

Observemos bem que era a terceira vez que as mulheres, segregadas entre os gregos, os romanos e os francos, eram chamadas a fazer o ornamento de seus banquetes. Apenas os otomanos resistiram a seu apelo; mas terríveis tempestades ameaçam hoje esse povo insociável, e trinta anos não se passarão sem que a voz poderosa do canhão venha a proclamar a emancipação das odaliscas.

O movimento, uma vez iniciado, propagou-se até nós, ganhando mais impulso a cada nova geração.

As mulheres, mesmo as da nobreza, passaram a se ocupar em suas casas com a preparação dos alimentos, considerando isso como parte dos deveres da hospitalidade, o que ainda ocorria na França até o final do século XVII.

Sob suas delicadas mãos os alimentos sofreram às vezes metamorfoses singulares: a enguia teve a língua da serpente, a lebre as orelhas de um gato, e outras pilhérias semelhantes. Elas fizeram grande uso das especiarias que os venezianos começaram a trazer do Oriente, bem como das essências perfumadas fornecidas pelos árabes, de modo que o peixe era às vezes cozido em água de rosas. O luxo da mesa consistia sobretudo na abundância dos pratos; e as coisas foram tão longe que nossos reis se viram obrigados a promulgar leis suntuárias que tiveram a mesma sorte das emitidas pelos legisladores gregos e romanos: riram delas, eludiram-nas, esqueceram-nas; e elas permaneceram nos livros apenas como monumentos históricos.

Continuou-se portanto a fazer boa comida na medida do possível, e sobretudo nas abadias, conventos e mosteiros, porque as riquezas destinadas a esses estabelecimentos eram menos expostas às vicissitudes e aos perigos das guerras internas que por muito tempo assolaram a França.

Como é certo que as damas francesas sempre se envolveram mais ou menos com o que se fazia em suas cozinhas, podemos concluir que se deve à intervenção delas a preeminência indiscutível que a culinária francesa sempre teve na Europa, e principalmente o fato de esta ter adquirido uma qualidade imensa de pratos rebuscados, leves e saborosos, como só as mulheres são capazes de conceber.

Eu disse que se fazia boa comida *na medida do possível*, mas nem sempre era possível. A própria ceia de nossos reis dependia às vezes do acaso. Sabe-se que nem sempre ela era garantida durante as guerras civis; e em certa ocasião Henrique IV teria feito uma refeição bastante pobre, se não tivesse tido a boa ideia de convidar à sua mesa o burguês feliz proprietário do único peru existente numa cidade onde o rei precisou passar a noite.

Entretanto, a ciência avançava insensivelmente; os cruzados dotaram-na do alho colhido nas planícies de Ascalon, na Palestina; a salsa foi importada da Itália; e, muito tempo antes de Luís IX, os salsicheiros já faziam da manipulação do porco a base de fortunas cujos memoráveis exemplos chegaram até nós.

Não foi menor o sucesso das *pâtisseries*, e os produtos dessa indústria figuravam honrosamente em todos os festins. Já antes de Carlos IX, seus fabricantes formavam uma corporação considerável; e esse monarca concedeu-lhes certos privilégios, como o de fabricar o pão bento das igrejas.

Por volta da metade do século XII, os holandeses trouxeram o café para a Europa.* Soliman Aga, esse turco poderoso pelo qual se apaixonaram nossos tataravós, lhes fez tomar as primeiras xícaras; um americano o colocou à venda na feira de Saint-Germain em 1670; e a rua Saint-André-des-Arcs teve o primeiro café ornado de espelhos e mesas de mármore, mais ou menos como se vê em nossos dias.

Também o açúcar começou então a aparecer;** e o poeta Scarron, queixando-se de que sua irmã havia, por avareza, estreitado os buracos de seu açucareiro, nos informa pelo menos que esse utensílio era usual em seu tempo.

É ainda no século XVII que o uso da aguardente começa a se difundir. A destilação, cuja primeira ideia fora trazida pelos cruzados, até então havia permanecido um arcano apenas conhecido por um pequeno número de adeptos. Por volta do início do reinado de Luís XIV, os alambiques começaram a se tornar comuns, mas foi somente no de Luís XV que essa bebida se tornou realmente popular; e isso ocorreu poucos anos depois de se conseguir, após sucessivas tentativas, obter álcool numa única operação.

Foi também pela mesma época que se começou a usar o tabaco; de modo que o açúcar, o café, a aguardente e o tabaco, esses quatro objetos tão importantes, seja para o comércio, seja para a riqueza fiscal, têm apenas dois séculos de existência.

---

* Entre os europeus, os holandeses foram os primeiros a trazer da Arábia, plantas do cafeeiro, que transportaram para a Batávia, e dali para o resto da Europa. O sr. de Reissont, tenente da artilharia, fez vir um pé de café de Amsterdã, e com ele presenteou o Jardim do Rei: foi o primeiro que se viu em Paris. Esse arbusto, cuja descrição foi feita pelo sr. Jussieu, tinha, em 1613, uma polegada de diâmetro e cinco pés de altura [cerca de 1,5 metro]: o fruto é muito bonito, e se parece um pouco a uma cereja.

** Não importa o que tenha dito Lucrécio, os antigos não conheceram o açúcar. O açúcar é um produto da arte; e, sem a cristalização, a cana daria apenas uma bebida sem graça e sem utilidade.

## 132. SÉCULOS DE LUÍS XIV E DE LUÍS XV

Foi sob tais auspícios que começou o século de Luís XIV; e, nesse reinado brilhante, a ciência dos festins segue o impulso progressivo que faz avançar todas as outras ciências.

Ainda não se perdeu a memória dessas festas que atraíram gente de toda a Europa, nem dos torneios em que brilharam pela última vez as lanças substituídas tão energicamente pela baioneta, e as armaduras cavaleirescas, frágeis recursos contra a brutalidade do canhão.

Todas essas festas terminavam em suntuosos banquetes, que eram como o coroamento delas; pois assim é a natureza do homem, incapaz de estar totalmente feliz quando seu gosto não foi gratificado; e essa necessidade imperiosa submeteu inclusive a gramática, a tal ponto que, para exprimir que uma coisa foi feita com perfeição, dizemos que foi feita com gosto.

Por uma consequência necessária, os homens que presidiam à preparação desses festins tornaram-se homens respeitáveis, e não sem razão; pois eles precisavam reunir diversas qualidades, ou seja, o gênio para inventar, o conhecimento para decidir, o julgamento para proporcionar, a sagacidade para descobrir, a firmeza para se fazer obedecer, e a pontualidade para não fazer esperar.

Foi nessas grandes ocasiões que começou a se desenvolver a magnificência dos *surtouts*, arte nova que, imitando a pintura e a escultura, apresentava ao olhar um quadro agradável e às vezes um local apropriado à circunstância ou ao herói da festa.

A festa requeria esforços grandiosos e até mesmo gigantescos da parte do cozinheiro; mas, em breve, reuniões menos numerosas e refeições mais finas passaram a exigir atenção e cuidados mais minuciosos.

Foi nas salas de jantar privadas, no salão das *favoritas* do rei e nas ceias dos cortesãos e homens de finanças que os artistas fizeram admirar seu saber e, animados de uma louvável emulação, buscaram ultrapassar uns aos outros.

No fim desse reinado, o nome dos cozinheiros mais famosos era quase sempre anexado ao de seus patrões, que se envaideciam disso. Os dois méritos se uniam, e os nomes mais gloriosos figuraram nos livros de culinária ao lado das receitas que haviam apadrinhado, inventado ou divulgado.

Esse amálgama cessou nos dias de hoje: não somos menos gastrônomos que nossos antepassados, muito pelo contrário; mas nos preocupamos muito menos com o nome daquele que reina nos subterrâneos. O aplauso por inclinação da orelha esquerda é o único tributo de admiração que concedemos ao artista que nos encanta; e os donos de restaurantes, ou seja, os cozinheiros do público, são os únicos a obterem uma estima nominal que prontamente os coloca na classe dos grandes capitalistas. *Utile dulci.*

Foi também para Luís xiv que trouxeram dos portos do Levante uma variedade de pera que ele chamava *a boa pera*; e é à sua velhice que devemos os licores.

O monarca sentia-se às vezes fraco, com aquela dificuldade de viver comum após os sessenta anos. Juntaram então a aguardente ao açúcar e às essências perfumadas, para fazer-lhe poções que eram chamadas, segundo o costume da época, *poções cordiais*. Tal foi a origem da arte do licorista.

Convém observar que por volta da mesma época a arte da culinária florescia na corte da Inglaterra. A rainha Ana era uma grande gastrônoma; gostava de conversar com seu cozinheiro, e os livros de culinária ingleses contêm muitas receitas designadas *after queen's Ann fashion*, à maneira da rainha Ana.

A ciência, que permaneceu estacionária durante a dominação de mme. de Maintenon, continuou sua marcha ascensional no período da Regência.

O duque de Orléans, príncipe espirituoso e digno de ter amigos, os convidava a refeições tão finas quanto bem concebidas. Posso afirmar com base em informações seguras que essas refeições se distinguiam por temperos de extrema delicadeza, caldeiradas tão apetitosas quanto à beira dos rios, e perus gloriosamente trufados.

Perus trufados!!! cuja reputação e preço não cessam de crescer! Astros benignos cuja aparição faz os gastrônomos de todas as categorias cintilarem, resplandecerem, refestelarem-se.

O reinado de Luís xv não foi menos favorável à arte alimentar. Dezoito anos de paz curaram sem dificuldade todas as chagas causadas por mais de sessenta anos de guerra; as riquezas criadas pela indústria e distribuídas pelo comércio, ou adquiridas pelos coletores de impostos, fizeram desaparecer a desigualdade das fortunas, e o espírito do convívio se expandiu em todas as classes da sociedade.

Foi a partir dessa época\* que passou a haver geralmente, em todas as refeições, mais ordem, limpeza e elegância, e aqueles diversos refinamentos que, não cessando de aumentar até os dias de hoje, ameaçam agora ultrapassar todos os limites e nos levar ao ridículo.

Ainda nesse reinado, os ninhos de amor e as amantes manteúdas exigiram dos cozinheiros esforços que acabaram beneficiando a ciência.

Há muitos recursos disponíveis quando se trata de satisfazer uma assembleia numerosa ou apetites robustos: com carne de vaca, de javali e alguns peixes graúdos, prepara-se facilmente uma refeição para sessenta pessoas.

Mas gratificar bocas que se abrem apenas para sorrisos afetados, seduzir mulheres vaporosas, despertar estômagos de papel machê e motivar criaturas esguias, nas quais o apetite não passa de uma veleidade sempre prestes a se extinguir, é algo que requer mais gênio, concentração e trabalho que para resolver os mais difíceis problemas de geometria do infinito.

## 133. LUÍS XVI

Chegando agora ao reinado de Luís XVI e aos dias da Revolução, não faremos um relato minucioso das mudanças que testemunhamos; vamos apenas

---

\* Segundo informações que recolhi de habitantes de vários departamentos, um jantar de dez pessoas era organizado da seguinte maneira, por volta de 1740:

| | |
|---|---|
| Primeiro serviço | caldo de carne<br>uma entrada de vitela cozida em seu suco<br>um antepasto |
| Segundo serviço | um peru<br>um prato de legumes<br>uma salada<br>um creme (às vezes) |
| Sobremesas | queijo<br>frutas<br>um pote de conservas |

Os pratos eram trocados apenas três vezes, a saber: após a sopa, no segundo serviço e na sobremesa.

Raramente era servido café, mas era bastante comum se oferecer licor de cereja ou de cravo, então novidade na época.

mostrar em linhas gerais os diversos melhoramentos que se verificaram na ciência dos festins a partir de 1774.

Esses melhoramentos tiveram por objeto tanto a arte em si mesma, como os costumes e instituições sociais a ela ligados; e, embora haja uma reciprocidade contínua entre essas duas ordens de coisas, achamos que deveriam ser tratadas separadamente, para maior clareza.

## 134. MELHORAMENTOS SOB O ASPECTO DA ARTE ALIMENTAR

Todas as profissões cujo resultado é preparar ou vender alimentos, como a de cozinheiro, dono de restaurante, padeiro, confeiteiro, comerciante de comestíveis e outras semelhantes, multiplicaram-se em proporções sempre crescentes; e uma prova de que o aumento veio apenas atender a necessidades reais é que o número dessas profissões não prejudicou sua prosperidade.

A física e a química foram chamadas em auxílio da arte alimentar: os cientistas mais notáveis não julgaram como algo inferior ocupar-se de nossas primeiras necessidades, e introduziram aperfeiçoamentos, desde a simples panela do operário até os extratos transparentes servidos apenas em copos de cristal.

Profissões novas foram criadas; por exemplo, os fabricantes de *petit four*, intermediários entre os fabricantes de massas propriamente ditos e os confeiteiros. Têm sob seu domínio os preparados em que a manteiga se une ao açúcar, aos ovos, à fécula, como biscoitos, bolos, doces folhados, suspiros e outras guloseimas.

A arte de conservar os alimentos tornou-se também uma profissão distinta, cujo objetivo é nos oferecer, em todas as épocas do ano, as diversas substâncias particulares a cada estação.

A horticultura fez imensos progressos; as estufas aquecidas trouxeram para junto de nós as frutas dos trópicos; diversas espécies de legumes foram cultivadas ou importadas, entre elas o melão casca-de-carvalho, que, produzindo apenas bons frutos, dá assim um desmentido diário ao provérbio.*

---

* "É preciso testar cinquenta melões antes de achar um bom."
 Parece que os melões, tais como os cultivamos, não eram conhecidos dos romanos; o que eles chamavam *melo* e *pepo* não passavam de pepinos que eram comidos com temperos extremamente fortes (Apicius, *De Re coquinaria*.)

Vinhos de todos os países foram cultivados, importados e servidos numa ordem regular: o madeira como aperitivo, os vinhos da França que acompanham os serviços, e os da Espanha e da África que coroam a refeição.

A cozinha francesa se apropriou de comidas estrangeiras, como o curry e o *beef-steak*; de temperos, como o caviar e o molho de soja; de bebidas, como o ponche, o quentão e outras.

O café tornou-se popular: de manhã, como alimento, e após o jantar, como bebida estimulante e tônica.

Grande quantidade de vasos, utensílios e outros acessórios foi inventada, dando à refeição um toque mais ou menos acentuado de luxo e de festividade; de modo que os estrangeiros que chegam a Paris encontram nas mesas muitos objetos cujo nome ignoram, e em geral não ousam perguntar para que servem.

De todos esses fatos, e no momento em que escrevo estas linhas, pode-se concluir que tudo o que precede, acompanha ou segue os festins é tratado com uma ordem, um método e uma elegância que indicam uma vontade de agradar inteiramente atenciosa em relação aos comensais.

## 135. ÚLTIMOS APERFEIÇOAMENTOS

Ressuscitou-se do grego a palavra *gastronomia*: ela pareceu suave aos ouvidos franceses; e, embora pouco compreendida, basta pronunciá-la para fazer surgir em todas as faces o sorriso da alegria.

Passou-se a distinguir a gastronomia da voracidade e da glutoneria: ela foi vista como uma tendência que se podia confessar, como uma qualidade social, agradável para o anfitrião, proveitosa para o conviva, útil para a ciência, e os gastrônomos foram postos ao lado de todos os outros aficionados que também têm uma predileção comum.

Um espírito geral de convívio se expandiu em todas as classes da sociedade; as reuniões se multiplicaram, e cada um, ao regalar seus amigos, procurou oferecer-lhes o que tinha observado de melhor nas esferas superiores.

Em consequência do prazer da boa companhia, adotou-se em relação ao tempo uma divisão mais cômoda, os afazeres ocupando o período que vai do começo ao fim do dia, e à noite sendo reservados os prazeres que acompanham e seguem os festins.

Foram instituídos os desjejuns com garfo [*déjeuners à la fourchette*], refeição que tem um caráter particular em função dos alimentos que a compõem, da alegria das conversas e do vestuário simples que a etiqueta consente.

Passaram a ser oferecidos chás, um tipo de refeição em comum inteiramente extraordinária, uma vez que, oferecida a pessoas que almoçaram bem, não supõe nem o apetite nem a sede, tendo por finalidade apenas a distração e por base os acepipes.

Criaram-se os banquetes políticos, que há trinta anos vêm ocorrendo sempre que é necessário exercer uma influência atual sobre um grande número de vontades; refeições que exigem uma comida saborosa na qual não se presta muita atenção, e cujo prazer só é evocado de memória.

Enfim, surgiram os restaurantes, instituições completamente novas sobre as quais não se meditou o bastante, e cujo efeito é tal que todo homem com algum dinheiro pode, de maneira imediata, infalível e bastando-lhe apenas desejar, ter todos os prazeres que o gosto é capaz de oferecer.

# Meditação 28
## *Dos restaurateurs*

136. INTRODUÇÃO

*Restaurateur* é aquele cujo comércio consiste em oferecer ao público um festim sempre pronto, e cujos pratos são servidos em porções a preço fixo, a pedido dos consumidores.

O estabelecimento chama-se *restaurante*, e quem o dirige é o *restaurateur*. Chama-se *cardápio* a lista nominativa dos pratos, com indicação do preço, e *conta* a nota da quantidade de pratos fornecidos e seu valor.

Entre os que acorrem em multidão aos restaurantes, poucos já pararam para pensar que o homem que criou o primeiro restaurante deve ter sido um gênio e um profundo observador da natureza humana.

Vamos ajudar a reflexão, seguindo a ordem das ideias que deu origem a esse estabelecimento tão usual e tão cômodo.

137. ESTABELECIMENTOS

Por volta de 1770, depois dos dias gloriosos de Luís XIV, das patifarias da Regência e do longo e tranquilo governo do cardeal Fleury, os estrangeiros ainda dispunham de poucos recursos em Paris no campo da boa comida.

Eram forçados a recorrer à cozinha das hospedarias, geralmente má. Havia alguns hotéis com salas de refeição que, salvo raras exceções, ofereciam apenas o estritamente necessário, tendo além disso horários fixos.

Restavam ainda certas casas de comidas; mas elas só ofereciam refeições completas, e quem quisesse comer com alguns amigos era obrigado a fazer o pedido previamente. Assim, os que não tivessem a sorte de ser convidados a alguma casa opulenta, deixariam a grande cidade sem conhecer os recursos e as delícias da cozinha parisiense.

Uma ordem de coisas que feria interesses tão cotidianos não podia durar, e alguns pensadores já sonhavam com mudanças.

Enfim, apareceu um homem de tino que percebeu que uma causa tão ativa não podia permanecer sem efeito; que, reproduzindo-se a mesma necessidade diariamente às mesmas horas, os consumidores iriam em massa até lá, onde teriam certeza de satisfazer agradavelmente essa necessidade; que, se uma asa de galinha fosse servida ao primeiro freguês, não faltaria um segundo que se contentaria com a coxa; que o corte de uma primeira fatia na obscuridade da cozinha não desonraria o restante da peça; que ninguém se importaria em pagar um pouco mais se tivesse sido prontamente e bem servido; que o problema seria insolúvel se os comensais pudessem discutir sobre o preço e a qualidade dos pratos pedidos; que, por outro lado, a variedade dos pratos, combinada com a fixidez dos preços, teria a vantagem de poder convir a todas as fortunas.

Esse homem pensou ainda em muitas outras coisas fáceis de adivinhar. Ele foi o criador dos restaurantes, e estabeleceu uma profissão que chama a fortuna sempre que exercida com boa-fé, ordem e habilidade.

## 138. VANTAGENS DOS RESTAURANTES

A adoção dos restaurantes, que da França se espalhou pela Europa, é extremamente vantajosa para todos os cidadãos e de grande importância para a ciência.

1) Por esse meio, todo homem pode fazer sua refeição à hora que lhe

convém, conforme as circunstâncias em que se vê colocado por seus negócios ou seus prazeres.

2) Ele tem certeza de não ultrapassar a soma que resolveu destinar para sua refeição, porque sabe de antemão o preço de cada prato que lhe é servido.

3) Estando a conta de acordo com seu bolso, o consumidor pode, à vontade, fazer uma refeição sólida, leve ou exótica, regá-la com os melhores vinhos franceses ou estrangeiros, aromatizá-la com café moca e licores dos dois mundos, sem outros limites a não ser o vigor de seu apetite ou a capacidade de seu estômago. O salão de um restaurante é o Éden dos gastrônomos.

4) O restaurante é também extremamente cômodo para os viajantes, os estrangeiros, para aqueles cuja família se encontra momentaneamente no campo, e para todos aqueles, em suma, que não têm cozinha em casa, ou estão momentaneamente privados dela.

Antes da época a que nos referimos (1770), os ricos e os poderosos gozavam quase exclusivamente de dois grandes privilégios: viajavam com rapidez e dispunham constantemente de boa comida.

O advento de novos veículos que fazem cinquenta léguas em 24 horas eliminou o primeiro privilégio; o estabelecimento dos restaurantes destruiu o segundo: por meio deles, a melhor comida tornou-se popular.

Todo homem que pode dispor de quinze a vinte francos, e senta-se à mesa de um restaurante de primeira classe, é tão bem e até mais bem tratado do que se estivesse à mesa de um príncipe; pois o festim que lhe oferecem é igualmente esplêndido, e, como todos os pratos estão a seu dispor, ele não se sente embaraçado por nenhuma consideração pessoal.

### 139. EXAME DO SALÃO

O salão de um restaurante, examinado com algum detalhe, oferece ao olhar perscrutador do filósofo um quadro digno de seu interesse pela variedade das situações que reúne.

O fundo é ocupado pela multidão dos consumidores solitários, que fazem seus pedidos em voz alta, aguardam com impaciência, comem com precipitação, pagam e vão embora.

Veem-se famílias do interior que, contentes com uma refeição frugal, procuram, no entanto, torná-la mais apetitosa com alguns pratos que lhes eram desconhecidos, e parecem desfrutar com prazer um espetáculo inteiramente novo.

Perto delas sentam-se um marido e sua esposa, que se reconhece serem parisienses pelo chapéu e o xale pendurados junto à mesa; percebe-se que há algum tempo não têm mais o que dizer um ao outro; certamente irão ao teatro, e pode-se apostar que um dos dois dormirá durante o espetáculo.

Mais adiante veem-se dois amantes; isso se depreende da solicitude de um, dos pequenos afagos da outra, e da gula de ambos. O prazer brilha em seus olhos; e, pela escolha que preside à composição de suas refeições, o presente serve para adivinhar o passado e prever o futuro.

Ao centro há uma mesa cercada de fregueses que em geral conseguem um desconto e fazem sua refeição a preço fixo. Conhecem pelo nome todos os garçons, e estes lhes indicam em segredo o que há de mais fresco e mais novo; estão ali como um estoque de loja, como um centro em torno do qual os grupos se formam, ou, melhor dizendo, como aqueles patos usados como iscas na Bretanha para atrair os patos selvagens.

No salão há também indivíduos cuja figura todos conhecem, e dos quais ninguém sabe o nome. Estão à vontade como se estivessem em casa, e geralmente procuram puxar conversa com os vizinhos. Pertencem a um tipo de gente que só se vê em Paris, e que, não tendo nem propriedade, nem capitais, nem emprego, mesmo assim têm dinheiro para gastar.

Enfim, percebem-se aqui e ali estrangeiros, e sobretudo ingleses; estes últimos empanturram-se de carnes em porções duplas, pedem tudo o que há de mais caro, bebem os vinhos mais capitosos e nem sempre conseguem sair sem ajuda.

Pode-se verificar diariamente a exatidão desse quadro; e, se ele é feito para atrair a curiosidade, também dá ensejo a preocupações morais.

140. INCONVENIENTES

Não há dúvida de que a ocasião e o atrativo dos objetos presentes arrastam muitas pessoas a despesas que excedem suas possibilidades. Talvez os estômagos delicados devam a isso algumas indigestões, e a Vênus ínfima alguns sacrifícios intempestivos.

Mas o mais funesto para a ordem social é que seguramente a refeição isolada num grupo reforça o egoísmo, habitua o indivíduo a pensar só em si, separando-o de tudo o que o cerca, dispensando-o de consideração para com os outros; e, por sua conduta antes, durante e após a refeição, na sociedade costumeira é fácil distinguir, entre os comensais, os que frequentam habitualmente os restaurantes.*

## 141. EMULAÇÃO

Dissemos que o advento dos restaurantes havia sido de grande importância para a arte culinária.

De fato, tão logo a experiência ensinou que um único tempero eminentemente tratado bastava para fazer a fortuna do inventor, o lucro, esse poderoso móbil, acendeu as imaginações e pôs a trabalhar os cozinheiros.

A análise revelou partes esculentas em substâncias até então consideradas inúteis; comestíveis novos foram descobertos e os antigos melhorados, uns e outros sendo combinados de mil maneiras. Importaram-se invenções estrangeiras; o universo inteiro passou a dar sua contribuição, e em algumas de nossas refeições poderíamos fazer um curso completo de geografia alimentar.

## 142. RESTAURANTES A PREÇO FIXO

Ao mesmo tempo que a arte seguia assim um movimento ascendente, tanto nas descobertas quanto nos preços (pois a novidade inevitavelmente precisa ser paga), a mesma motivação, isto é, a esperança de lucro, lhe dava um movimento contrário, pelo menos quanto à despesa.

Alguns donos de restaurantes propuseram-se como objetivo juntar a boa comida à economia, aproximando-se das fortunas medíocres, necessa-

---

* Entre outras coisas, quando se faz correr pela mesa uma travessa com pedaços cortados de um alimento, eles se servem e a depositam na sua frente, sem passá-la ao vizinho, com o qual não têm o hábito de se ocupar.

riamente as mais numerosas, e contando assim com um grande número de consumidores.

Procuraram, nos objetos de preço pouco elevado, aqueles que uma boa receita pode tornar agradáveis.

Descobriram na carne de açougue, sempre boa em Paris, e nos peixes de mar, disponíveis em abundância nessa cidade, um recurso inesgotável; e, como complemento, legumes e frutas, que os recentes métodos de cultivo tornaram mais baratos. Calcularam o que é rigorosamente necessário para encher um estômago comum, e para saciar uma sede não cínica.

Observaram que muitos objetos devem seu preço apenas à novidade ou à estação, e que podem ser oferecidos um pouco mais tarde livres desse obstáculo; enfim, acabaram chegando a tal ponto de precisão que, ganhando 25% ou 30%, puderam oferecer a seus fregueses, por dois francos ou até menos, uma refeição suficiente e capaz de contentar a todo homem bem-nascido, uma vez que seria preciso gastar pelo menos mil francos por mês para manter uma mesa tão abastecida e variada numa casa particular.

Os donos de restaurantes, considerados desse ponto de vista, prestaram um serviço notável a essa parte importante da população de toda grande cidade que se compõe de estrangeiros, militares e empregados de escritório; por interesse próprio, foram levados à solução de um problema que parecia insolúvel, a saber: oferecer boa comida a um preço moderado e até mesmo baixo.

Os donos de restaurantes que seguiram esse caminho não foram menos recompensados que seus outros confrades: não sofreram tantos reveses quanto os que estavam na outra extremidade da escala; e sua fortuna, embora mais lenta, foi mais segura; pois se ganhavam menos por vez, ganhavam todos os dias; e é uma verdade matemática que, quando um número igual de unidades se reúne num ponto, o resultado é o mesmo, não importa que tenham sido reunidas por dezenas ou uma a uma.

Os aficionados guardaram os nomes de vários artistas que brilharam em Paris desde o advento dos restaurantes. Podem ser citados Beauvilliers, Méot, Robert, Rose, Legacque, os irmãos Véry, Henneveu e Baleine.

Alguns desses estabelecimentos deveram sua prosperidade a causas especiais, a saber: aos pés de carneiro, do Le Veau qui Tette, à dobradinha na grelha, do ...; ao bacalhau ao alho, do Les Frères Provençaux; aos jantares encomendados, do Robert; à preocupação de oferecer um excelente peixe, do Baleine; às alcovas misteriosas de seu quarto piso, do Henneveu. Mas de todos esses heróis da gastronomia ninguém tem mais direito a uma nota biográfica que Beauvilliers, cuja morte os jornais anunciaram em 1820.

## 143. BEAUVILLIERS

Beauvilliers, que montou seu estabelecimento em 1782, foi, durante mais de quinze anos, o dono do mais famoso restaurante de Paris.

Foi o primeiro a ter um salão elegante, garçons eficientes, uma adega cuidadosa e uma cozinha superior; e, quando vários daqueles que nomeamos buscaram igualá-lo, ele permaneceu na luta sem desvantagem, porque só precisou de alguns passos para acompanhar os progressos da arte culinária.

Durante as duas ocupações sucessivas de Paris, em 1814 e 1815, viam-se constantemente diante de sua porta veículos de todas as nações: ele conhecia todos os chefes das delegações estrangeiras, e acabou por falar todas as suas línguas, na medida em que era necessário para seu comércio.

Beauvilliers publicou, no final de sua vida, uma obra em dois volumes intitulada: *L'art du cuisinier*. Essa obra, fruto de uma longa experiência, traz o selo de uma prática esclarecida e ainda goza de toda a estima que recebeu em seu lançamento. Até então a culinária não havia sido tratada com tanta exatidão e método. A obra teve várias edições e tornou bem mais fáceis as que a seguiram, mas que não a ultrapassaram.

Beauvilliers tinha uma memória prodigiosa: reconhecia e acolhia, depois de vinte anos, pessoas que haviam comido em seu restaurante apenas uma ou duas vezes. Em certos casos, tinha também um método que lhe era peculiar: quando sabia que um grupo de gente rica estava reunido em seu salão, aproximava-se com ar obsequioso, beijava a mão das damas e parecia honrar seus hóspedes com uma atenção especial.

Indicava um prato especial da casa, um outro que deveria ser encomendado sem demora, um terceiro em que ninguém havia pensado, providenciando vinhos de uma adega cuja chave só ele tinha; enfim, portava-se de maneira tão agradável e atraente que todos esses itens *extras* pareciam outros tantos favores de sua parte. Mas esse papel de anfitrião durava apenas um momento; eclipsava-se após ter sido cumprido, e pouco depois a conta e a hora embaraçosa de pagar mostravam suficientemente que se havia jantado num restaurante.

Beauvilliers fez, perdeu e recuperou várias vezes sua fortuna; não sabemos em qual dessas situações se encontrava ao morrer; mas era tão esbanjador que dificilmente terá deixado uma grande herança.

### 144. A GASTRONOMIA NO RESTAURANTE

Do exame dos cardápios de diversos restaurantes de primeira classe, especialmente o dos irmãos Véry e dos irmãos Provençaux, sabemos que o consumidor dispunha como alternativas para sua refeição, pelo menos: 12 sopas, 24 antepastos, 15 ou 20 pratos de carne bovina, 20 de carne de carneiro, 30 de carne de caça, 16 ou 20 de vitela, 12 de massas, 24 de peixe, 15 de assados, 50 guarnições, 50 sobremesas.

Além disso, o feliz gastrônomo podia regar sua refeição com pelo menos trinta espécies de vinho a escolher, desde o Borgonha até o vinho de Tokaj ou da Cidade do Cabo; e vinte ou trinta tipos de licor, sem contar o café e bebidas como o ponche, o *negus* e outras semelhantes.

Entre esses diversos ingredientes da refeição de um aficionado, os principais vinham da França, como a carne de açougue, a caça e as frutas; outros eram de origem inglesa, como o *beef-steak*, o *welch-rabbit*, o ponche etc.; outros vinham da Alemanha, como o *sauer-kraut* [chucrute], a carne de Hamburgo, os filés da Floresta Negra; outros da Espanha, como a *olla podrida*, os *garbanzos*, as uvas secas de Málaga, os pernis na pimenta de Xerica e os vinhos licorosos; outros da Itália, como o macarrão, o queijo parmesão, os salsichões de Bolonha, a polenta, os sorvetes e os licores; outros da Rússia, como as carnes secas, as enguias defumadas, o caviar; outros da Holanda, como a moreia, os queijos, os arenques na salmoura, o curaçau, o licor de anis; outros da Ásia, como o arroz da Índia, o sagu, o curry, o molho de soja, o vinho de Xiraz, o café; outros da África, como o vinho do Cabo; outros enfim da América, como a batata, a batata-doce, o ananás, o chocolate, a baunilha, o açúcar etc. O que é uma prova suficiente da proposição que emitimos mais acima, a saber: que uma refeição feita em Paris é uma viagem cosmopolita em que cada parte do mundo está representada por seus produtos.

# Meditação 29
## *A gastronomia clássica em ação*

### 145. HISTÓRIA DO SR. DE BOROSE

O sr. de Borose nasceu por volta de 1780. Seu pai era secretário do rei. Perdeu seus pais ainda jovem, e muito cedo viu-se possuidor de 40 mil libras de renda. Naquela época era uma bela fortuna; hoje é apenas o suficiente para não morrer de fome.

Um tio paterno cuidou de sua educação. Ele aprendeu latim, embora sem entender por que, podendo-se exprimir tudo em francês, era preciso tanto trabalho para dizer as mesmas coisas em outros termos. No entanto fez progressos; e, quando chegou a Horácio, converteu-se, sentindo grande prazer em meditar sobre ideias tão elegantemente expressas, e fez verdadeiros esforços para conhecer perfeitamente a língua que aquele gracioso poeta havia falado.

Também aprendeu música, dedicando-se ao piano após várias experiências. Não se lançou nas dificuldades indefinidas desse instrumento musical,* e,

---

* O piano foi feito para facilitar a composição de música e acompanhar o canto. Tocado sozinho, não tem calor nem expressão. Os espanhóis designam por *bordonear* a ação de tocar instrumentos de cordas.

reduzindo-o a seu verdadeiro uso, contentou-se em tornar-se bastante bom para acompanhar o canto.

Sob esse aspecto, preferiam-no inclusive aos professores, porque não buscava se colocar em primeiro plano: não erguia os cotovelos nem os olhos,* e cumpria conscienciosamente o dever de todo acompanhante, que é sustentar e fazer brilhar a pessoa que canta.

Protegido por sua idade, ele atravessou sem problemas os tempos mais terríveis da Revolução; quando chegou sua vez de servir no exército, pagou um homem que bravamente foi à guerra e acabou morrendo em seu lugar; e, munido da certidão de óbito de seu sósia, viu-se numa situação confortável para celebrar nossos triunfos ou deplorar nossas derrotas.

O sr. de Borose era de estatura média, mas muito bem-proporcionada. Sua figura era sensual, e daremos uma ideia disso dizendo que, se junto com ele fossem reunidos, na mesma sala, Gavaudan do teatro de Variedades, Michot do Teatro Francês e o vaudevillista Désaugiers, os quatro dariam a impressão de pertencer à mesma família. Acima de tudo se dizia que ele era muito simpático, e havia razões para pensar assim.

Escolher uma profissão foi para ele um grande problema. Tentou várias. Mas, descobrindo nelas sempre alguns inconvenientes, reduziu-se a uma ociosidade ocupada, ou seja, passou a frequentar algumas sociedades literárias, foi membro do comitê de beneficência de seu distrito, participou de algumas reuniões filantrópicas; e juntando-se a isso o cuidado com sua fortuna, que administrava maravilhosamente bem, ele teve, como outro qualquer, seus negócios, sua correspondência e seu gabinete.

Aos 28 anos de idade, achou que era tempo de casar, fez questão de ver sua futura esposa à mesa, e, após o terceiro encontro, ficou suficientemente convencido de que ela era bela, bondosa e inteligente.

A felicidade conjugal de Borose durou pouco; haviam passado apenas dezoito meses após seu casamento quando sua mulher morreu ao dar à luz, deixando-lhe o lamento eterno dessa separação tão prematura e, como consolo, uma filha que ele chamou Hermínia, e da qual falaremos mais tarde.

* Termo de gíria musical: *faire les bras* é erguer os cotovelos e os ombros como que transportado pelo sentimento; *faire les yeux* é voltar os olhos para o alto, como em transe; *faire des brioches* [fazer besteira] é errar um tom ou tocar uma nota errada.

O sr. de Borose encontrou prazer suficiente nas diversas ocupações a que se dedicou. No entanto, percebeu com o tempo que, mesmo nas reuniões seletas, há pretensões, protecionismo e às vezes um pouco de inveja. Todas essas misérias ele pôs na conta da humanidade, que em parte nenhuma é perfeita, e continuou a cumprir assiduamente suas obrigações, mas obedecendo, sem se dar conta disso, à ordem do destino impressa em seus traços, e deste modo foi aos poucos se ocupando prioritariamente dos prazeres do paladar.

O sr. de Borose dizia que a gastronomia é apenas a reflexão que aprecia, aplicada à ciência que melhora.

Ele dizia com Epicuro:* "Acaso o homem é feito para desdenhar as dádivas da natureza? Vem ao mundo apenas para colher frutos amargos? Para quem são as flores que os deuses fazem crescer aos pés dos mortais?... É agradar à Providência entregar-se às diversas inclinações que ela nos sugere: nossos deveres vêm de suas leis, nossos desejos de suas inspirações".

Ele dizia, com seu mestre, que as coisas boas existem para os homens bons; caso contrário se cairia num absurdo, supondo que Deus as teria criado apenas para os maus.

O primeiro trabalho de Borose foi com seu cozinheiro, a quem procurou mostrar o verdadeiro sentido de suas funções.

Disse-lhe que um cozinheiro hábil, que podia ser um conhecedor da teoria, o era sempre pela prática; que a natureza de suas funções o situava entre o químico e o físico; chegou até a dizer-lhe que o cozinheiro, encarregado da manutenção do mecanismo animal, achava-se acima do farmacêutico, cuja utilidade é apenas ocasional.

Acrescentava, citando um médico tão culto quanto perspicaz,** "que o cozinheiro precisou aprofundar a arte de modificar os alimentos pela ação do fogo, arte desconhecida dos antigos. Essa arte exige atualmente estudos e combinações engenhosas. É preciso refletir durante muito tempo sobre os produtos do mundo inteiro para empregar com habilidade os condimentos, e dissimular o gosto amargo de certos alimentos, para tornar outros mais saborosos, para empregar os melhores ingredientes. O cozinheiro europeu é aquele que brilha sobretudo na arte de operar essas maravilhosas misturas".

* Alibert, *Physiologie des passions*, t. i, p. 241.
** Idem, p. 196.

A alocução produziu efeito, e o *chef*,* consciente de sua importância, se manteve sempre à altura de seu emprego.

Um pouco de tempo, de reflexão e de experiência logo mostraram ao sr. de Borose que, estando o número de pratos mais ou menos fixado pelo costume, um bom jantar não sai muito mais caro que um ruim; que não se gastam mais de quinhentos francos por ano para beber sempre bons vinhos; e que tudo depende da vontade do mestre, da ordem que estabelece em sua casa e do movimento que imprime aos servidores pagos por ele.

A partir desses pontos fundamentais, os jantares de Borose adquiriram um aspecto clássico e solene: suas delícias ganharam renome; as pessoas consideravam uma glória terem participado desses jantares; e algumas que nunca haviam participado os enalteciam.

Ele jamais convidava aqueles pretensos gastrônomos que na verdade não passam de glutões, cujo ventre é um abismo, e que comem de tudo e em toda parte. Entre seus amigos escolhidos nas três primeiras categorias, ele contava com convidados agradáveis que, saboreando com atenção verdadeiramente filosófica, e reservando a esse estudo todo o tempo que ele requer, jamais esqueciam que há um instante em que a razão diz ao apetite: "*Non procedes amplius*" (Não irás mais longe).

Comerciantes de comestíveis lhe traziam com frequência produtos de elevado requinte, mas prefeririam vender-lhe a um preço moderado, sabendo que essas iguarias seriam consumidas com calma e reflexão, que delas se falaria em sociedade, e que a reputação de suas lojas cresceria tanto mais com isso.

O número de comensais na casa do sr. de Borose raramente excedia de nove, e os pratos não eram numerosos; mas a insistência do mestre e seu gosto requintado acabaram por torná-los perfeitos. A mesa apresentava sempre o que a estação oferecia de melhor, seja pela raridade, seja pelas primícias; e o serviço era executado com tal cuidado que nada deixava a desejar.

---

* Numa casa bem organizada, o cozinheiro denomina-se *chef*.
 Tem sob suas ordens o auxiliar de entradas, o *pâtissier*, o assador e os ajudantes de cozinha (a copa é um serviço à parte). Estes últimos são os grumetes da cozinha: como eles, frequentemente apanham; e, como eles, conseguem às vezes progredir.

A conversação durante a refeição era sempre geral, alegre e seguidamente instrutiva; essa última qualidade devia-se a uma precaução muito particular que Borose tomava.

A cada semana, um homem versado em determinado assunto, mas pobre, e que recebia dele uma pensão, descia de seu sétimo andar e lhe apresentava uma série de temas próprios a serem discutidos à mesa. O anfitrião procurava trazer à baila esses temas quando os assuntos do dia começavam a se esgotar, o que reanimava a conversação e encurtava as discussões políticas, que perturbam tanto a ingestão quanto a digestão.

Duas vezes por semana ele convidava damas, e arrumava as coisas de tal modo que cada uma encontrasse, entre os comensais, um cavalheiro que se ocupasse exclusivamente dela. Essa precaução causava enorme satisfação em seu meio, pois mesmo a mulher que afeta muita austeridade sente-se humilhada quando passa despercebida.

Somente nesses dias se tolerava um jogo de cartas modesto; nos outros, apenas o *whist* e o *piquet* eram admitidos, jogos graves, que pressupõem reflexão e uma educação cuidadosa. Mas em geral as noitadas transcorriam numa agradável conversa, entremeada de algumas canções que Borose acompanhava ao piano com aquele talento que já indicamos, o que lhe atraía aplausos aos quais ele não era de modo algum insensível.

Na primeira segunda-feira de cada mês, o pároco vinha jantar em sua casa, certo de ser acolhido com todas as atenções. Nesse dia a conversa adquiria um tom um pouco mais sério mas que não excluía gracejos inocentes. O bom padre não se recusava aos encantos dessa reunião, e às vezes se surpreendia desejando que todo mês tivesse quatro primeiras segundas-feiras.

Era no mesmo dia que a jovem Hermínia saía da casa de mme. Migneron,[*] onde vivia em regime de internato: essa dama geralmente acompanhava sua pupila. Esta, a cada visita, revelava uma nova graça; ela adorava o pai, e quando ele a abençoava com um beijo em sua testa inclinada, não havia no mundo ninguém mais feliz que eles.

---

[*] Mme. Migneron-Remy dirige, no bairro de Roule, rua de Valois, 4, uma casa de educação sob a proteção da duquesa de Orléans: o local é soberbo, a administração perfeita, a orientação excelente, os mestres os melhores de Paris. E o que impressiona sobretudo o professor é que, com tantas vantagens, o preço é acessível até mesmo a fortunas quase modestas.

Borose tinha a preocupação constante de que o dinheiro gasto em sua mesa pudesse reverter em proveito da moral.

Dava sua confiança apenas aos fornecedores que demonstrassem lealdade na qualidade do que ofereciam e moderação nos preços; recomendava-os aos seus amigos e ajudava-os se preciso, pois costumava dizer que as pessoas com muita pressa de enriquecer em geral são pouco delicadas na escolha dos meios.

Seu fornecedor de vinhos enriqueceu no entanto bastante rapidamente porque Borose o proclamou honesto, qualidade rara já nos atenienses do tempo de Péricles, e que não é comum no século XIX.

Acredita-se ter sido ele que, por seus conselhos, orientou a conduta de Hurbain, em cujo restaurante no Palais-Royal pagam-se dois francos por uma refeição que em outros lugares custaria mais que o dobro, e que marcha para a fortuna por um caminho seguro por atrair à sua casa uma multidão que cresce na razão direta da moderação de seus preços.

A comida retirada da mesa do gastrônomo nunca era deixada a critério dos domésticos, aliás muito bem pagos; tudo o que conservava uma boa aparência tinha uma destinação indicada pelo mestre.

Participando do comitê de beneficência, e conhecendo as necessidades e a moralidade de um grande número de seus assistidos, ele sabia orientar bem seus donativos, e porções de alimentos ainda muito desejáveis vinham de tempo em tempo expulsar a fome e fazer renascer a alegria; por exemplo, a cauda de um grande lúcio, a crista de um peru, um pedaço de filé, de pastelão etc.

Mas, para tornar essas remessas ainda mais proveitosas, procurava anunciá-las para a segunda-feira de manhã, ou para o dia seguinte a uma festa, revertendo em seu favor a cessação do trabalho nos feriados, combatendo os inconvenientes da *segunda-feira santa*,\* e fazendo da sensualidade o antídoto da devassidão.

---

\* A maioria dos operários, em Paris, trabalha no domingo de manhã para acabar a obra iniciada, entregá-la a quem de direito e receber o pagamento; depois disso saem a se divertir pelo resto do dia.

Na segunda-feira de manhã, reúnem-se com os companheiros, põem em comum o que lhes resta de dinheiro, e não se deixam enquanto tudo não tiver sido gasto.

Esse estado de coisas, rigorosamente verdadeiro há cerca de dez anos, melhorou um pouco graças aos cuidados dos donos de oficinas e aos fundos de economia e poupança; mas o problema ainda é sério, e há muito trabalho perdido em proveito de parques de diversões, restaurantes, tavernas e botequins de bairros e arrabaldes.

Quando o sr. de Borose descobria na terceira ou quarta classe dos comerciantes um jovem casal muito unido, e cuja conduta prudente anunciava as qualidades nas quais se funda a prosperidade das nações, fazia-lhes a cortesia de uma visita, e se impunha o dever de convidá-los a jantar.

No dia indicado, a jovem não deixava de encontrar senhoras que lhe falavam de cuidados domésticos, e o marido, homens para conversar sobre comércio e manufaturas.

Esses convites, cujo motivo era conhecido, acabaram por se tornar uma distinção, e todos se apressaram a merecê-los.

Enquanto se passavam todas essas coisas, a jovem Hermínia crescia e desenvolvia-se sob os arvoredos da rua de Valois, e devemos a nossos leitores o retrato da filha como parte integrante da biografia do pai.

A srta. Hermínia de Borose é alta (1,55 metro de altura) e seu porte reúne a leveza de uma ninfa à graça de uma deusa.

Fruto único de um casamento infeliz, sua saúde é perfeita, sua força física notável; não teme nem o calor nem o sol, e os mais longos passeios não a assustam.

De longe se diria que é morena, mas, examinando-se mais de perto, vê-se que seus cabelos são castanhos-escuros, seus cílios negros e os olhos azuis-claros.

A maior parte de seus traços são gregos, mas seu nariz é gaulês; esse nariz tem um efeito tão gracioso que um comitê de artistas, após ter deliberado durante três jantares, decidiu que esse tipo inteiramente francês de nariz é pelo menos tão digno quanto outro qualquer de ser imortalizado pelo pincel, o cinzel e o buril.

O pé dessa jovem é notavelmente pequeno e bem-feito; o professor fez tantos louvores e até galanteios a esse respeito que, num dia do ano de 1825, e com a aprovação de seu pai, ela o presenteou com um lindo sapatinho de cetim negro, que ele mostra aos eleitos, e do qual se serve para provar que a extrema sociabilidade atua tanto sobre as formas como sobre as pessoas; pois ele afirma que um pezinho, tal como hoje o prezamos, é o produto de esforços e da cultura, pois quase nunca se verifica entre os aldeões, e indica quase sempre uma pessoa cujos antepassados viveram por muito tempo no conforto.

Quando Hermínia passa o pente na floresta de cabelos que cobre sua cabeça e aperta um simples vestido com um cinto de fitas, ela é encantadora, e não se consegue imaginar que flores, pérolas ou diamantes possam acrescentar algo mais à sua beleza.

Sua conversação é simples e fácil, e não se suspeitaria que ela conhece todos os nossos melhores autores; mas há momentos em que manifesta o que sabe, e a sagacidade de suas observações revela seu segredo: logo que se apercebe disso, ela enrubesce, baixa os olhos, e o rubor é uma prova de sua modéstia.

A srta. de Borose toca igualmente bem piano e harpa; mas prefere esse último instrumento por não sei que sentimento entusiasta pelas harpas celestes que os anjos tocam, e pelas harpas de ouro tão celebradas por Ossian.

Também sua voz é de uma doçura e de uma retidão celestes; o que não a impede de ser um pouco tímida; no entanto, canta sem se fazer de rogada, mas não deixando de lançar sobre seu auditório, ao começar, um olhar que o enfeitiça, de modo que ela poderia até cantar desafinado como tantas outras que não se teria força de perceber.

Ela não negligenciou os trabalhos de costura, fontes de prazeres inocentes e recursos sempre à mão contra o tédio; trabalha como uma fada, e, toda vez que aparece alguma novidade no gênero, a primeira costureira do *Père de famille* é habitualmente encarregada de lha vir ensinar.

O coração de Hermínia ainda não se manifestou, e até agora a piedade filial tem sido suficiente para sua felicidade; mas ela tem uma verdadeira paixão, quase uma loucura pela dança.

Quando participa de uma contradança, parece crescer alguns centímetros, e se diria que vai voar; no entanto sua dança é moderada, e seus passos sem pretensão; ela se contenta em deslizar com leveza, com movimentos bonitos e graciosos; mas, de quando em quando, seus poderes irrompem, e suspeita-se que, se ela usasse todos os seus recursos, mme. Montessu teria uma rival.

Mesmo quando o pássaro marcha se percebe que ele tem asas.


Junto dessa filha encantadora, que ele havia retirado do internato, e desfrutando de uma fortuna muito bem administrada e de uma consideração justamente merecida, o sr. de Borose vivia feliz, e ainda divisava na sua frente um longo caminho a percorrer; mas toda esperança é enganadora, e não se pode prever o futuro.

Em meados do mês de março passado, o sr. de Borose foi convidado a passar um dia no campo com alguns amigos.

Era um daqueles dias prematuramente quentes, que anunciam a primavera, e nos limites do horizonte se ouviam aquelas surdas trovoadas que fazem dizer proverbialmente que o inverno quebrou o pescoço, o que não impediu os amigos de saírem a passear. Entretanto, o céu logo tomou uma feição ameaçadora, nuvens se amontoaram e uma terrível tempestade desabou, com trovões, chuva e granizo.

Cada um se abrigou como pôde e onde pôde; o sr. de Borose buscou proteção debaixo de um álamo, cujos ramos inferiores, inclinados como guarda-sol, pareciam um local seguro.

Abrigo funesto! A ponta da árvore ia buscar o fluido elétrico até nas nuvens, e a chuva, caindo ao longo dos ramos, servia-lhe de condutor. Logo se ouviu uma terrível detonação, e o desafortunado passeador foi fulminado sem ter tempo de dar um suspiro.

Colhido por um tipo de morte que César desejava, e o qual não havia meio de glosar, o sr. de Borose foi enterrado com as cerimônias fúnebres mais completas. Seu cortejo foi seguido até o cemitério Père-Lachaise por uma multidão de pessoas a pé e em carruagem, seu louvor estava em todas as bocas; e quando uma voz amiga pronunciou sobre o túmulo um discurso comovente, este repercutiu no coração de todos os presentes.

Hermínia ficou arrasada com uma desgraça tão grande e tão inesperada; não teve convulsões, não teve crise de nervos, não foi ocultar seu sofrimento no leito; mas chorou a morte do pai tão copiosamente, tão amargamente que seus amigos esperavam que o excesso daquela dor se tornasse o próprio remédio; pois não somos suficientemente fortes para suportar por muito tempo um sentimento tão intenso.

Assim o tempo produziu nesse jovem coração seu efeito infalível; Hermínia já pode nomear seu pai sem derreter-se em lágrimas; mas fala dele com tão doce piedade, com um pesar tão ingênuo, um amor tão atual e um sentimento tão profundo que é impossível ouvi-la sem partilhar sua emoção.

Feliz aquele a quem Hermínia dará o direito de acompanhá-la, e de levar com ela uma coroa funerária ao túmulo de seu pai!

Numa capela lateral da igreja de ..., pode-se ver todo domingo, na missa do meio-dia, uma grande e bela jovem acompanhada por uma senhora de idade. Sua figura é encantadora, mas um véu espesso cobre seu rosto. Mas aqueles traços devem ser conhecidos, pois em volta da capela há uma quantidade de rapazes de repente convertidos em devotos, todos elegantemente vestidos, e alguns deles muito simpáticos.

## 146. CORTEJO DE UMA HERDEIRA

Passando um dia pela rua de la Paix em direção à praça Vendôme, fui detido pelo cortejo da mais rica herdeira de Paris, então ainda solteira, e que regressava do bosque de Boulogne.

Ele era composto da seguinte maneira:

1) A bela, objeto de todos os olhares, montada num belo cavalo baio que ela manejava com destreza: vestia um traje de amazona azul de cauda longa, e um chapéu negro com plumas brancas;

2) Seu tutor, cavalgando ao lado dela com a fisionomia grave e o ar de importância associado às suas funções;

3) Um grupo de doze a quinze pretendentes, todos buscando se destacar, uns por sua solicitude, outros por sua habilidade hípica, outros ainda por sua melancolia;

4) Uma carruagem magnificamente atrelada, para servir em caso de chuva ou de fadiga, com um cocheiro corpulento e um jóquei franzino;

5) Domésticos de todas as librés a cavalo, em grande número e a trouxe-mouxe.

Eles passaram... e continuei a meditar.

# Meditação 30
*Buquê*

### 147. MITOLOGIA GASTRONÔMICA

Gastérea é a décima musa: ela preside aos prazeres do gosto.

O domínio do universo poderia ser seu, pois o universo não é nada sem a vida, e tudo o que vive se alimenta.

Ela se compraz especialmente nos outeiros onde a vinha floresce, naqueles que a laranjeira perfuma, nos bosques onde a trufa se elabora, nas regiões abundantes em caça e frutas.

Quando se digna mostrar-se, aparece sob a figura de uma jovem com cintura cor de fogo, cabelos negros, olhos azuis-claros e formas graciosas; tão bela como Vênus, ela é sobretudo soberanamente atraente.

Raramente se mostra aos mortais, mas sua estátua os consola de sua invisibilidade. Um único escultor pôde contemplar tantos encantos, e foi tal o sucesso desse artista protegido dos deuses que quem vir sua obra acreditará nela reconhecer os traços da mulher que mais amou.

De todos os lugares onde Gastérea tem altares, o que ela prefere é essa cidade, rainha do mundo, que aprisiona o Sena entre os mármores de seus palácios.

Seu templo se ergue no monte célebre ao qual Marte deu seu nome;

apoia-se num bloco imenso de mármore branco, ao qual se sobe de todos os lados por cem degraus.

É nesse bloco reverenciado que foram abertos os subterrâneos misteriosos onde a arte interroga a natureza e a submete às suas leis.

É lá que o ar, a água, o ferro e o fogo, postos em ação por mãos hábeis, dividem, reúnem, trituram, amalgamam e produzem efeitos cuja causa o vulgo não conhece.

É de lá, enfim, que em épocas determinadas se evadem maravilhosas receitas cujos autores gostam de permanecer desconhecidos, porque sua felicidade está em sua consciência, e sua recompensa consiste em saber que estenderam as fronteiras da ciência e proporcionaram aos homens prazeres novos.

O templo, monumento único de arquitetura simples e majestosa, é sustentado por cem colunas de jaspe oriental e iluminado por um domo que imita a abóbada celeste.

Não entraremos no detalhe das maravilhas que esse edifício encerra; bastará dizer que as esculturas que ornam seus frontões, bem como os baixos-relevos que decoram suas paredes, são consagrados à memória dos homens que prestaram grandes serviços a seus semelhantes mediante invenções úteis, como a aplicação do fogo às necessidades da vida, a invenção da charrua e outras.

Afastada do domo e dentro de um santuário, vê-se a estátua da deusa: tem a mão esquerda apoiada sobre um fogão, e na direita segura o produto mais caro a seus adoradores.

O dossel de cristal que a cobre é sustentado por oito colunas do mesmo material; e essas colunas, continuamente inundadas de chama elétrica, espalham no local sagrado uma claridade que tem algo de divino.

O culto da deusa é simples: todo dia, ao raiar do sol, seus sacerdotes vêm tirar a coroa de flores que orna sua estátua, colocam uma nova, e cantam em coro um dos numerosos hinos compostos em honra da imortal que cumula de bens o gênero humano.

Os sacerdotes são em número de doze, presididos pelo mais velho; são escolhidos entre os mais sábios; e os mais belos, consideradas as mesmas condições, obtêm a preferência. A idade deles é a da maturidade; podem chegar à velhice, mas jamais à caducidade; o ar que respiram no templo os protege contra ela.

As festas da deusa igualam o número de dias do ano, pois ela jamais cessa de derramar seus benefícios; mas, entre todos, há um que lhe é especialmente consagrado: é o Vinte e Um de Setembro, chamado *a grande festa anual gastronômica*.

Nesse dia solene, a rainha das cidades está envolta, desde a manhã, numa nuvem de incenso; o povo, coroado de flores, percorre as ruas cantando louvores à deusa; os cidadãos se chamam pelo nome do mais amável parentesco; todos os corações são tocados por sentimentos de ternura; a simpatia se espalha pelo ar, propagando por toda parte o amor e a amizade.

Parte da jornada se passa nessas manifestações de alegria, e, à hora determinada pelo costume, todos se dirigem ao templo onde deve ser celebrado o banquete sagrado.

No santuário, aos pés da estátua, eleva-se uma mesa destinada ao colégio dos sacerdotes. Uma outra com 1 200 pratos foi preparada sob o domo para os comensais de ambos os sexos. Todas as artes contribuíram para a ornamentação dessas mesas solenes: nem nos palácios dos reis se viu algo tão elegante.

Chegam os sacerdotes, com o passo grave e a expressão estudada; vestem uma túnica branca de cashmere, cujas bordas são ornadas por um bordado escarlate e cujas pregas são enfeixadas por um cinto também escarlate; as fisionomias exalam santidade e bem-aventurança; depois de terem se cumprimentado, sentam-se.

Servidores vestidos de fino linho já colocaram os alimentos diante deles: não são comidas comuns, feitas para aplacar necessidades vulgares; nada é servido, nessa mesa augusta, que não tenha sido considerado digno de sê-lo, e que não pertença à esfera transcendental, tanto pela escolha dos ingredientes quanto pela profundidade de trabalho.

Os veneráveis consumidores estão à altura de suas funções: sua conversa tranquila, substancial, tem por objeto as maravilhas da criação e a força da arte; comem com lentidão e saboreiam com energia; o movimento de suas mandíbulas é suave, como se cada dentada tivesse um acento especial, e, se passam a língua em seus lábios lustrosos, isso significa glória imortal para o autor das delícias que estão sendo consumidas.

As bebidas, que se sucedem por intervalos, são dignas desse banquete; são servidas por doze moças que uma comissão de pintores e escultores escolheu especialmente para esse dia; elas se vestem à maneira ateniense, vestuário apropriado que favorece a beleza sem atentar ao pudor.

Os sacerdotes da deusa não fingem desviar olhares hipócritas quando as belas mãos dessas jovens despejam para eles as delícias dos dois mundos; mas, ao mesmo tempo em que admiram a mais bela obra do Criador, a discrição da sabedoria não cessa de governar sua conduta, e a maneira como agradecem, como bebem, exprime esse duplo sentimento.

Em torno dessa mesa misteriosa circulam reis, príncipes e ilustres estrangeiros, vindos especialmente de todas as partes do mundo; andam em silêncio e observam com atenção: vieram para se instruir na grande arte de bem comer, arte difícil e ainda ignorada por muitos povos.

Enquanto essas coisas se passam no santuário, uma alegria geral anima os comensais sentados em volta da mesa do domo.

Essa alegria se deve sobretudo ao fato de nenhum deles estar sentado ao lado da mulher à qual já disse tudo. Assim quis a deusa.

A essa mesa imensa foram convocados, por seleção, os especialistas de ambos os sexos que enriqueceram a arte com suas descobertas, os anfitriões que cumprem com tanta graça os deveres da hospitalidade francesa, os viajantes cosmopolitas a quem a sociedade deve importações úteis ou agradáveis, e aqueles homens misericordiosos que alimentam o pobre com os restos magníficos de sua mesa.

A mesa tem forma circular, e no centro há um grande espaço ocupado por uma quantidade de trinchadores e distribuidores que transportam às partes mais afastadas tudo o que os convivas podem desejar.

Ali se encontra, numa disposição admirável, tudo o que a natureza, em sua prodigalidade, criou para a alimentação do homem. Esses tesouros se multiplicam por cem, não apenas por sua associação, mas também pelas metamorfoses operadas pela magia da arte, que reuniu os dois mundos, confundiu os reinos e aproximou as distâncias; o perfume que se eleva dessas requintadas iguarias se espalha no ar, enchendo-o de gases excitantes.

Enquanto isso, rapazes belos e bem vestidos percorrem o círculo exterior, oferecendo incessantemente taças cheias de vinhos deliciosos, que ora têm o brilho do rubi, ora a cor mais modesta do topázio.

De tempo em tempo, músicos hábeis, situados nas galerias do domo, fazem ressoar no templo os tons melodiosos de uma harmonia simples e sutil.

Então as cabeças se elevam, a atenção é capturada, e nesses curtos intervalos todas as conversas se interrompem, para recomeçarem a seguir com renovado encanto; como se esse novo presente dos deuses desse à imaginação mais frescor, e mais leveza aos corações.

Quando o prazer da mesa preencheu o tempo que lhe é destinado, o colégio dos sacerdotes se dispersa no grande recinto; eles vêm participar do banquete, misturar-se com os comensais, beber com eles o café moca que o legislador do Oriente permite a seus discípulos. A bebida perfumada fumega em xícaras ornadas de ouro; e as belas acólitas do santuário percorrem a assembleia para distribuir o açúcar que adoça seu amargor. Elas são encantadoras: no entanto, é tal a influência do ar que se respira no templo de Gastérea que nenhum coração de mulher se abre ao ciúme.

Enfim, o decano dos sacerdotes entoa o hino de ação de graças; todas as vozes se unem, juntamente com os instrumentos: essa homenagem dos corações se eleva aos céus e o serviço chega ao fim.

Somente então começa o banquete popular, pois não há verdadeira festa quando o povo não participa.

Mesas que parecem não ter fim são dispostas em todas as ruas, em todas as praças, na frente de todos os palácios. As pessoas se sentam onde querem; o acaso aproxima idades, condições, bairros; todas as mãos se encontram e se apertam com cordialidade: veem-se apenas rostos contentes.

Embora a grande cidade seja então somente um imenso refeitório, a generosidade dos particulares assegura a abundância, ao mesmo tempo em que um governo paternal zela pela manutenção da ordem, para que os últimos limites da sobriedade não sejam ultrapassados.

Logo uma música alegre e animada se faz ouvir; ela anuncia a dança, esse exercício que a juventude ama.

Salões imensos, pistas de dança especialmente preparadas e refrescos de todo tipo não irão faltar.

Multidões acorrem a esses lugares, uns para dançar, outros para encorajar ou como simples espectadores. Alguns velhos, animados de um fogo passageiro, provocam risos ao oferecerem à beleza uma homenagem efêmera; mas o culto da deusa e a solenidade do dia escusam tudo.

Por muito tempo esse prazer se mantém; a alegria é geral, o movimento universal, e se ouve com pesar o relógio anunciar a hora do repouso. No entanto, ninguém resiste a esse apelo; tudo transcorreu com decência; todos se retiram contentes com sua jornada, e se deitam cheios de esperança nos acontecimentos de um ano que começou sob tão felizes auspícios.

# Transição

Se me leram até aqui com aquela atenção que procurei despertar e manter, devem ter percebido que tive, ao escrever, um duplo objetivo que jamais perdi de vista: o primeiro foi estabelecer as bases teóricas da *gastronomia*, a fim de que ela possa se colocar entre as ciências, na posição que lhe é incontestavelmente devida; o segundo foi definir com precisão o que se deve entender por *gourmandise*, separando para sempre essa qualidade social da glutoneria e da intemperança, com as quais tem sido tão equivocadamente confundida.

Esse equívoco foi introduzido por moralistas intolerantes que, enganados por um zelo excessivo, quiseram ver excessos lá onde só havia um prazer inteligente: pois os tesouros da Criação não foram feitos para ser pisoteados. Depois foi propagado por gramáticos insociáveis, que definiam como cegos e ditavam a lei *in verba magistri*.

Já é tempo de acabar semelhante erro; pois agora todos entendem a diferença, e não há quem não confesse um pouquinho de gula e que não faça disso uma glória, assim como não há quem não tome como injúria a acusação de glutoneria, voracidade ou intemperança.

Sobre esses dois pontos cardinais, parece-me que o que escrevi até o momento equivale a demonstração, e deve bastar a todos os que não se recusam à evidência. Poderia portanto largar a pena e considerar como finda a tarefa que me impus; mas, aprofundando temas que dizem respeito a tudo, vieram-me à memória muitas coisas que me pareceram boas de escrever, anedotas certamente inéditas, ditos espirituosos que escutei, algumas receitas requintadas e outros acepipes semelhantes.

Introduzidos na parte teórica, eles teriam rompido seu conjunto; reunidos numa seção à parte, acredito que serão lidos com prazer, não apenas por proporcionarem entretenimento, mas por conterem algumas verdades experimentais e desenvolvimentos úteis.

Também é necessário, conforme anunciei no começo, que escreva para mim um pouco daquela biografia que não dá ensejo nem à discussão nem a comentários. Busquei a recompensa de meu trabalho nessa parte onde volto a encontrar meus amigos. É sobretudo quando a existência está prestes a se evadir de nós que o *eu* se torna valioso, e os amigos necessariamente fazem parte dele.

Contudo, ao reler certas passagens pessoais, não dissimulo que tive alguns movimentos de inquietude.

Esse mal-estar provinha de minhas mais recentes leituras, e das glosas que fiz sobre memórias que todos podem ler nas bibliotecas.

Temi que algum maldoso, que tivesse digerido mal e dormido mal, viesse a dizer: "Mas olha aí um professor que só fala bem de si mesmo! Um professor que não cessa de se enaltecer! Um professor que... um professor para quem...!".

Ao que respondo de antemão, defendendo-me, que aquele que não fala mal de ninguém tem de fato o direito de se tratar com alguma indulgência; e que não vejo por que razão seria excluído de minha própria benevolência, eu que sempre fui alheio aos sentimentos de ódio.

Depois dessa resposta, apoiada solidamente na realidade, creio poder ficar tranquilo, bem abrigado em meu manto de filósofo; e os que insistirem, declaro-os maus dormidores. *Maus dormidores!* Injúria inédita, da qual quero a patente de invenção, porque fui o primeiro a descobrir que ela contém em si uma verdadeira excomunhão.

# Variedades

### 1. A OMELETE DO CURA

Todo mundo sabe que a sra. R... ocupou, durante vinte anos, sem contestação, o trono da beleza em Paris. Sabe-se também que ela é extremamente caridosa, e que em certa época se interessou por muitos dos empreendimentos que tinham o objetivo de aliviar a miséria, às vezes mais aguda na capital que em qualquer outra parte.*

Precisando consultar sobre o assunto o cura de ..., ela foi à casa dele por volta das cinco da tarde, e ficou surpresa de já encontrá-lo à mesa.

A prezada moradora da rua Mont-Blanc acreditava que todo mundo, em Paris, jantava às seis, não sabendo que os eclesiásticos começam em geral mais cedo, porque muitos deles fazem à noite uma leve colação.

---

* É penosa sobretudo a situação daqueles cujas necessidades são ignoradas. Mas é preciso fazer justiça aos parisienses, e dizer que são caritativos e generosos em suas esmolas. No ano x, eu dava uma pequena pensão semanal a uma velha religiosa que jazia num sexto andar, com a metade do corpo paralisado. Essa boa senhora recebia o suficiente da beneficência dos vizinhos para viver mais ou menos confortavelmente e poder alimentar uma irmã leiga que tomava conta dela.

A sra. R... pensou em retirar-se; mas o cura a reteve, seja porque o assunto da conversa não era de natureza a impedir o jantar, seja porque uma bela mulher jamais é um desmancha-prazeres para ninguém, seja porque ele percebeu que só lhe faltava um interlocutor para fazer de sua sala de jantar um verdadeiro Eliseu gastronômico.

Com efeito, a mesa estava posta com notável elegância; um vinho envelhecido faiscava numa jarra de cristal; a porcelana branca era de primeira classe; os pratos se mantinham aquecidos com água quente; e uma empregada, ao mesmo tempo canônica e bem vestida, estava ali, pronta para receber ordens.

A refeição era limítrofe entre a frugalidade e o requinte. Uma tigela com caldo de lagostas acabava de ser retirada, e se via sobre a mesa uma truta salmoneja, uma omelete e uma salada.

"Meu jantar lhe ensina o que a senhora talvez não saiba", disse o padre sorrindo; "hoje é dia de jejum, segundo as leis da Igreja." Nossa amiga se inclinou em sinal de assentimento; mas testemunhos particulares garantem que ela enrubesceu um pouco, o que não impediu o cura de comer.

Ele estava começando a comer a parte superior da truta, cujo molho indicava ter sido muito bem preparado, e uma satisfação interior transparecia em sua fronte.

Após esse primeiro prato, ele se lançou à omelete, que era redonda, bojuda e cozida ao ponto.

À primeira colherada, o interior deixou escapar um recheio que agradava tanto a vista como o olfato; a omelete parecia repleta desse recheio, e a prezada Juliette confessou que lhe veio água na boca.

Essa reação de simpatia não escapou ao cura, acostumado a vigiar as paixões dos homens; e, como se respondesse a uma pergunta que a sra. R... se preservara de fazer, disse: "É uma omelete de atum; minha cozinheira sabe prepará-la maravilhosamente, e poucos a saboreiam sem congratular-me por isso". "Não duvido disso", respondeu a rica moradora da Chaussée-d'Antin; "e jamais omelete tão apetitosa apareceu em nossas mesas mundanas."

Depois foi a vez da salada. (Recomendo-a a todos os que têm confiança em mim; a salada refresca sem enfraquecer e conforta sem irritar: tenho o costume de dizer que ela rejuvenesce.)

O jantar não interrompeu a conversação. Falou-se do assunto que havia ocasionado a visita, das devastações que a guerra então causava, das esperanças da Igreja e outras conversas de mesa que tornam passável um mau jantar e embelezam um bom.

Veio então a sobremesa; consistia em queijo de Semoncel, três maçãs de Calville e um pote de geleia.

Enfim, a empregada trouxe uma pequena mesa redonda, tal como havia outrora e era chamada *guéridon*, sobre a qual colocou uma xícara de café moca bem límpido, bem quente, e cujo aroma se espalhou pela sala.

Após tê-lo bebericado (*siped*), o cura fez sua oração de agradecimento e acrescentou, ao levantar-se: "Jamais tomo bebidas fortes; é um supérfluo que ofereço a meus convidados mas que pessoalmente evito. Assim me reservo um amparo na extrema velhice, se Deus me der a graça de chegar a ela".

Enquanto isso, o tempo havia passado e soaram seis horas; a sra. R... apressou-se a voltar para casa, pois naquele dia esperava para jantar alguns amigos entre os quais eu me encontrava. Chegou tarde, como de costume; mas enfim chegou, ainda sensibilizada com o que tinha visto e cheirado.

Durante a refeição, só se falou do cardápio do cura e principalmente de sua omelete de atum.

A sra. R... a louvava por seu tamanho, sua redondez, sua aparência; e, sendo seguras todas as informações, todos concordaram que ela devia ser excelente, cada um fazendo à sua maneira uma verdadeira equação sensual.

Esgotado o assunto, falou-se de outras coisas e não se pensou mais na omelete. Quanto a mim, propagador de verdades úteis, me senti no dever de tirar da obscuridade uma preparação culinária que julgo tão saudável quanto agradável. Encarreguei meu cozinheiro de providenciá-la com os mais minuciosos detalhes, e a ofereço de bom grado aos aficionados, tanto mais por não tê-la encontrado em nenhum livro de receitas.

RECEITA DA OMELETE DE ATUM — Pegue, para seis pessoas, as leitas de duas carpas bem lavadas, e faça-as embranquecer mergulhando-as durante cinco minutos em água fervente e levemente salgada.

Tenha pronto um pedaço de atum do tamanho de um ovo de galinha, ao qual juntará uma cabeça de alho já picada.

Corte o atum em pedacinhos e o misture bem às leitas, lançando tudo numa frigideira com uma porção suficiente de boa manteiga, e frite até que a manteiga esteja completamente derretida. Isso é que dá à omelete seu sabor especial.

Misture também uma segunda porção de manteiga, a seu gosto, com salsa e cebolinha, e coloque numa travessa pisciforme destinada a receber a omelete; despeje por cima suco de limão e deixe aquecer sobre a cinza quente.

Bata em seguida doze ovos (os mais frescos são os melhores); o *sauté* de leita e atum será despejado neles e agitado de maneira que se misturem bem.

Cozinhe a seguir a omelete da maneira usual, cuidando que ela fique alongada, espessa e leve. Disponha-a com habilidade na travessa que preparou para recebê-la, e sirva para ser comida em seguida.

Esse prato deve ser reservado para os desjejuns finos ou para as reuniões de aficionados que sabem o que comem e comem pausadamente. Acompanhado de um bom vinho envelhecido, produzirá maravilhas.

NOTAS TEÓRICAS PARA AS RECEITAS. 1) As leitas e o atum devem ser levemente fritos e não fervidos, para que não endureçam, o que os impediria de se misturar bem com os ovos.

2) A travessa deve ser funda, a fim de que o molho se concentre e possa ser servido com a colher.

3) A travessa deve ser ligeiramente aquecida, pois, se estiver fria, a porcelana retiraria todo o calor da omelete, e este não seria suficiente para derreter o molho sobre o qual ela foi colocada.

## 2. OVOS AO SUCO DE CARNE

Um dia eu viajava com duas damas, acompanhando-as até Melun.

Não havíamos partido muito cedo, e chegamos a Montgeron com um apetite que ameaçava destruir tudo.

Vãs ameaças: a estalagem onde paramos, embora de boa aparência, se esvaziara, não havia mais provisões: três diligências e duas seges de correio haviam passado e, como os gafanhotos do Egito, tinham devorado tudo.

Foi o que disse o *chef*.

No entanto, vi assando no fogo uma perna de carneiro apetitosa, e sobre a qual as damas, por hábito, lançavam olhares muito coquetes.

Infelizmente seus olhares eram mal dirigidos; a perna de carneiro pertencia a três ingleses que a haviam trazido, e esperavam sem impaciência que assasse enquanto bebiam champanhe (*prating over a bottle of Champain*).

"Mas pelo menos", disse eu num tom meio tristonho, meio suplicante, "será que o senhor não poderia misturar uns ovos no suco da carne desse carneiro? Com esses ovos e uma xícara de café nos resignaremos." "Claro, não há problema", respondeu o *chef*, "o suco da carne é propriedade nossa por direito, e vou providenciar o que me pede." E logo pôs-se a quebrar os ovos com cuidado.

Quando o vi ocupado, me aproximei do fogo; e, tirando do bolso uma faca de viagem, apliquei na perna de carneiro proibida uma dúzia de profundos talhos por onde o suco haveria de escoar até a última gota.

Tomei então o cuidado de observar o cozimento dos ovos, para que nenhuma distração viesse a nos prejudicar. Quando estavam no ponto, me apoderei deles e os levei à mesa que nos haviam preparado.

Lá, nos regalamos e rimos como loucos, pois na realidade devorávamos a substância da perna de carneiro, deixando a nossos amigos ingleses apenas o trabalho de mastigar o resíduo.

## 3. VITÓRIA NACIONAL

Durante minha estadia em Nova York, ia às vezes passar a noite numa espécie de café-taverna mantido por um certo sr. Little, onde de manhã se podia tomar sopa de tartaruga e, à noite, todos os refrescos comuns nos Estados Unidos.

Geralmente conduzia até lá o visconde de la Massue e Jean-Rodolphe Fehr, ex-agente de comércio em Marselha, ambos emigrados como eu; regalava-os com um *welch rabbit* * regado a ale ou a sidra, e passávamos a noite docemente a falar de nossas infelicidades, de nossos prazeres e de nossas esperanças.

Lá fiquei conhecendo o sr. Wilkinson, fazendeiro na Jamaica, e um homem que por certo era um de seus amigos, pois sempre o acompanhava. Este último, cujo nome nunca soube, era um dos homens mais extraordinários que já vi: tinha o rosto quadrado, os olhos vivos, e parecia examinar tudo com atenção; no entanto, jamais falava, e sua postura era imóvel como a de um cego. Mas quando

---

* Os ingleses chamam epigramaticamente *welch rabbit* (coelho gaulês) um pedaço de queijo grelhado sobre uma fatia de pão. Certamente não é algo tão substancial quanto um coelho, mas convida a beber, faz degustar bem o vinho, e é um ótimo complemento para uma reunião de amigos.

ouvia uma piada ou algo de cômico, seu rosto se acendia, os olhos se fechavam, e, abrindo uma boca tão grande como o pavilhão de uma trompa, emitia um som prolongado que era uma mistura de risada e relincho, e que os ingleses chamam *horse laugh*; depois voltava ao normal, e recaía em sua habitual taciturnidade: aquilo tinha a duração de um raio rasgando a nuvem. Quanto ao sr. Wilkinson, que aparentava uns cinquenta anos, tinha os gestos e o comportamento exterior de um cavalheiro (*of a gentleman*).

Esses dois ingleses pareciam gostar de nossa companhia, e já tinham participado várias vezes, com muito gosto, da refeição frugal que eu oferecia a meus amigos, quando uma noite o sr. Wilkinson me chamou à parte e declarou a intenção de nos convidar, os três, para jantar.

Agradeci, e, considerando-me autorizado o bastante num assunto em que eu era evidentemente a parte principal, aceitei por todos, o convite sendo marcado para dois dias depois, às três da tarde.

A noite transcorreu como de costume; mas, no momento em que me retirava, o garçom (*waiter*) me chamou à parte e informou que os jamaicanos haviam encomendado uma boa refeição; que tinham dado ordens para que as bebidas fossem especialmente escolhidas, porque consideravam seu convite como um desafio de quem beberia melhor, e que o homem da bocarra havia dito que ele sozinho esperava botar os franceses debaixo da mesa.

Essa informação me teria feito rejeitar o banquete, se pudesse fazê-lo honrosamente; pois sempre evitei semelhantes orgias. Mas isso era impossível. Os ingleses espalhariam aos quatro ventos que havíamos fugido ao combate, que sua simples presença fora suficiente para nos fazer recuar; e, embora conscientes do perigo, seguimos a máxima do marechal de Saxe: sacada a rolha do vinho, estamos prontos para bebê-lo.

Eu não deixava de ter algumas preocupações; mas na verdade elas não tinham a mim por objeto.

Considerava como certo que, sendo mais jovem, maior e mais vigoroso que nossos anfitriões, minha constituição, virgem de excessos báquicos, triunfaria facilmente dos dois ingleses, provavelmente desgastados pelo excesso de bebidas espirituosas.

Se tivesse de enfrentar sozinho os outros quatro concorrentes, sem dúvida me haveriam de proclamar vencedor; mas essa vitória pessoal seria singularmente enfraquecida pela queda de meus dois compatriotas, arrastados com os vencidos àquele estado medonho que sucede a tal derrota. Eu desejava poupar-lhes essa vergonha; em suma, queria o triundo da nação e não do indivíduo. Em vista disso, reuni em minha casa Fehr e La Massue, e fiz um discurso severo e formal para manifestar meus temores; recomendei-lhes que bebessem tanto quanto possível aos poucos, que esvaziassem sub-repticiamente alguns copos enquanto eu atraía a atenção de meus adversários, e sobretudo que comessem devagar e conservassem um pouco de apetite durante toda a reunião, porque os alimentos misturados às bebidas temperam seu ardor e impedem que elas subam à cabeça com muita violência; enfim, dividimos entre nós um prato de amêndoas amargas, que, segundo ouvira dizer, tinham a propriedade de moderar os efeitos do vinho.

Assim armados moral e fisicamente, nos dirigimos à taverna de Little, onde encontramos os jamaicanos. O jantar foi logo servido. Consistia em uma enorme peça de rosbife, um peru cozido em seu caldo, raízes fervidas, uma salada de repolho cru e uma torta de geleia de frutas.

Bebeu-se à moda francesa, isto é, o vinho foi servido desde o início: era um clarete muito bom, então bem mais barato que na França, porque haviam chegado várias remessas sucessivamente e as últimas tinham poucos compradores.

O sr. Wilkinson fazia maravilhosamente as honras, convidando-nos a comer e dando-nos o exemplo; seu amigo parecia afundado em seu prato, sem dizer nada, olhando de soslaio e rindo com o canto dos lábios.

Quanto a mim, estava encantado com meus dois acólitos. La Massue, embora dono de vasto apetite, administrava suas porções como uma dama esnobe; e Fehr esvaziava de tempo em tempo alguns copos de vinho, despejando-o com habilidade num pote de cerveja que estava na ponta da mesa. De minha parte, enfrentava decididamente os dois ingleses, e à medida que avançava a refeição, mais confiante me sentia.

Depois do clarete veio o vinho do Porto, depois o madeira, no qual permanecemos por muito tempo.

Chegou a vez da sobremesa, composta de manteiga, queijo, nozes e coco. Foi então o momento dos brindes, e bebemos em homenagem ao poder dos reis, à liberdade dos povos e à beleza das mulheres; também brindamos, com o sr. Wilkinson, à saúde de sua filha Mariah, que ele nos assegurou ser a criatura mais bela de toda a ilha da Jamaica.

Depois do vinho vieram os *spirits*, ou seja, o rum, o brandy, o uísque e a aguardente de framboesa; e, com essas bebidas, as canções. Vi que a coisa ia esquentar e fiquei preocupado; para eludir os *spirits*, mandei vir ponche, e o próprio Little nos trouxe um bule, certamente preparado de antemão, que daria para quarenta pessoas. Na França não temos recipientes dessa dimensão.

Essa visão me devolveu a coragem: comi cinco ou seis torradas com uma manteiga muito fresca, e senti minhas forças renascerem. Então observei atentamente o que se passava a meu redor, pois eu começava a ficar inquieto sobre como tudo aquilo acabaria. Meus dois amigos me pareceram bastante firmes: bebiam enquanto descascavam nozes. O sr. Wilkinson tinha o rosto vermelho-carmesim, seus olhos estavam turvos, ele parecia abatido; seu amigo permanecia em silêncio, mas sua cabeça fumegava como uma caldeira fervente, e a boca imensa se reduzira a um beicinho. Vi claramente que a catástrofe se aproximava.

De fato, o sr. Wilkinson se ergueu, como que despertado em sobressalto, e entoou numa voz bastante forte a canção nacional "*Rule Britannia*"; mas não conseguiu ir muito longe, suas forças o traíram, tornou a cair na cadeira e dali escorregou para debaixo da mesa. Seu amigo, ao vê-lo nesse estado, soltou uma de suas mais estridentes gargalhadas e, abaixando-se para ajudá-lo, caiu ao lado dele.

É impossível exprimir a satisfação que me causou esse brusco desfecho e o alívio que me produziu. Apressei-me a tocar a campainha. Little subiu e, após ter lhe dirigido a frase oficial: "Faça que esses dois cavalheiros sejam convenientemente atendidos", bebemos juntos um último copo de ponche à saúde deles. O *waiter* logo chegou e, ajudado por auxiliares, apoderou-se dos vencidos e os levou para suas casas, com os pés à frente, segundo a regra *the feet foremost*,* o amigo guardando uma imobilidade absoluta, e o sr. Wilkinson tentando ainda cantar a "*Rule Britannia*".

No dia seguinte, os jornais de Nova York, que foram a seguir copiados por todos os da União, contaram com bastante exatidão o que se passou; e, como acrescentavam que os ingleses haviam adoecido por causa dessa aventura, fui visitá-los. Encontrei o amigo completamente entorpecido em consequência de uma forte indigestão, e o sr. Wilkinson retido em sua cadeira por

---

* Essa expressão inglesa serve para designar os que são carregados mortos ou bêbados.

um acesso de gota que nosso combate báquico provavelmente havia suscitado. Ele pareceu sensibilizado com minha atenção, e disse, entre outras coisas: *"Oh! dear sir, you are very good company indeed, but too hard a drinker for us"*.*

## 4. AS ABLUÇÕES

Escrevi que o vomitório dos romanos repugnava à delicadeza de nossos costumes; receio ter cometido uma imprudência e ser obrigado a retratar-me.

Explico-me.

Há uns quarenta anos aproximadamente, algumas pessoas da alta sociedade, quase sempre damas, tinham o costume de enxaguar a boca após a refeição.

Para tanto, no momento em que deixavam a mesa, viravam as costas aos outros comensais; um lacaio apresentava-lhes um copo d'água; elas tomavam um gole que era cuspido em seguida no pires; o criado se afastava, e a operação passava mais ou menos despercebida pela maneira como era feita.

Modificamos tudo isso.

Na casa que se vangloria dos mais belos costumes, domésticos distribuem aos comensais, no final da sobremesa, tigelas cheias de água fria, no meio das quais se encontra um copo de água quente. Então, à vista de todos, mergulham-se os dedos na água fria, para dar a impressão de lavá-los, e ingere-se a água quente, que é gargarejada com ruído e cuspida no copo ou na tigela.

Não fui o único que se insurgiu contra essa inovação, igualmente inútil, indecente e desagradável.

*Inútil*: pois, em todos os que sabem comer, a boca está limpa no final da refeição; a limpeza foi feita ou pela fruta, ou pelos últimos copos bebidos na sobremesa. Quanto às mãos, elas não devem ser usadas de maneira que fiquem sujas; além disso, cada um não tem um guardanapo para limpá-las?

*Indecente*: pois é um princípio geralmente aceito que toda ablução deve se ocultar na privacidade da toalete.

Inovação *desagradável* sobretudo: pois a boca mais bela e mais jovem perde todos os seus encantos quando usurpa as funções dos órgãos evacuado-

---

* "Oh, meu caro, o senhor é na verdade uma ótima companhia, mas um bebedor demasiado forte para nós."

res; o que dizer então quando essa boca não é bela nem jovem? E o que dizer dessas enormes chanfraduras que se abrem para revelar abismos que diríamos sem fundo, se neles não avistássemos picos informes que o tempo corroeu? *Proh pudor!*

Tal é a posição ridícula em que nos colocou uma afetação de limpeza pretensiosa, alheia a nossos gostos e a nossos costumes.

Uma vez ultrapassados certos limites, não se sabe mais onde se irá parar, e fico imaginando que nova purificação vão nos impor.

Desde o aparecimento oficial dessas tigelas, desolo-me noite e dia. Como um novo Jeremias, deploro as aberrações da moda e, bem instruído por minhas viagens, não entro mais numa sala de jantar sem o temor de ali encontrar o abominável *chamberpot*.\*

## 5. O PROFESSOR LUDIBRIADO E UM GENERAL DERROTADO

Há alguns anos os jornais anunciaram a descoberta de um novo perfume, extraído do hemerocale, planta bulbosa que tem efetivamente um odor muito agradável, parecido ao do jasmim.

Sou muito curioso e um tanto basbaque, e essas duas causas combinadas me levaram até o bairro Saint-Germain, onde devia encontrar o perfume, encanto das narinas, como dizem os turcos.

Lá recebi a acolhida digna de um aficionado, e tiraram para mim, do tabernáculo de uma farmácia muito bem guarnecida, uma pequena caixa cuidadosamente lacrada, e que devia conter uns cinquenta gramas da preciosa cristalização: cortesia que retribuí com três francos, segundo as regras de compensação cuja esfera e princípios são ampliados a cada dia pelo sr. Azaïs.

Um estouvado teria ali mesmo desembrulhado, aberto, cheirado e degustado o perfume. Um professor age diferentemente: pensei que em semelhante caso o retiro era indicado; assim voltei a passos oficiais para casa; e

---

\* Sabe-se que existem ou existiam há poucos anos, na Inglaterra, salas de refeição em que se podia atender ao chamado da natureza sem deixar o recinto: facilidade estranha mas que tinha um pouco menos de inconveniências num país em que as damas se retiram assim que os homens começam a beber vinho.

pouco depois, sentado em meu sofá, me preparei para experimentar uma sensação nova.

Tirei do bolso a caixa odorante e a desembaracei dos cueiros nos quais estava ainda envolvida; eram três folhas impressas diferentes, todas relativas ao hemerocale, à sua história natural, ao seu cultivo, à sua flor e aos requintados prazeres que podiam se obter de seu perfume, ou este se concentrasse em pastilhas, ou se misturasse a produtos farmacêuticos, ou enfim aparecesse em nossas mesas dissolvido em bebidas alcoólicas ou misturado a sorvetes. Li atentamente esses folhetos: primeiro, para me indenizar da compensação de que falei mais acima; segundo, para me preparar convenientemente para a apreciação do novo tesouro extraído do reino vegetal.

Abri portanto, com a devida reverência, a caixa que eu supunha repleta de pastilhas. Mas ó surpresa! ó dor! nela encontrei, em cima, um segundo exemplar dos três folhetos que havia acabado de ler, e, como simples acessórios, cerca de duas dúzias desses trociscos cuja conquista me fizera viajar ao nobre bairro.

A primeira coisa que fiz foi degustar uma ou duas pastilhas, e em deferência à verdade devo dizer que as achei muito agradáveis; mas isso só me fez lamentar ainda mais que, contra a aparência exterior, seu número fosse tão pequeno, e quanto mais pensava nisso, mais me sentia ludibriado.

Levantei-me portanto com a intenção de devolver a caixa a seu autor, mesmo que ele recusasse reembolsar-me o dinheiro; mas, nesse movimento, um espelho mostrou-me os cabelos grisalhos; ri do meu arrebatamento e tornei a sentar, passado o rancor: vê-se que ele durou muito tempo.

Aliás, uma consideração particular me reteve: a questão envolvia um farmacêutico, e havia apenas quatro dias eu tinha testemunhado a extrema imperturbabilidade dos membros desse respeitável colégio.

Trata-se ainda de uma anedota que convém que meus leitores conheçam. Estou hoje (17 de junho de 1825) disposto a contá-la. Queira Deus que não seja uma calamidade pública!

Assim, certa manhã fui fazer uma visita ao general Bouvier des Éclats, meu amigo e conterrâneo.

Encontrei-o andando pela casa com um ar agitado, e segurando nas mãos um manuscrito que tomei por um texto em versos.

"Tome", disse ele entregando-me o papel, "e me dê sua opinião; você entende disso."

Ao ler o que estava escrito, fiquei surpreso de ver que se tratava de uma nota de fornecimento de remédios: de modo que não era em minha qualidade de poeta que estava sendo requisitado, mas como farmacologista.

"Por Deus, meu amigo", disse-lhe devolvendo o papel, "você conhece os hábitos da corporação a que recorreu; os limites foram talvez um pouco ultrapassados; mas para que lhe servem um fardamento bordado, três condecorações, um chapéu com dragonas? Eis aí três circunstâncias agravantes, e não conseguirão facilmente de você o que pretendem." "Cale-se", me disse ele com humor, "essa conta é exorbitante. Além disso, irá conhecer meu esfolador, mandei chamá-lo; ele está vindo, e você me defenderá."

Ele ainda falava quando a porta se abriu, e vimos entrar um homem de uns cinquenta anos, vestido com esmero; era alto e tinha o andar grave; e toda a sua figura teria um aspecto uniforme de severidade, se não houvesse algo de sardônico entre os olhos e a boca.

Ele aproximou-se da lareira, recusou sentar-se; e presenciei o seguinte diálogo, que fielmente transcrevo:

O GENERAL: Senhor, a nota que me enviou é uma verdadeira conta de boticário, e...

O HOMEM SINISTRO: Senhor, não sou boticário.

O GENERAL: Então o que é?

O HOMEM SINISTRO: Sou farmacêutico.

O GENERAL: Pois bem, senhor farmacêutico, seu garoto de recados deve ter lhe dito...

O HOMEM SINISTRO: Senhor, não tenho garoto de recados.

O GENERAL: Mas então quem é aquele jovem?

O HOMEM SINISTRO: É um aluno, senhor.

O GENERAL: Bem, eu queria lhe dizer que suas drogas...

O HOMEM SINISTRO: Senhor, eu não vendo drogas.

O GENERAL: Então o que é que vende?

O HOMEM SINISTRO: Medicamentos, senhor.

Aí terminou a discussão. O general, envergonhado por ter cometido tantos solecismos e por conhecer tão pouco o linguajar farmacêutico, perturbou-se, esqueceu o que tinha a dizer e pagou tudo o que queriam.

## 6. O PRATO DE ENGUIA

Havia em Paris, na rua de la Chaussée-d'Antin, um sujeito chamado Briguet, o qual, tendo sido primeiro cocheiro e depois negociante de cavalos, acabou por fazer uma pequena fortuna.

Havia nascido em Talissieu; e tendo resolvido, ao aposentar-se, voltar para lá, desposou uma mulher de modestos recursos que outrora havia sido cozinheira na casa da srta. Thévenin, que toda Paris conheceu pelo cognome de "Ás de Espadas".

Apresentou-se a ocasião de adquirir uma pequena propriedade em sua aldeia natal; ele a aproveitou e lá se estabeleceu com sua mulher por volta do final de 1791.

Naquele tempo, os vigários de cada diocese tinham o costume de se reunir uma vez por mês na casa de um deles sucessivamente, para debater sobre assuntos eclesiásticos. Era celebrada uma missa, debatia-se e depois jantava-se.

O conjunto chamava-se *a conferência*, e o vigário na casa de quem ela devia se realizar não deixava de se preparar com antecedência para receber dignamente seus confrades.

Ora, quando foi a vez do vigário de Talissieu, um de seus paroquianos o presenteou com uma magnífica enguia pescada nas águas límpidas do Sérans, e com cerca de um metro de comprimento.

Satisfeito de possuir um peixe de tal estirpe, o pastor receou que sua cozinheira não fosse capaz de preparar um prato à altura dele; resolveu então procurar a sra. Briguet e, homenageando seus conhecimentos superiores, rogou-lhe que imprimisse seu selo num prato digno de um arcebispo, e que muito honraria o jantar.

A dócil ovelha consentiu sem dificuldade, e com tanto mais prazer, dizia ela, por lhe restar ainda uma caixinha de diversos condimentos raros que costumava usar na casa da antiga patroa.

O prato de enguia foi preparado com cuidado e servido com distinção. Não apenas tinha um aspecto elegante, mas também um aroma sedutor; e, quando o degustaram, faltaram palavras para fazer-lhe o elogio. Assim, o corpo e o molho da enguia foram consumidos até a última partícula.

Mas aconteceu que, na sobremesa, os veneráveis se sentiram excitados de uma maneira estranha, e, devido à influência necessária do físico sobre o moral, as conversas se tornaram mais ousadas.

Uns passaram a contar suas aventuras no tempo do seminário, outros gracejavam com os vizinhos de algum boato escandaloso; em suma, a conversação se concentrou em torno do mais doce dos pecados capitais; e o mais notável é que eles nem sequer se deram conta do escândalo, tão astucioso é o diabo.

Separaram-se tarde, e minhas memórias secretas não vão mais além naquele dia. Mas, na conferência seguinte, quando os convivas se reviram, estavam envergonhados do que haviam dito, pediam desculpas pelas acusações que fizeram reciprocamente, e acabaram por atribuir tudo à influência da enguia, de modo que, mesmo confessando que era um prato delicioso, concordaram que não seria prudente pôr o saber da sra. Briguet a uma segunda prova.

Em vão tentei descobrir a natureza do condimento que havia produzido tão maravilhosos efeitos, tanto mais que ninguém se queixara de que ele fosse de natureza perigosa ou corrosiva.

A artista admitiu um molho de lagostas bem apimentado, mas tenho como certo que ela não disse tudo.

## 7. O ASPARGO

Um dia vieram dizer ao monsenhor Courtois de Quincey, bispo de Belley, que um aspargo de um volume maravilhoso despontava num dos canteiros de sua horta.

Na mesma hora, todos se dirigiram ao local para verificar o fato; pois, também nos palácios episcopais, os homens gostam de ter algo a fazer.

A notícia não era nem falsa nem exagerada: a planta já havia brotado e se mostrava acima do solo; a cabeça era redonda, lustrosa, variegada, e prometia uma coluna mais larga que os dedos fechados da mão.

Todos se admiraram desse fenômeno da horticultura, concordando que o direito de separá-lo de sua raiz pertencia apenas ao monsenhor; e o cuteleiro das imediações foi encarregado de fazer imediatamente uma faca apropriada a essa elevada função.

Durante os dias seguintes, o aspargo só fez crescer em graça e em beleza; sua marcha era lenta, mas contínua; e logo se pôde perceber a parte branca onde termina a propriedade esculenta dessa hortaliça.

Assim indicado o momento da colheita, esta foi preparada por um bom almoço, ficando a operação adiada para a volta do passeio pós-prandial.

Então, o monsenhor avançou armado de uma faca oficial, abaixou-se com gravidade, e ocupou-se em separar da raiz o vegetal orgulhoso, enquanto toda a corte episcopal demonstrava certa impaciência de examinar suas fibras e contextura.

Mas ó surpresa! ó desapontamento! ó dor! O prelado se levantou de mãos vazias... O aspargo era de madeira.

Essa brincadeira, talvez um pouco exagerada, fora concebida e executada pelo cônego Rosset, que, natural de Saint-Claude, sabia tornear e pintar madeira com perfeição.

Ele fabricou uma réplica idêntica da planta, a enterrou às escondidas e a levantava um pouco a cada dia, para imitar o crescimento natural.

O monsenhor não soube muito bem como reagir a esse embuste (pois se tratava de um embuste); mas, vendo a hilaridade se esboçar no rosto dos acompanhantes, sorriu, e esse sorriso foi seguido da explosão geral de uma gargalhada verdadeiramente homérica; assim, o corpo do delito foi levado, ficando o delinquente impune; e, nessa noite pelo menos, o aspargo esculpido recebeu as honras na sala de jantar.

## 8. A ARMADILHA

O cavaleiro de Langeac chegou a ter uma considerável fortuna, que se dissipou com os inevitáveis exutórios que cercam todo homem rico, jovem e bonito.

Ele juntara os destroços e, em Lyon, graças a uma pequena pensão que recebia do governo, levava uma existência agradável na melhor sociedade, pois a experiência lhe havia ensinado a moderação.

Embora sempre galante, havia se retirado do serviço das damas; comprazia-se ainda em jogar cartas com elas, no que era igualmente bom; mas defendia contra elas seu dinheiro com o sangue-frio que caracteriza os que renunciaram a seus favores.

A gastronomia havia ganho com a perda de suas outras inclinações; pode-se dizer que fazia dela sua profissão, e, como era também muito amável, recebia tantos convites que não conseguia atender a todos.

Lyon é uma cidade em que se come bem; sua localização facilita o suprimento abundante de vinhos de Bordeaux, do Ermitage e da Borgonha; a caça dos morros vizinhos é excelente; dos lagos de Genebra e do Bourget chegam os melhores peixes do mundo; e os aficionados se maravilham à visão das galinhas de Bresse, das quais Lyon é o principal mercado.

O cavaleiro de Langeac tinha portanto seu lugar reservado nas melhores mesas da cidade; mas a que ele mais apreciava era a do sr. A..., banqueiro muito rico e gastrônomo distinto. O cavaleiro justificava essa preferência pela amizade que se estabelecera entre os dois quando estudavam juntos. Os maledicentes (pois há deles em toda parte) atribuíam-na ao fato de o sr. A... ter por cozinheiro o melhor aluno de Ramier, habilidoso dono de restaurante que florescia naqueles tempos remotos.

Seja como for, por volta do final do inverno de 1780, o cavaleiro de Langeac recebeu um bilhete por meio do qual o sr. A... o convidava a uma ceia (pois as ceias ainda estavam em moda na época) para dali a dez dias; e minhas memórias secretas asseguram que ele vibrou de alegria ao pensar que um convite tão antecipado indicava uma reunião solene e uma festividade de primeira ordem.

Ele compareceu no dia e na hora marcados, e encontrou os convidados reunidos, em número de dez, todos amantes da alegria e da boa comida; a palavra *gastrônomo* ainda não havia sido tirada do grego, ou ao menos não era usual como hoje.

Logo uma refeição substancial lhes foi servida; viam-se, entre outras coisas, um enorme lombo de vaca cozido em seu suco, um fricassê de galinha bem acompanhado de legumes, um pedaço de vitela de excelente aspecto e uma bela carpa recheada.

Tudo isso era muito bom, mas não correspondia, aos olhos do cavaleiro, à expectativa que formara em função da antecedência do convite.

Uma outra singularidade chamou sua atenção: os convidados, todos conhecidos por seu bom apetite, ou não comiam, ou mal tocavam na comida; um alegava enxaqueca, outro um resfriado, um terceiro havia almoçado tarde, e assim por diante. O cavaleiro se espantou com a coincidência de se acumularem nessa noite disposições tão anticonviviais; e, julgando-se encarregado de representar todos aqueles inválidos, atacou audaciosamente a comida, empunhando a faca com precisão e demonstrando grande capacidade de intussuscepção.

O segundo serviço não era menos substancial em seus ingredientes; um enorme peru de Crémieu contracenava com um belíssimo lúcio em vinha-d'alhos, flanqueados de seis acompanhamentos tradicionais (não incluída a salada), entre os quais se distinguia um macarrão com queijo parmesão.

A essa aparição, o cavaleiro sentiu um novo alento, enquanto os outros davam a impressão de estar nos últimos suspiros. Exaltado pela mudança de vinhos, e triunfando da impotência dos companheiros, erguia à saúde deles uma série de brindes, com os quais regava um pedaço considerável de lúcio após ter comido uma sobrecoxa de peru.

Os acompanhamentos foram igualmente bem acolhidos, e ele prosseguiu gloriosamente sua carreira, apenas reservando, para a sobremesa, um pedaço de queijo e um copo de vinho de Málaga, pois os doces jamais entravam em seu orçamento.

Vimos que ele já havia tido duas surpresas na noite: a primeira, constatar que o banquete não era o que esperava; a segunda, deparar-se com comensais retraídos; ele haveria de experimentar uma terceira que reverteria completamente a situação.

Com efeito, em vez de servirem a sobremesa, os domésticos tiraram tudo o que cobria a mesa, inclusive talheres e guardanapos, e ofereceram outros aos comensais, colocando diante deles quatro novas entradas cujo aroma se elevou até os céus.

Consistiam em pâncreas de vitela ao caldo de lagostas, leitas de peixes com trufas, um lúcio recheado e lardeado de toicinho, e asas de perdiz vermelha ao purê de champignons.

Como aquele velho mágico de que fala Ariosto, o qual, tendo a bela Armida em seu poder, fez apenas impotentes esforços para desonrá-la, o cavaleiro ficou consternado à visão de tantas boas coisas que não podia mais festejar, e começou a suspeitar uma tramoia.

Por um efeito contrário, todos os outros comensais se reanimaram nesse instante; o apetite voltou, as dores de cabeça desapareceram, sorrisos irônicos pareciam se desenhar em suas bocas; e foi a vez deles de brindar à saúde do cavaleiro, cujos poderes haviam acabado.

Mesmo assim ele demonstrava coragem, e parecia querer enfrentar a tempestade; mas à terceira garfada a natureza se revoltou, e seu estômago ameaçou traí-lo. Assim foi forçado a permanecer inativo, e, como se diz em música, ficou contando as pausas.

Pode-se imaginar o que sentiu ao ver chegarem, num novo serviço, dúzias de narcejas, brancas de gordura e dormindo sobre torradas oficiais; um faisão, ave então muito rara e vinda das margens do Sena; um atum fresco, e tudo o que a culinária da época apresentava de mais elegante como acompanhamento!

O cavaleiro deliberou, e esteve a ponto de prosseguir e morrer bravamente no campo de batalha: foi o primeiro grito de honra bem ou mal ouvido. Mas logo o egoísmo veio em seu socorro, sugerindo-lhe ideias mais moderadas.

Ele refletiu que em semelhante caso a prudência não é covardia; que uma morte por indigestão sempre se presta ao ridículo, e que o futuro certamente lhe guardava muitas compensações por esse desapontamento. Tomada essa decisão, ergueu-se e, lançando seu guardanapo, disse ao anfitrião: "Senhor, isso não se faz com os amigos; há perfídia da sua parte, e não mais tornarei a vê-lo". Disse e desapareceu.

Sua partida não causou grande espanto; ela anunciava o sucesso de uma conspiração que tinha por objetivo colocá-lo diante de uma boa refeição que não pudesse aproveitar, e todos sabiam da tramoia.

No entanto, o cavaleiro ficou amuado por mais tempo do que imaginaram, foram necessários alguns pedidos de desculpa para tranquilizá-lo; por fim ele retornou com as toutinegras, e não pensava mais no caso ao se deparar com as trufas.

## 9. O LINGUADO

A Discórdia tentou um dia se introduzir no seio de um dos casais mais unidos da capital. Era justamente um sábado, dia de sabá: tratava-se de um linguado a cozinhar; marido e mulher estavam no campo, em Villecrêne.

Esse peixe, que diziam arrancado para um destino bem mais glorioso, deveria ser servido no dia seguinte numa reunião da qual eu fazia parte; era recém-pescado, gordo e bonito de ver; mas suas dimensões excediam de tal maneira os recipientes disponíveis que não se sabia como prepará-lo.

"Pois bem! ele será partido em dois", dizia o marido. "Teria coragem de desonrar deste modo essa pobre criatura?", dizia a mulher. "É o jeito, querida, não há como fazer de outro modo. Vamos, tragam o cutelo e a coisa logo se resolverá." "Espere um pouco, meu bem, ainda temos bastante tempo; e além disso nosso primo virá, ele é um professor e achará um meio de resolver o problema." "Um professor... resolver o problema... Bah!..." E um testemunho fiel assegura que quem falava assim parecia não ter grande confiança no professor; e, no entanto, esse professor era eu! *Schwernoth!* [Com os diabos!]

A dificuldade ia provavelmente terminar à maneira de Alexandre, quando entrei a passos firmes, nariz ao vento, e com o apetite que sempre se tem quando se viaja, e são sete da noite, e o cheiro de um bom jantar saúda o olfato e solicita o paladar.

Ao entrar, tentei em vão fazer as saudações de costume; não me responderam, porque não me haviam escutado. Imediatamente a questão que absorvia todas as atenções me foi exposta mais ou menos em dueto; feito isso, ambas as partes se calaram como de comum acordo; a prima me olhava com olhos que pareciam dizer: "Espero que possamos resolver o problema"; o primo, ao contrário, tinha um ar zombeteiro e malicioso, como se estivesse certo de que eu não resolveria o problema, enquanto sua mão direita se apoiava no temível cutelo que lhe haviam trazido a seu pedido.

Essas expressões faciais desapareceram para dar lugar à impressão de uma viva curiosidade, quando, com voz grave e oracular, pronunciei estas palavras solenes: "O linguado permanecerá inteiro até sua apresentação oficial".

Eu já estava seguro de não me comprometer, porque teria proposto fazê-lo cozinhar no forno; mas, como esse método podia apresentar algumas dificuldades, não disse nada e me dirigi em silêncio à cozinha, eu abrindo a procissão, os esposos servindo de acólitos, a família representando os fiéis e a cozinheira *in fiocchi* [solenemente] encerrando o cortejo.

A princípio não encontrei ali nenhum recipiente favorável a meus propósitos; mas, ao chegar à lavanderia, um caldeirão, embora pequeno, bem encaixado em sua fornalha, se ofereceu a meus olhos; vi de imediato como poderia usá-lo e falei a meu séquito, com aquela fé que move montanhas: "Fiquem sossegados, o linguado será cozido inteiro; será cozido no vapor, e vai cozinhar num instante".

De fato, embora já estivesse quase na hora de jantar, pus todos a trabalhar imediatamente. Enquanto uns acendiam o forno, cortei um cesto de vime para fazer uma espécie de grade do tamanho preciso de um peixe gigante. Nessa grade dispus uma camada de bulbos e ervas de gosto forte, sobre a qual o peixe foi estendido, depois de ser lavado, secado e salgado convenientemente. Uma segunda camada do mesmo tempero foi disposta no dorso do peixe. Assim carregada, a grade foi colocada sobre o caldeirão com água pela metade; cobriu-se o peixe com uma pequena tina em volta da qual se pôs areia seca, para impedir que o vapor escapasse facilmente. Logo o caldeirão entrou em ebulição; o vapor não tardou a ocupar todo o interior da tina que foi retirada ao cabo de meia hora, retirando-se também a seguir a grade com o linguado cozido ao ponto, muito branco e de ótima aparência.

Finda a operação, apressamo-nos a sentar à mesa com apetites aguçados pela demora, pelo trabalho e pelo sucesso, de modo que levamos bastante tempo para chegar àquele momento ditoso, mencionado por Homero, em que a abundância e a variedade da comida mataram a fome.

No dia seguinte, no almoço, o linguado foi servido diante dos ilustres convidados, e todos se admiraram de seu excelente aspecto. O próprio dono da casa relatou então a maneira inesperada como havia sido cozido; e fui elogiado não apenas pelo improviso da invenção, mas também por seu efeito, pois, após uma degustação atenta, foi decidido por unanimidade que o peixe preparado dessa maneira era incomparavelmente melhor do que se tivesse sido cozido numa caçarola.

A decisão não espantou a ninguém, uma vez que o linguado, não tendo passado pela fervura, nada havia perdido de seus princípios, e, ao contrário, tinha absorvido todo o aroma do tempero.

Enquanto meus ouvidos se compraziam com os cumprimentos que me eram prodigalizados, meus olhos buscavam outros ainda mais sinceros na autópsia dos comensais; e observei, com secreto contentamento, que o general Labassée estava tão contente que sorria a cada garfada; que o vigário tinha o pescoço esticado e os olhos fixos no teto em sinal de êxtase; e que, dos dois acadêmicos presentes entre nós, homens de espírito e gastrônomos ao mesmo tempo, o primeiro, o sr. Auger, tinha os olhos brilhantes e a face radiosa como a de um autor aplaudido, enquanto o segundo, o sr. Villemain, tinha a cabeça e o queixo inclinados como alguém que escuta com atenção.

Tudo isso convém registrar, porque há poucas casas de campo onde não se possa encontrar o necessário para constituir o aparelho que utilizei na ocasião, e ao qual se pode recorrer sempre que seja o caso de cozinhar algum objeto que sobrevém inopinadamente e ultrapassa as dimensões comuns.

No entanto, meus leitores teriam sido privados do conhecimento dessa grande aventura, se ela não me parecesse dever conduzir a resultados de uma utilidade mais geral.

De fato, os que conhecem a natureza e os efeitos do vapor sabem que ele iguala em temperatura o líquido do qual se origina, que ele pode inclusive se elevar em alguns graus por uma leve concentração, e que se acumula quando não encontra saída.

Segue-se daí que, em circunstâncias similares, aumentando-se apenas a capacidade da tina que cobria o linguado em minha experiência, e substituindo-a, digamos, por um tonel vazio, seria possível, por meio do vapor, cozinhar prontamente e com pouca despesa vários sacos de batatas, vegetais de toda espécie, enfim, tudo o que fosse empilhado sobre a grade e coberto pelo tonel, seja para o consumo dos homens ou dos animais; e tudo isso seria cozido num tempo seis vezes menor e economizando seis vezes mais madeira do que seria preciso apenas para colocar em ebulição um caldeirão da capacidade de um hectolitro.

Penso que esse aparelho tão simples pode ser proveitoso onde quer que haja uma considerável necessidade alimentar, seja na cidade, seja no campo; e eis por que o descrevi de maneira que todos possam entendê-lo e utilizá-lo com proveito.

Penso também que ainda não se explorou suficientemente o poder do vapor para nossos usos domésticos; e espero que algum dia o boletim da Sociedade de Incentivo à Indústria venha a informar aos agricultores que me ocupei ulteriormente do assunto.

ps Um dia, numa reunião do comitê de professores na rua de la Paix, 14, contei a verdadeira história do linguado a vapor. Quando terminei, meu vizinho da esquerda se virou para mim: "Acaso eu não estava lá?", me disse num tom de censura. "E não dei minha opinião como os demais?" "Certamente", respondi, "você estava lá, ao lado do vigário, e cumpriu seu papel irrepreensivelmente; não pense que..."

O queixoso era o sr. Lorrain, degustador muito sensível, homem de finanças tão agradável quanto prudente, que se abrigou no porto para melhor avaliar os efeitos da tempestade, e consequentemente digno de ter seu nome citado em destaque.

## 10. TRÊS RECEITAS REVIGORANTES

*De autoria do professor*
(improvisadas para o caso da Meditação 25 [Da exaustão])
A — Pegue seis cebolas grandes, três cenouras, um punhado de salsa; pique tudo e despeje numa caçarola, aquecendo e fazendo dourar com uma porção de manteiga fresca.

Quando essa mistura estiver no ponto, junte uns 150 gramas de açúcar cristalizado, vinte grãos de âmbar moído, e mais uma crosta de pão torrado e três garrafas d'água, deixando ferver durante três quartos de hora e acrescentando água para compensar a perda devida à ebulição, de maneira que haja sempre três garrafas de líquido.

Enquanto isso, mate, depene e limpe um galo velho, que você irá moer, carne e ossos juntos, num almofariz, com o pilão de ferro; pique também um quilo de carne bovina bem escolhida.

Feito isso, misturem-se essas duas carnes, acrescentando-lhes quantidade suficiente de sal e pimenta.

Coloque-as numa caçarola, em fogo forte, de maneira que o calor penetre, lançando de tempo em tempo um pouco de manteiga, a fim de poder saltear bem a mistura.

Quando ela estiver dourada, ou seja, quando a osmazoma se tiver tostado, coe o caldo que está na primeira caçarola e o despeje aos poucos na segunda; deixe ferver bem durante três quartos de hora, tendo sempre o cuidado de acrescentar água quente para conservar a mesma quantidade de líquido.

Ao final desse tempo, a operação está encerrada, e tem-se uma poção cujo efeito é seguro sempre que o doente, embora esgotado por alguma das causas que indicamos, conservou, no entanto, um estômago que cumpre suas funções.

Para utilizá-la, toma-se, no primeiro dia, uma xícara a cada três horas, até a hora do sono da noite; nos dias seguintes, apenas uma grande xícara de manhã e a mesma quantidade à noite, até esvaziar três garrafas. O doente deve seguir um regime dietético leve, mas nutritivo, como coxas de galinha, peixe, frutas, doces em compota; quase nunca é necessário fabricar uma nova poção. Por volta do quarto dia, ele pode retomar suas ocupações ordinárias, e deve procurar ser mais prudente no futuro, *se possível.*

Suprimindo-se o âmbar e o açúcar cristalizado, pode-se improvisar por esse método uma sopa muito saborosa e digna de figurar num jantar de especialistas.

Pode-se substituir o galo velho por quatro velhas perdizes, e a carne bovina por um pedaço de perna de carneiro: a preparação não será menos eficaz nem menos agradável.

O método de picar e dourar a carne antes de molhá-la pode ser empregado sempre que o tempo é curto. Ele se baseia no fato de que as carnes tratadas desse modo absorvem muito mais calor do que quando estão na água: assim poderá ser utilizado sempre que se tiver necessidade de uma boa sopa substancial sem precisar esperar cinco ou seis horas, como acontece com frequência, sobretudo no campo. Não é preciso dizer que os que usarem o método irão glorificar o professor.

B — É bom que todos saibam que se o âmbar, considerado como perfume, pode ser prejudicial aos profanos que têm os nervos delicados, ele é um excelente tônico e estimulante quando ingerido; nossos avós o utilizavam muito na cozinha, e nunca passaram mal por causa disso.

Soube que o marechal de Richelieu, de gloriosa memória, tinha o hábito de mascar pastilhas ambarizadas; e quanto a mim, quando estou naqueles dias em que o peso da idade se faz sentir e nos quais somos oprimidos por uma força desconhecida, misturo numa xícara de chocolate um pedaço de âmbar do tamanho de uma fava, esmagado com açúcar, e sempre me sinto melhor. Graças a esse tônico, a ação da vida é facilitada, o pensamento flui livre, e não tenho a insônia que fatalmente resultaria de uma xícara de café tomada com a intenção de produzir o mesmo efeito.

C — A receita A é destinada aos temperamentos robustos, às pessoas decididas, e de maneira geral aos que se exaurem por excesso de ação.

A ocasião me levou a preparar uma outra bem mais agradável ao paladar, de efeito mais suave, e que reservo aos temperamentos fracos, aos tipos indecisos, em suma, aos que se exaurem por pouca coisa; ei-la:

Tome uma perna de vitela pesando pelo menos um quilo, corte-a em quatro no sentido do comprimento, osso e carne, faça-a dourar com quatro cebolas cortadas em fatias e um punhado de agrião; quando ela se aproximar do cozimento, despeje três garrafas d'água e deixe ferver durante duas horas, com a precaução de substituir a que se evapora, e terá um bom caldo de vitela; acrescente sal e pimenta moderadamente.

Faça moer, separadamente, três pombos velhos e 25 lagostins frescos; reúna tudo para dourar como indiquei na receita A, e quando vir que o calor penetrou a mistura e ela começa a ficar gratinada, despeje o caldo de vitela, e mantenha no fogo durante uma hora; coa-se esse caldo enriquecido, e pode-se tomá-lo de manhã e à noite, ou então apenas de manhã, duas horas antes do desjejum. É também uma sopa deliciosa.

Fui levado a essa última receita por um casal de escritores que, vendo-me num estado muito positivo, tiveram confiança em mim e, como diziam, recorreram às minhas luzes.

Eles seguiram o tratamento e não se arrependeram. O poeta, que era simplesmente elegíaco, tornou-se romântico; a dama, que tinha feito apenas um romance medíocre com desfecho infeliz, escreveu um outro bem melhor e que terminava com um belo casamento. Vê-se que houve, em ambos os casos, exaltação de forças, e acredito que posso, em consciência, glorificar-me um pouco por isso.

## 11. A GALINHA DE BRESSE

Num dos primeiros dias de janeiro do corrente ano de 1825, dois jovens esposos, a sra. e o sr. de Versy, foram convidados a um desjejum de ostras *fechado e privado*; sabe-se o que isso significa.

Essas refeições são encantadoras, seja porque se compõem de iguarias apetitosas, seja pela descontração que nelas reina ordinariamente; mas têm o inconveniente de desarranjar todas as operações da jornada. Foi o que aconteceu nessa ocasião. Chegada a hora do jantar, o casal se pôs à mesa, mas apenas por formalidade. A esposa tomou um pouco de sopa, o esposo bebeu um copo de água com vinho; apareceram alguns amigos, eles jogaram uma partida de *whist*, a noitada se passou e o mesmo leito recebeu o casal.

Por volta das duas da madrugada, o sr. de Versy despertou; estava inquieto, bocejava; virava-se na cama de tal maneira que sua mulher perguntou se ele estava doente. "Não, minha querida, mas parece que tenho fome, e eu pensava naquela galinha de Bresse tão branquinha, tão engraçadinha, que nos serviram no jantar e que acolhemos tão mal." "Querido, para falar a verdade, estou com tanto apetite quanto tu, e, já que pensaste na galinha, devemos fazê-la vir e comê-la." "Que loucura! Todos dormem na casa, e amanhã zombariam de nós." "Se todos dormem, todos irão despertar, e não zombarão de nós porque ninguém saberá de nada. Além disso, e se até amanhã um de nós vier a morrer de fome? Não quero correr esse risco. Vou chamar Justine."

Dito e feito. Despertaram a pobre criada que, tendo jantado bem, dormia como se dorme aos dezenove anos, quando o amor não atormenta.*

Ela chegou ainda meio zonza, os olhos inchados, bocejando e erguendo os braços.

Mas essa foi uma tarefa fácil; o difícil foi chamar a cozinheira, que, orgulhosa de seus méritos e portanto soberanamente rabugenta, resmungou, rosnou, rugiu e fez cara feia; mas por fim se levantou, e a roda da cozinha se pôs em movimento.

Nesse meio-tempo, a sra. de Versy havia posto uma camisola, seu marido vestira-se de maneira mais apresentável, Justine havia estendido sobre o leito uma toalha e trazido os acessórios indispensáveis a um festim improvisado.

Tudo estando preparado, apareceu finalmente a galinha que prontamente foi desmembrada e engolida sem misericórdia.

Após essa primeira façanha, os esposos dividiram uma grande pera de Saint-Germain e comeram compota de laranja.

Nos intervalos, esvaziaram uma garrafa de vinho de Grave, e repetiram-se várias vezes, com variações, que nunca haviam feito refeição mais agradável.

No entanto, a refeição acabou, pois tudo acaba neste mundo; Justine retirou o serviço de mesa, fez desaparecer as provas do crime, voltou para a cama, e a cortina conjugal desceu sobre os comensais.

No dia seguinte de manhã, a sra. de Versy correu à casa de sua amiga sra. de Franval, e contou-lhe o que havia ocorrido, e é à indiscrição desta última que o público deve a presente confidência.

Ela jamais deixava de observar que, ao terminar seu relato, a sra. de Versy havia tossido duas vezes e corado fortemente.

---

* *A pierna tendida* (espanhol).

## 12. O FAISÃO

O faisão é um enigma cujo segredo se revela apenas aos iniciados; só eles podem saboreá-lo em toda a sua excelência.

Cada substância tem seu apogeu de esculência; algumas já o atingiram antes de seu completo desenvolvimento, como as alcaparras, os aspargos, os filhotes de perdiz e de pombo etc.; outras o atingem no momento em que têm toda a perfeição da existência que lhes é destinada, como os melões, a maior parte das frutas, o carneiro, o boi, o cabrito, as perdizes vermelhas; outras, enfim, quando começam a se decompor, como as nêsperas, a galinhola e sobretudo o faisão.

Essa última ave, quando comida nos três dias após sua morte, nada tem de especial. Não é tão delicada quanto um frango, nem tão perfumada quanto uma codorna.

Comida no momento certo, sua carne é tenra, sublime e de alto sabor, pois se parece ao mesmo tempo com a das aves de criação e a das aves de caça.

Esse ponto desejável é aquele em que o faisão começa a se decompor; então seu aroma se desenvolve e se junta a um óleo que, para se realçar, precisava de um pouco de fermentação, assim como o óleo do café, só obtido mediante a torrefação.

Esse momento se manifesta aos sentidos dos profanos por meio de um leve odor e uma mudança de cor do ventre da ave; mas os inspirados o adivinham por uma espécie de instinto que age em diversas ocasiões, e que faz, por exemplo, um hábil assador decidir, num relance, que está na hora de retirar uma ave do espeto ou deixá-la assar mais um pouco.

Quando chegou a esse ponto, e não antes, o faisão é depenado, cuidadosamente temperado e cozido com toicinho fresco e consistente.

Não é indiferente depenar o faisão mais cedo ou mais tarde; experiências muito bem-feitas mostraram que os que conservam a plumagem são mais perfumados que os que ficaram algum tempo despidos, seja porque o contato do ar neutralize algumas porções do aroma, seja porque parte do suco destinado a nutrir as penas seja reabsorvido e sirva para realçar a carne.

Assim preparada a ave, trata-se de recheá-la, o que se faz da seguinte maneira:

Pegue duas galinholas, desosse-as e esvazie-as de modo a fazer duas porções: a primeira com a carne, a segunda com as vísceras e os fígados.

Faça com a carne um recheio, picando-a juntamente com a medula de boi cozida no vapor, um pouco de toicinho picado, pimenta, sal, ervas finas, e a quantidade suficiente de boas trufas para encher o interior do faisão.

Cuide que o recheio seja introduzido de modo a não se espalhar para fora, o que se torna às vezes bastante difícil, quando a ave é um pouco grande. No entanto, isso se consegue de várias maneiras, entre outras cortando uma crosta de pão que é presa por um fio e faz a função de obturador.

Prepare uma fatia de pão que ultrapasse em duas polegadas de cada lado o faisão deitado no sentido de seu comprimento; pegue então as vísceras e os fígados das galinholas; triture-os juntamente com duas trufas, uma anchova, um pouco de toicinho picado e uma porção conveniente de manteiga fresca.

Estenda uniformemente essa pasta sobre o pão, colocando-a também debaixo do faisão preparado como acima, de modo que seja regada com o suco que se desprende dele enquanto assa.

Quando o faisão estiver cozido, disponha-o com elegância sobre o pão; ponha em volta laranjas amargas e fique tranquilo com o resultado.

Esse prato de alto sabor deve ser regado, de preferência, com vinho encorpado da alta Borgonha; obtive essa verdade de uma série de observações que me custaram mais trabalho que uma tábua de logaritmos.

Um faisão assim preparado seria digno de ser servido aos anjos, se eles ainda visitassem a terra como no tempo de Lot.

Que digo! A experiência foi feita. Um faisão recheado foi preparado, ante os meus olhos, pelo digno *chef* Picard, no castelo de la Grange, residência de minha encantadora amiga mme. de Ville-Plaine, e trazido à mesa pelo mordomo Louis, marchando a passos processionais. Examinaram-no com tanto cuidado quanto um chapéu de mme. Herbault; saborearam-no com atenção; e, durante essa douta tarefa, os olhos das damas brilhavam como estrelas, seus lábios reluziam como coral e suas fisionomias eram de êxtase. (Ver os "Testes gastronômicos".)

Fiz mais: apresentei um faisão semelhante a um grupo de magistrados da corte suprema, que sabem ser preciso às vezes pôr de lado a toga senatorial, e a quem demonstrei sem dificuldade que a boa comida é uma compensação natural dos aborrecimentos do ofício. Após um cuidadoso exame, o decano articulou, com voz grave, a palavra *excelente*! Todas as cabeças baixaram em sinal de aquiescência, e a sentença foi aprovada por unanimidade.

Eu tinha observado, durante a deliberação, que os narizes desses homens veneráveis se agitaram em movimentos muito pronunciados de olfação, que suas frontes augustas brilharam com serena tranquilidade, e que suas bocas verídicas tinham algo de jubiloso que parecia um meio sorriso.

De resto, esses efeitos maravilhosos estão na natureza das coisas. Tratado de acordo com a receita precedente, o faisão, já distinto por si mesmo, é embebido, do lado de fora, pela gordura saborosa do toicinho que se carboniza, enquanto, do lado de dentro, é impregnado dos gases odorantes que se desprendem da galinhola e das trufas. O pão sobre o qual se dispõe, já ricamente enfeitado, recebe ainda três variedades de sucos procedentes da ave que assa.

Assim, de todas as boas coisas que se acham reunidas, nem um átomo escapa à apreciação, e, tendo em vista a excelência dessa iguaria, considero-a digna das mesas mais augustas.

"*Pavre, nec invideo, sine me, liber, ibis in aulam.*"*

## 13. INDÚSTRIA GASTRONÔMICA DOS EMIGRADOS

*Toute Française, à ce que j'imagine,*
*Sait, bien ou mal, faire un peu de cuisine.***

*Belle Arsène, terceiro ato*

Num capítulo anterior, expus as vantagens imensas que a França obteve da gastronomia nas circunstâncias de 1815. Essa propensão tão geral não foi menos útil aos emigrados; e os que dentre eles tinham algum talento para a arte alimentar encontraram nela precioso amparo.

Ao passar por Boston, ensinei o dono de restaurante Julien*** a fazer ovos mexidos com queijo. Esse prato, inédito para os americanos, fez tal furor que ele se viu obrigado a me agradecer, enviando-me, em Nova York, o último

---

* Ovídio, *Tristes*, I, 1, v. 1: "Livrinho, irás sem mim ao palácio/ E não te invejo por isso...".
  O texto original de Ovídio diz *in Urbem*, "a Roma" e não *in aulam*. (N. E.)
** "Toda francesa, ao que imagino,/ bem ou mal entende um pouco de cozinha." (N. T.)
*** Julien prosperava em 1794. Era um jovem hábil, que dizia ter sido cozinheiro do arcebispo de Bordeaux. Deve ter feito grande fortuna, se Deus lhe conservou a vida.

310

daqueles lindos cabritinhos caçados no inverno no Canadá, e que foi considerado delicioso pelo seleto comitê que convoquei na ocasião.

O capitão Collet também ganhou muito dinheiro em Nova York, em 1794 e 1795, com os sorvetes que fazia para os habitantes dessa cidade do comércio. As mulheres sobretudo não se cansavam de um prazer tão novo para elas; nada era mais divertido do que ver as carinhas que faziam ao saboreá-los; e elas tinham muita dificuldade de entender como aquilo podia se manter frio a uma temperatura de 32°C.

Ao passar por Colônia, conheci um fidalgo da Bretanha que também havia prosperado como *restaurateur*, e poderia multiplicar indefinidamente os exemplos; mas prefiro contar, como sendo mais singular, a história de um francês que enriqueceu em Londres graças à sua habilidade em fazer saladas.

Ele era natural de Limousin e, se minha memória não falha, chamava-se D'Aubignac ou D'Albignac.

Um dia, embora seus gastos com comida fossem muito restritos pelo mau estado de suas finanças, resolveu jantar numa das mais famosas tavernas de Londres; ele era daqueles que têm por sistema ser possível jantar bem com um único prato, contanto que seja excelente.

Quando terminava de comer um suculento rosbife, cinco ou seis jovens das melhores famílias londrinas (*dandies*) se regalavam numa mesa ao lado; e um deles, tendo se levantado, aproximou-se e disse-lhe num tom polido: "Senhor francês, dizem que sua nação é excelente na arte de fazer saladas; concordaria em fazer-nos a gentileza de preparar uma para nós?".*

D'Albignac consentiu após alguma hesitação, pediu tudo o que julgou necessário para fazer a obra-prima esperada, pôs todo o cuidado na tarefa e teve a felicidade de ser bem-sucedido.

Enquanto estudava suas doses, respondia com franqueza às perguntas que lhe faziam sobre sua situação atual; disse que era emigrado e confessou, não sem corar um pouco, que recebia um auxílio do governo inglês, circunstância que autorizou certamente um dos jovens a pôr-lhe na mão uma nota de cinco libras esterlinas, que ele aceitou após uma frouxa resistência.

Ele havia dado seu endereço; e, algum tempo depois, ficou apenas em

---

* Tradução literal da saudação inglesa que deve ser feita nessa ocasião.

parte surpreso ao receber uma carta, por meio da qual lhe rogavam, nos termos mais corteses, que fosse preparar uma salada numa das mais belas mansões de Grosvenor Square.

D'Albignac, começando a prever uma vantagem duradoura, não hesitou um instante, e chegou pontualmente, após munir-se de alguns condimentos novos que julgou capazes de dar à sua obra um mais alto grau de perfeição.

Ele tivera tempo de pensar na tarefa a fazer, e novamente foi bem-sucedido, recebendo desta vez tal gratificação que não poderia tê-la recusado sem se prejudicar.

Os jovens do restaurante haviam, como se pode presumir, elogiado em extremo a salada que ele temperara para eles. A segunda companhia fez ainda mais estardalhaço, de modo que a reputação de D'Albignac logo se espalhou: passaram a qualificá-lo de *fashionable salad-maker*; e, nesse país ávido de novidades, o que havia de mais elegante na capital dos três reinos morria de vontade de comer uma salada à moda do gentleman francês: *I die for it*, é a expressão consagrada.

"*Désir de* nonne *est un feu qui dévore,/ Désir d'*anglaise *est cent fois pire encore.*"*

D'Albignac aproveitou como homem inteligente o entusiasmo que causava; logo teve uma carruagem para transportar-se mais depressa aos diversos locais onde era chamado, e um criado que carregava, num estojo de mogno, todos os ingredientes que ele acrescentara a seu repertório, tais como vinagres de diferentes perfumes, óleos com ou sem gosto de fruta, soja, caviar, trufas, anchovas, ketchup, suco de carnes, e inclusive gemas de ovos, que são o elemento indispensável da maionese.

Mais tarde, mandou fabricar estojos semelhantes, que ele abasteceu completamente e vendeu às centenas.

Enfim, seguindo com exatidão e sabedoria sua linha de ação, acabou por juntar uma fortuna de mais de 80 mil francos, que transportou para a França quando os tempos melhoraram.

De volta à pátria, não se divertiu em brilhar pelas ruas de Paris, mas se ocupou do futuro. Aplicou 60 mil francos nos fundos públicos, que na época

---

* "Desejo de *freira* é um fogo que devora,/ Desejo de *inglesa* é cem vezes pior." (N. T.)

rendiam 50%, e adquiriu por 20 mil um pequeno solar situado em Limousin, onde provavelmente vive ainda, contente e feliz, já que sabe limitar seus desejos.

Esses detalhes me foram fornecidos por um de meus amigos que conhecera D'Albignac em Londres, e voltara a encontrá-lo por ocasião de sua passagem em Paris.

## 14. OUTRAS LEMBRANÇAS DA EMIGRAÇÃO. O TECELÃO

Em 1794, estávamos na Suíça, o sr. Rostaing* e eu, mostrando um rosto sereno à fortuna contrária, e conservando nosso amor à pátria que nos perseguia.

Chegamos a Mondon, onde eu tinha parentes, e fomos recebidos pela família Trolliet com uma benevolência cuja lembrança guardei carinhosamente.

Essa família, uma das mais antigas do país, está agora extinta, seu último representante masculino tendo deixado apenas uma filha, a qual não teve filho homem.

Mostraram-me um jovem oficial francês que exercia na cidade a profissão de tecelão; e eis como havia chegado a isso.

Esse jovem era de muito boa família, e, ao passar por Mondon para juntar-se ao exército de Condé, viu-se à mesa ao lado de um velho com aqueles traços ao mesmo tempo graves e animados que os pintores dão aos companheiros de Guilherme Tell.

Na sobremesa, conversaram: o oficial não dissimulou sua posição e recebeu diversos sinais de interesse da parte de seu vizinho. Este lamentava por ser obrigado a renunciar tão jovem a tudo o que devia amar, e chamou sua atenção para a justeza da máxima de Rousseau, que gostaria que todo homem soubesse um ofício para se valer dele na adversidade e ganhar a vida em toda parte. Quanto a ele próprio, declarou que era tecelão, viúvo sem filhos, e que estava contente com sua sorte.

A conversação ficou por aí; o oficial partiu, e pouco tempo depois estava

---

* O sr. barão Rostaing, meu parente e amigo, hoje intendente militar em Lyon. É um administrador de primeira classe. Adotou um sistema de contabilidade militar tão eficiente que no futuro seguramente será imitado.

instalado nas fileiras do exército de Condé. Mas, a partir do que observava tanto dentro como fora desse exército, julgou facilmente que não era por essa porta que podia esperar voltar à França. Não tardou a sentir alguns dos dissabores com que se depararam às vezes aqueles cujo único título era o zelo pela causa real; e, mais tarde, sofreu uma discriminação que lhe pareceu de uma injustiça flagrante.

Então o discurso do tecelão voltou-lhe à memória; ele ponderou por algum tempo e, tomando uma decisão, deixou o exército, voltou a Mondon e apresentou-se ao tecelão, rogando-lhe aceitá-lo como aprendiz.

"Não deixarei escapar essa ocasião de fazer uma boa ação", disse o velho; "você comerá comigo; sei apenas uma coisa, vou ensinar-lhe o ofício; tenho apenas um leito e o dividiremos; você trabalhará assim durante um ano; depois disso, trabalhará por conta própria, e viverá feliz num país onde o trabalho é honrado e estimulado."

No dia seguinte o oficial lançou-se ao trabalho, e foi tão bem-sucedido que, ao cabo de seis meses, o mestre declarou não ter mais nada a ensinar-lhe, que se considerava recompensado pelas atenções que lhe dera, e que doravante tudo o que ele fizesse reverteria em seu proveito próprio.

Quando passei por Mondon, o novo artesão já havia ganho dinheiro suficiente para adquirir um ateliê e um leito; trabalhava com notável assiduidade, e despertava tal interesse que as principais casas da cidade passaram a convidá-lo sucessivamente para almoçar aos domingos.

Nesse dia, ele vestia seu uniforme, retomava seus direitos na sociedade; e, como era muito agradável e muito instruído, era recebido com alegria por todos. Mas na segunda-feira voltava a ser tecelão, e não parecia descontente por dedicar seu tempo a esse ofício.

O ESFOMEADO — A esse quadro das vantagens da indústria, vou acrescentar um outro de natureza completamente oposta.

Conheci em Lausanne um emigrado de Lyon, um jovem forte e bonito que, para não precisar trabalhar, comia apenas duas vezes por semana. Ele teria morrido de fome com a maior elegância do mundo, se um negociante da cidade não lhe tivesse aberto um crédito num restaurante, para almoçar aos domingos e às quartas-feiras de cada semana.

O emigrado chegava no dia indicado, enchia a barriga até o esôfago, e partia, não sem levar consigo um grande pedaço de pão, conforme o que fora combinado.

Ele administrava da melhor maneira possível essa provisão suplementar, bebia água quando o estômago lhe doía, passava parte do tempo na cama em devaneios que não deixavam de ter encantos, e ganhava assim a refeição seguinte.

Ele vivia deste modo havia três meses quando o conheci. Não estava doente, mas reinava tal langor em toda a sua pessoa, seus traços eram tão frouxos que havia algo de hipocrático, entre seu nariz e suas orelhas, que dava pena de ver.

Espantei-me que ele se submetesse a tais angústias em vez de procurar empregar seus recursos, e o convidei a jantar em minha estalagem, onde comeu com assustadora voracidade. Mas não renovei o convite, porque gosto de homens que lutem contra a adversidade, e que obedeçam, quando preciso, a esta sentença imposta à espécie humana: *Trabalharás*.

O LION D'ARGENT — Que belas refeições fazíamos naquele tempo, em Lausanne, no *Lion d'Argent*!

Por uma quantia de quinze *batz* (cerca de 2,25 francos), passávamos em revista três serviços completos, incluindo, entre outras coisas, a boa caça das montanhas vizinhas e o excelente peixe do lago de Genebra, e regávamos tudo isso, fartamente, com um vinho branco límpido como água de rocha, que mesmo um hidrófobo teria bebido.

A cabeceira da mesa era sempre ocupada por um cônego da Notre-Dame de Paris (espero que ainda esteja vivo), que se sentava ali como em sua casa, e diante de quem o *kellner* [garçom] não deixava de colocar o que havia de melhor no cardápio.

Ele honrou-me distinguindo-me e convocando-me como auxiliar de campo, a seu lado; mas não aproveitei por muito tempo essa vantagem; os acontecimentos me arrastaram e parti para os Estados Unidos, onde encontrei asilo, trabalho e tranquilidade.

ESTADIA NA AMÉRICA — ........................................
..............................................................
..............................................................

BATALHA — Termino este capítulo contando uma circunstância de minha vida que prova que nada é seguro neste mundo, e que o infortúnio pode nos surpreender quando menos o esperamos.

Eu partia para a França, deixando os Estados Unidos após três anos de estadia; e havia me dado tão bem nesse país que tudo o que pedi ao céu (e ele me atendeu), naqueles momentos de comoção antes da partida, foi não ser mais infeliz no Velho Mundo do que o fora no Novo.

Essa felicidade se devia principalmente ao fato de, logo ao chegar entre os americanos, falar como eles,* vestir-me como eles, evitar cuidadosamente ostentar mais cultura que eles, e achar bom tudo o que faziam; deste modo retribuía-lhes a hospitalidade com uma condescendência que julgo necessária e que aconselho a todos os que eventualmente se encontrem em semelhante situação.

Assim eu deixava tranquilamente um país onde vivera em paz com todo mundo, e não havia um bípede sem plumas em toda a criação que tivesse então mais amor pelos semelhantes do que eu, quando sobreveio um incidente inteiramente alheio à minha vontade, e que por pouco não resultou em tragédia para mim.

Eu estava num barco que devia me conduzir de Nova York à Filadélfia; e convém saber que, para fazer essa viagem com segurança, é preciso zarpar antes de a maré começar a baixar.

Ora, o mar estava *parado*, isto é, suas águas iam baixar, e o momento de partir chegara sem que houvesse o menor movimento para desatracar. Muitos franceses estavam a bordo, entre outros um certo sr. Gauthier que deve ainda viver em Paris, um bravo jovem que se arruinou querendo construir *ultra vires* a casa que forma o ângulo sudoeste do palácio do Ministério das Finanças.

A causa do atraso foi logo conhecida; dois americanos não haviam chegado e faziam a bondade de aguardá-los; o que nos colocava em perigo de sermos surpreendidos pela maré baixa, e de duplicar o tempo para chegar a nosso destino, pois o mar não espera ninguém.

Daí grandes murmúrios, sobretudo da parte dos franceses, que têm as paixões bem mais exaltadas que os habitantes da outra margem do Atlântico.

Não apenas não tomei parte nesses murmúrios, como também quase nem os notei, pois tinha o coração pesaroso e pensava na sorte que me aguardava na França; de modo que não sei exatamente o que se passou. Mas logo ouvi um

---

\* Um dia eu jantava ao lado de um francês que morava em Nova York havia dois anos, e que ainda não sabia o inglês suficiente para pedir pão. Manifestei a ele meu espanto. "Bah!", disse sacudindo os ombros, "acha que me daria o trabalho de estudar a língua de um povo tão desagradável?"

ruído forte, e vi que provinha de um soco que Gauthier havia aplicado no rosto de um americano com força capaz de derrubar um rinoceronte.

Esse ato de violência ocasionou uma terrível confusão. Com as palavras *francês* e *americano* pronunciadas várias vezes em oposição, a querela tornou-se nacional, e alguém propôs lançar-nos todos ao mar: o que, no entanto, teria sido uma operação difícil, já que éramos oito contra onze.

Por meu aspecto exterior, eu era aquele que devia opor a maior resistência à *transbordação*; pois sou robusto, alto, e tinha então apenas 39 anos. Certamente foi por isso que dirigiram contra mim o guerreiro mais imponente da tropa inimiga, que veio postar-se na minha frente em atitude hostil.

Ele era alto como um campanário, e proporcionalmente corpulento; mas quando o mirei com aquele olhar que penetra até a medula dos ossos, vi que era de um temperamento linfático, que tinha o rosto inchado, os olhos mortos, a cabeça pequena e pernas de mulher.

*Mens non agitat molem*,* digo a mim mesmo; vejamos o que ele vale, e morreremos depois, se for o caso. Eis aqui textualmente o que lhe disse, à maneira dos heróis de Homero:

*"Do you believe\*\* to bully me? you damned rogue. By God! it will not be so... and I'll overboard you like a dead cat... If I find you too heavy, I'll cling to you with hands, legs, teeth, nails, everything, and if I cannot do better, we will sink together to the bottom; my life is nothing to send such dog to hell. Now, just now..."*

"Você acha que me assusta, seu velhaco de uma figa?... Por Deus! não será bem assim, e vou atirá-lo ao mar como um gato morto. Se o achar muito pesado, o agarrarei com as mãos, com as pernas, com as unhas e os dentes, e de qualquer maneira iremos juntos ao fundo. Minha vida é nada para enviar ao inferno um cão como você. Vamos..."\*\*\*

---

\* "O espírito não move a massa." O autor modifica um verso da *Eneida* de Virgílio (*Mens agitat molem*) para referir-se de maneira jocosa ao adversário. (N. T.)
\*\* Em inglês não há tratamento por "tu"; e um carroceiro, batendo em seu cavalo com o chicote, lhe diz: *"Go, sir; go, sir, I say"* (Vamos, senhor, vamos, estou mandando).
\*\*\* Em todos os países regidos pelas leis inglesas, as vias de fato são sempre precedidas por muitas injúrias verbais, porque dizem que "as injúrias não quebram os ossos" (*high words break no bones*). Com frequência as coisas param por aí, a lei fazendo que as pessoas hesitem em bater; pois quem bate primeiro infringe a paz pública, e será sempre penalizado, seja qual for o resultado do combate.

A essas palavras, que certamente estavam em harmonia com toda a minha postura (pois me sentia com a força de um Hércules), vi meu homem diminuir de tamanho, seus braços caírem, suas bochechas murcharem: em suma, mostrou sinais tão evidentes de terror que quem o tinha enviado certamente se apercebeu disso, vindo como que se interpor; e fez bem, pois eu estava embalado, e o habitante do Novo Mundo ia sentir que os que se banham no Furens* têm os nervos duramente temperados.

Enquanto isso algumas palavras de paz se fizeram ouvir noutra parte do navio: a chegada dos retardatários descontraiu o ambiente, e os marujos tiveram de se ocupar em fazer-se à vela; de modo que, enquanto eu ainda estava em atitude de lutador, o tumulto cessou prontamente.

As coisas inclusive melhoraram; pois, quando tudo se apaziguou e fui procurar Gauthier para repreendê-lo por seu arrebatamento, encontrei o americano esbofeteado sentado à mesma mesa, em presença de um presunto de ótimo aspecto e uma jarra de cerveja de um côvado de altura.

### 15. O FEIXE DE ASPARGOS

Ao passar no Palais-Royal, num belo dia do mês de fevereiro, parei diante da loja de mme. Chevet, a mais famosa comerciante de comestíveis de Paris, que sempre foi muito gentil comigo; e, observando um feixe de aspargos dos quais o menor era mais grosso que meu dedo indicador, perguntei-lhe o preço. "Quarenta francos, senhor", ela respondeu. "São realmente muito belos, mas a esse preço somente o rei ou algum príncipe poderão comê-los." "O senhor se engana; semelhantes luxos jamais chegam aos palácios; o rei e os príncipes querem o bom, não o magnífico. Mesmo assim meu feixe de aspargos será vendido, e vou lhe dizer como.

"Neste exato momento, há nesta cidade pelo menos uns trezentos homens ricos, financistas, capitalistas, negociantes e outros, que estão retidos em suas casas devido à gota, ao temor de resfriados, a ordens do médico e

---

* Rio de águas límpidas que tem suas nascentes acima de Rossillon, passa junto de Belley e deságua no Ródano acima de Peyrieux. As trutas que se pescam nele têm a carne cor-de-rosa, e o lúcios, a brancura do marfim. *Gut! gut! gut!* (alemão).

outras causas que não impedem de comer; estão junto a suas lareiras, dando tratos à bola para saber o que poderia estimular seu apetite; e, quando se cansaram de pensar, enviam seu criado à descoberta; este virá até aqui, verá os aspargos, fará o pedido e eles serão comprados a qualquer preço. Ou então será uma mulher bonita que passará com o amante e lhe dirá: 'Ah! que belos aspargos, querido! *vamos comprá-los*. Você sabe o prato delicioso que minha empregada faz com eles!'. Ora, em semelhante caso, um amante que se preza não recusa nem regateia. Ou então é uma aposta, um batismo, uma súbita elevação de renda... Como saber?... Em suma, os objetos muito caros acabam saindo mais depressa que os outros, porque em Paris o curso da própria vida tem tantas circunstâncias extraordinárias que há sempre motivos suficientes para adquiri-los."

Enquanto ela falava assim, dois ingleses gordos, que passavam de braços dados, detiveram-se junto de nós, e em suas faces assomou um brilho de admiração. Um deles mandou embrulhar o feixe de aspargos sem nem sequer perguntar o preço, pagou e saiu assobiando o "*God save the king*".

"Aí está", disse-me rindo mme. Chevet, "uma possibilidade tão comum quanto as outras, da qual ainda não lhe havia falado."

16. A FONDUE

A *fondue* é originária da Suíça. Não é outra coisa senão ovos mexidos com queijo, em certas proporções que o tempo e a experiência revelaram. Darei a receita oficial.

Esse é um prato saudável, saboroso, apetitoso, rápido de preparar, e portanto sempre útil para quando chegam alguns comensais inesperados. De resto, menciono-o aqui apenas para minha satisfação particular, e porque essa palavra me faz lembrar um fato que os velhos do distrito de Belley conservaram na lembrança.

Por volta do final do século XVII, um certo sr. de Madot foi nomeado para o bispado de Belley e chegava para tomar posse.

Os encarregados de recebê-lo e de fazer-lhe as honras de seu próprio palácio haviam preparado um festim digno da ocasião, e usaram todos os recursos da época para festejar sua chegada.

Entre os pratos figurava uma ampla *fondue*, da qual o prelado se serviu copiosamente. Mas, para a surpresa de todos, aparentemente se equivocando e considerando-a um creme, ele a comeu com a colher, em vez de servir-se do garfo, destinado desde tempos imemoriais a essa finalidade.

Todos os convivas, espantados com esse procedimento, olharam-se com o canto do olho e com um sorriso imperceptível. No entanto, o respeito detuve todas as línguas, pois tudo o que um bispo vindo de Paris faz à mesa, e principalmente no dia de sua chegada, só pode ser bem-feito.

Mas a coisa se espalhou, e no dia seguinte ninguém se encontrava sem se perguntar: "Então! Sabe como nosso novo bispo comeu ontem à noite sua *fondue*?". "Sim, eu sei; comeu-a com a colher. Fui informado por uma testemunha ocular etc." A cidade transmitiu o fato ao campo, e três meses depois ele era conhecido em toda a diocese.

O notável é que esse incidente por pouco não abalou a fé dos nossos antepassados. Houve inovadores que adotaram o partido da colher, mas foram logo esquecidos: o garfo triunfou; e, após mais de um século, um de meus tios-avós ainda se divertia ao me contar, rindo ruidosamente, como o sr. de Madot havia uma vez comido *fondue* com a colher.

RECEITA DA FONDUE, *tal como foi extraída dos papéis do sr. Trollet, magistrado de Mondon, no cantão de Berna.* — Estabeleça o número de ovos que for empregar de acordo com o número presumido dos comensais.

A seguir, tome um pedaço de queijo gruyère que pese um terço dos ovos, e uma porção de manteiga que pese a sexta parte desse peso.

Quebre e bata bem os ovos numa caçarola, juntando depois a manteiga e o queijo ralado ou cortado em fatias finas.

Ponha a caçarola em fogo forte, e vire a mistura com uma espátula até que ela esteja convenientemente espessa e macia; acrescente um pouco de sal, conforme o queijo for mais ou menos velho, e uma boa pitada de pimenta, que é um dos ingredientes essenciais dessa antiga preparação; sirva num prato levemente aquecido; providencie o melhor vinho para beber enquanto come, e verá maravilhas.

## 17. DESAPONTAMENTO

Tudo estava tranquilo um dia na estalagem Ecu de France, em Bourg-en-

-Bresse, quando um grande ruído de rodas se fez ouvir, e viu-se aparecer uma soberba carruagem, estilo inglês, com quatro cavalos, notável sobretudo por duas lindas camareiras empoleiradas no assento do cocheiro, bem protegidas numa ampla capa escarlate, forrada e bordada de azul.

A essa aparição, que anunciava um milorde viajando a pequenas jornadas, Chicot (era o nome do estalajadeiro) acorreu, com a boina na mão; sua mulher permaneceu à porta da estalagem; as filhas quase quebraram o pescoço ao descerem a escada, e os rapazes da estrebaria se apresentaram, contando já com uma boa gorjeta.

Ajudaram as acompanhantes a descer da boleia, não sem fazê-las corar um pouco, devido às dificuldades da operação; e de dentro da carruagem saíram: 1) um milorde gordo e baixo, rosto avermelhado, e barrigudo; 2) duas misses, altas, pálidas e ruivas; 3) uma milady que parecia entre o primeiro e o segundo grau da consumpção.

Foi esta última que tomou a palavra: "Senhor estalajadeiro", disse ela, "faça com que meus cavalos sejam bem cuidados; arranje um quarto para repousarmos e alguma bebida para minhas camareiras; mas não quero que tudo custe mais que seis francos; tome suas providências de acordo com isso".

Imediatamente após ser pronunciada essa frase econômica, Chicot tornou a pôr a boina, sua mulher entrou na casa e as filhas voltaram a seus postos.

Enquanto isso os cavalos eram levados à estrebaria, onde ficaram a ver os outros comendo, mostrou-se às damas um quarto no primeiro andar (*upstairs*), e ofereceram-se às acompanhantes copos e uma garrafa de água bem clara.

Mas os seis francos estipulados foram recebidos com resmungos, como uma compensação mesquinha pelo alvoroço causado e pelas esperanças frustradas.

## 18. EFEITOS MARAVILHOSOS DE UM JANTAR CLÁSSSICO

Ah! que triste situação a minha!", dizia com voz elegíaca um gastrônomo da corte real da província do Sena. "Achando que voltaria logo à minha terra, lá deixei meu cozinheiro; os negócios me retêm em Paris, e fui entregue aos cuidados de uma empregada obsequiosa cujas comidas me tiram o apetite. Minha mulher se contenta com tudo, meus filhos ainda não conhecem nada:

carne pouco cozida, assado queimado; pereço tanto pelo espeto quanto pela panela, ai de mim!"

Ele falava assim ao cruzar com passo doloroso a praça Dauphine. Felizmente para o bem público, o professor ouviu suas justas queixas e reconheceu no queixoso um amigo: "Você não há de morrer, meu caro", disse num tom afetuoso ao magistrado mártir; "não há de morrer de um mal cujo remédio tenho. Queira aceitar para amanhã um jantar clássico, entre poucos amigos: após o jantar, faremos um jogo de cartas de modo que todos se divirtam; e, como as outras, essa noitada se precipitará no abismo do passado".

O convite foi aceito; o mistério se cumpriu segundo os costumes, ritos e cerimônias tradicionais; e desde esse dia (23 de junho de 1825) o professor se sente feliz por ter conservado na corte real um de seus mais dignos sustentáculos.

### 19. EFEITOS E PERIGOS DAS BEBIDAS FORTES

A sede artificial a que nos referimos na Meditação 8, e que recorre às bebidas fortes como alívio momentâneo, torna-se, com o tempo, tão intensa e habitual que os que a ela se entregam não conseguem passar a noite sem beber, e são obrigados a levantar da cama para apaziguá-la.

Essa sede torna-se então uma verdadeira doença; e, quando o indivíduo a contraiu, pode-se prognosticar com certeza que não lhe restam dois anos de vida.

Certa vez viajei à Holanda com um rico comerciante de Dantzig, que dirigia havia cinquenta anos a principal casa fornecedora de aguardentes da cidade.

"Senhor", dizia-me esse patriarca, "na França não fazem ideia da dimensão do comércio que vimos mantendo, de pai para filho, há mais de um século. Observei com atenção os operários que vão à minha loja; e, quando se entregam sem reservas à inclinação, muito comum entre os alemães, pelas bebidas fortes, chegam todos a seu fim quase da mesma maneira.

"Primeiro tomam apenas um copinho de aguardente de manhã, e essa quantidade lhes é suficiente durante vários anos (de resto, esse regime é comum a todos os operários, e aquele que não tomasse seu traguinho seria malvisto pelos companheiros); depois eles dobram a dose, ou seja, tomam um trago de manhã e outro ao meio-dia. Permanecem nesse nível cerca de dois ou três anos, passando então a beber regularmente de manhã, ao meio-dia e à noite. Logo estão bebendo a toda hora, e só querem beber da aguardente feita com infusão de cravos; quando chegam a esse ponto, é certo que não viverão mais do que seis meses; definham, passam a ter febres, vão ao hospital e nunca mais tornamos a vê-los."

## 20. OS CAVALEIROS E OS ABADES

Já mencionei duas vezes essas duas categorias de gastrônomos que o tempo destruiu.

Como desapareceram há mais de trinta anos, a maior parte da geração atual não as conheceu.

Provavelmente elas ressurgirão no final deste século; mas, como tal fenômeno requer a coincidência de muitas circunstâncias futuras, creio que muito poucos, entre os que vivem atualmente, serão testemunhas dessa palingenesia.

Compete a mim, portanto, em minha qualidade de pintor de costumes, dar-lhes a última pincelada; e, para fazer isso mais comodamente, tomo a seguinte passagem de um autor que nada pode me recusar:

"Normalmente, e de acordo com o costume, a qualificação de cavaleiro só deveria ser concedida às pessoas condecoradas com uma ordem, ou aos filhos mais jovens das famílias da nobreza; mas muitos desses cavaleiros acharam vantajoso outorgarem-se eles próprios o título,* e, se o portador tinha educação e boa aparência, ninguém se preocupava na época em investigar seu direito a ele.

"Os cavaleiros eram geralmente rapazes bonitos; portavam a espada vertical, andavam empertigados, com a cabeça e o nariz ao vento; eram jogadores, libertinos, turbulentos, e faziam parte essencial do cortejo das beldades da moda.

"Distinguiam-se também por uma coragem brilhante e uma facilidade excessiva em sacar a espada. Bastava às vezes olhá-los para se criar um caso."

Foi assim que o cavaleiro de S., um dos mais conhecidos de seu tempo, teve seu fim.

Ele tinha provocado uma querela gratuita com um jovem recém-chegado

---

* *Self created.*

de Charolles, e os dois foram se bater na parte mais afastada da Chaussée-d'Antin, então quase inteiramente ocupada por pântanos.

Pela maneira como o recém-chegado pôs-se em guarda, S... percebeu que não lidava com um principiante: mesmo assim resolveu testá-lo, e, ao primeiro movimento que fez, o adversário desferiu um golpe tão preciso que o cavaleiro estava morto antes de ter caído. Um de seus amigos, testemunha do combate, examinou longamente em silêncio o corte fulminante e o trajeto que a espada havia percorrido: "Que excelente golpe de esgrima!", falou de súbito, ao se afastar; "e como esse jovem tem a mão precisa!...". O defunto não teve outra oração fúnebre.

No começo das guerras da Revolução, a maior parte desses cavaleiros integrou os batalhões, outros emigraram, o resto se perdeu na multidão. Os que sobrevivem, em pequeno número, podem ainda ser reconhecidos pela maneira como erguem a cabeça; mas são magros e caminham com dificuldade; sofrem da gota.

Quando havia muitos filhos numa família nobre, um era destinado à Igreja: ele começava por obter os benefícios simples que custeavam sua educação; mais tarde, tornava-se príncipe, abade comendatário ou bispo, conforme fossem maiores ou menores suas disposições ao apostolado.

Esse era o tipo genuíno de abade; mas havia os falsos: muitos jovens que detinham algumas posses, não querendo correr os riscos da cavalaria, davam-se o título de *abade* ao virem a Paris.

Nada mais cômodo: com uma ligeira alteração no vestuário, eles tinham de imediato a aparência de um sacerdote e colocavam-se no devido nível; eram bem recebidos, rodeados de atenções, paparicados: pois não havia casa que não tivesse o seu abade.

Os abades eram baixos, atarracados, gorduchinhos, bem vestidos, meigos, complacentes, curiosos, gulosos, atentos, insinuantes; os que restam engordaram ainda mais, fizeram-se devotos.

Não havia sorte mais feliz que a de um rico prior ou de um abade comendatário; tinham consideração, dinheiro, nenhum superior e nada a fazer.

Se a paz perdurar, como se espera, os cavaleiros ressurgirão; mas, a menos que haja uma grande mudança na administração eclesiástica, a espécie dos abades está irremediavelmente perdida; não há mais *sinecuras*; e voltou-se aos princípios da primitiva Igreja: *beneficium propter officium*.

## 21. MISCELÂNEA

"Senhor conselheiro", dizia um dia, da ponta de uma mesa à outra, uma velha marquesa do bairro Saint-Germain, "prefere um Borgonha ou um Bordeaux?" "Madame", respondeu com uma voz druídica o magistrado assim interrogado, "é um caso cujas provas tenho tanto prazer de examinar que adio por uma semana o pronunciamento da sentença."

Um anfitrião da Chaussée-d'Antin fizera servir à mesa um salsichão de Arles de tamanho heroico. "Aceite uma fatia", dizia ele à sua vizinha; "eis um prato que, espero, anuncia uma casa bem abastecida." "É realmente enorme", disse a dama, examinando o salsichão com um ar malicioso; "uma pena que não se assemelhe a nada."

São sobretudo as pessoas de espírito que têm a gastronomia em alta estima: os outros não são capazes de uma operação que consiste numa série de apreciações e julgamentos.

A condessa de Genlis vangloria-se, em suas memórias, de ter ensinado a uma alemã que a acolhera bem a maneira de preparar até sete pratos deliciosos.

Foi o conde de La Place que descobriu uma maneira muito interessante de preparar os morangos, que consiste em molhá-los com o suco de uma laranja doce (a maçã das Hespérides).

Um outro estudioso foi ainda mais longe, acrescentando aos morangos o amarelo da casca da laranja, que se extrai esfregando nela um torrão de açúcar; e ele pretende provar, por meio de um manuscrito salvo das chamas que destruíram a biblioteca de Alexandria, que era assim que se serviam os morangos nos banquetes do monte Ida.

"Não ponho muita fé nesse homem", dizia o conde de M..., ao falar de um candidato que acabava de obter um cargo oficial; "ele jamais comeu chouriço *à la Richelieu* e não conhece as costeletas *à la Soubise*."

Um bebedor estava à mesa, e na sobremesa lhe ofereceram uvas. "Agradeço", disse ele afastando a travessa; "não costumo tomar meu vinho em pílulas."

Felicitavam um gastrônomo que acabava de ser nomeado coletor de impostos em Périgueux; diziam-lhe do prazer que teria em viver no centro da boa comida, na região das trufas, das perdizes vermelhas, dos perus trufados etc. etc. "Oh!", disse suspirando o gastrônomo contristado, "será que realmente se pode viver numa região onde a maré nunca baixa?"

## 22. UMA JORNADA ENTRE OS BERNARDINOS

Era aproximadamente uma hora da madrugada, numa bela noite de verão, quando partimos em cavalgada, não sem termos feito uma vigorosa serenata às belas que tinham a felicidade de nos interessar (isso foi em 1782).

Partíamos de Belley e íamos a Saint-Sulpice, abadia dos bernardinos situada numa das mais altas montanhas da região, pelo menos uns 1500 metros acima do nível do mar.

Eu era então o líder de um grupo de músicos amadores, todos amigos da alegria e possuidores em alta dose de todas as virtudes que acompanham a juventude e a saúde.

"Senhor", disse-me um dia o abade de Saint-Sulpice, levando-me, depois do jantar, até o vão de uma janela, "ficaríamos muito agradecidos se viesse com seus amigos tocar um pouco de música no dia de são Bernardo! O santo seria ainda mais glorificado, nossos vizinhos se alegrariam, e vocês teriam a honra de ser os primeiros Orfeus a penetrar nessas regiões elevadas."

Não esperei que repetisse um pedido que prometia um dia agradável; anuí com um sinal de cabeça que fez vibrar o salão. "*Annuit, et totum nutu tremefecit olympum.*" (Virgílio)*

Todas as precauções haviam sido tomadas com antecedência; e partimos cedo porque tínhamos quatro léguas a percorrer por caminhos capazes de assustar até os viajantes audaciosos que desafiaram as alturas da poderosa colina Montmartre.

O mosteiro se erguia num vale fechado a oeste pelo pico da montanha, e a leste por um morro menos elevado.

O pico do oeste era coroado por uma floresta de pinheiros, sendo que

---

* *Eneida*, IX, v. 106: "Ele aquiesceu: seu sinal fez o Olimpo inteiro estremecer". (N. E.)

uma única rajada de vento derrubou um dia 37 mil deles.* O fundo do vale era ocupado por uma vasta pradaria, onde pequenos bosques de faias formavam diversos compartimentos irregulares, modelos imensos daqueles pequenos jardins ingleses que amamos tanto.

Chegamos ao raiar do dia, e fomos recebidos pelo ecônomo do mosteiro, que tinha o rosto quadrangular e o nariz em obelisco.

"Senhores", disse o bom padre, "sejam bem-vindos: nosso reverendo abade ficará contente quando souber que chegaram; ele ainda se encontra em seu leito, pois ontem estava muito fatigado; mas venham comigo, e verão que nós os esperávamos."

Dito isso, pôs-se em marcha e o seguimos, supondo com razão que nos conduzia ao refeitório.

Lá, todos os nossos sentidos foram invadidos pela aparição do mais sedutor desjejum, de um desjejum verdadeiramente clássico.

No meio de uma mesa espaçosa, elevava-se um patê tão grande como uma igreja; era flanqueado ao norte por uma porção de vitela fria, ao sul por um presunto enorme, a leste por uma bola de manteiga monumental e a oeste por um alqueire de alcachofras temperadas com pimenta e sal.

Viam-se ainda diversas espécies de frutas, pratos, guardanapos, talheres, cestos de prata, e, na extremidade da mesa, irmãos leigos e domésticos prontos a servir, embora surpresos por se verem de pé tão cedo.

Num canto do refeitório avistava-se uma pilha de mais de cem garrafas, continuamente regada por uma fonte natural, que murmurava *Evohë Bacche* enquanto escorria; e se o aroma do moca não fazia cócegas em nossas narinas, é que naqueles tempos heroicos ainda não se tomava café tão cedo de manhã.

O reverendo ecônomo deleitou-se por algum tempo com nosso espanto; depois, dirigiu-nos a seguinte alocução que, em nosso entender, julgamos ter sido previamente preparada: "Senhores, gostaria de poder fazer-lhes companhia; mas ainda não rezei minha missa, e hoje é um dia muito solene. Deveria convidá-los a comer; mas a idade de vocês, a viagem e o ar puro de nossas montanhas

---

* A superintendência das águas e florestas os contou e os vendeu; o comércio lucrou com isso, os monges se beneficiaram, grandes somas de dinheiro foram postas em circulação; e ninguém se queixou do furacão.

me dispensam disso. Aceitem com prazer o que oferecemos de bom coração; deixo-os e vou cantar as matinas".

Com essas palavras, desapareceu.

Foi então o momento de agir; e nos lançamos ao ataque com a energia despertada pelas três circunstâncias agravantes tão bem indicadas pelo ecônomo. Mas o que podiam fracos filhos de Adão contra uma refeição que parecia preparada para os habitantes de Sírio? Nossos esforços foram impotentes; embora superalimentados, deixamos apenas vestígios imperceptíveis de nossa passagem.

Assim, bem munidos até o jantar, nos dispersamos; e me recolhi ao leito para dormir até a hora da missa, como o herói de Rocroy e vários outros guerreiros que dormiram até o momento de começar a batalha.

Fui despertado por um robusto frade que por pouco não me arrancou o braço, e corri à igreja, onde encontrei todos em seus postos.

Executamos uma sinfonia no ofertório, cantamos um motete na consagração e encerramos com um quarteto de instrumentos de sopro. E, apesar dos gracejos que fazem à música de amadores, o respeito à verdade me obriga a dizer que nos saímos muito bem.

Aproveito a ocasião para assinalar que os que nunca estão contentes com nada são quase sempre ignorantes que criticam duramente apenas porque esperam que sua audácia poderá fazer supor conhecimentos que não tiveram a coragem de adquirir.

Recebemos com benignidade os elogios que nos prodigalizaram nessa ocasião; e, depois de receber os agradecimentos do abade, fomos nos sentar à mesa.

O jantar foi servido ao gosto do século xv; poucos pratos de acompanhamento, poucas superfluidades; mas uma excelente escolha de carnes, alimentos simples, substanciais, uma boa cozinha, um cozimento perfeito, e sobretudo legumes de um sabor desconhecido nas regiões baixas, impediam de desejar o que não se via.

Além disso, o leitor terá uma ideia da abundância que reinava nesse excelente lugar quando souber que o segundo serviço ofereceu nada menos que catorze pratos de assado.

A sobremesa foi tanto mais surpreendente por ser composta em parte de frutas que não crescem naquela altitude, e que haviam sido trazidas dos vales vizinhos, das hortas de Machuraz, de Morflent e outros lugares favorecidos pelo astro rei do calor.

Não faltaram as bebidas; mas o café merece uma menção particular.

Era um café límpido, perfumado e maravilhosamente quente; mas sobretudo não era servido nesses vasos degenerados que ousam chamar de *xícaras* nas margens do Sena, mas em belas e profundas tigelas onde mergulhavam prazerosamente os lábios espessos dos reverendos, que sorviam seu líquido com um ruído digno de cachalotes antes da tempestade.

Depois do jantar, fomos às vésperas; e executamos, entre os salmos, antífonas que eu havia composto expressamente para a ocasião, no estilo musical corrente da época; não devo falar nem bem nem mal delas, por receio de ser detido pela modéstia, ou influenciado pela paternidade.

Encerrada assim a jornada oficial, os vizinhos começaram a se retirar e os monges se dispuseram a disputar alguns jogos.

Quanto a mim, preferi o passeio; reunindo alguns amigos, fui pisar aquela relva tão macia e tão cerrada que vale por todos os tapetes da Savonnerie, e respirar aquele ar puro das montanhas que revigora a alma e dispõe a imaginação à meditação e ao romantismo.*

Era tarde quando regressamos. O abade veio desejar-me boa noite e bom descanso. "Vou recolher-me", disse ele, "e deixar que terminem a noite. Não que minha presença possa ser importuna aos nossos monges; mas quero que eles saibam que têm plena liberdade. Nem todo dia é dia de são Bernardo; amanhã retomaremos nossa ordem costumeira: *cras iterabimus aequor.*"**

De fato, após a partida do abade houve mais animação na assembleia; ela ficou mais ruidosa e ouviram-se mais daqueles gracejos peculiares aos claustros, em geral inócuos, e dos quais todos riam sem saber por quê.

Por volta das nove da noite foi servida a ceia: ceia delicada, bem escolhida, e já muito distanciada do almoço.

Comeu-se com renovado gosto, conversou-se, riu-se, cantaram-se can-

---

* Experimentei seguidamente esse efeito nas mesmas circunstâncias, e sou levado a pensar que a leveza do ar, nas montanhas, faz agir certas forças cerebrais que se veem oprimidas nas planícies.
** Horácio, *Odes*, I, 7, v. 32: "Amanhã retomaremos a planura marítima". Horácio diz *ingens iterabimus aequor*. (N. E.)

ções de mesa; e um dos padres nos leu alguns versos de sua lavra, que realmente não eram maus para terem sido feitos por um tonsurado.

Ao final da noitada, uma voz se elevou e gritou: "Padre ecônomo, onde está a sua especialidade?". "Tem razão", respondeu o reverendo; "não sou ecônomo por nada."

Ele saiu por um momento e retornou logo após, acompanhado de três serviçais, o primeiro dos quais trazia excelentes torradas com manteiga, e os outros dois uma mesa sobre a qual se achava uma cuba de aguardente açucarada e borbulhante: o que equivalia praticamente ao ponche, que ainda não era conhecido.

Foram recebidos com aclamação, e todos se lançaram às torradas e à aguardente açucarada. Finalmente, quando o relógio da abadia deu meia-noite, cada um se recolheu a seus aposentos para gozar das delícias de um sono que os trabalhos da jornada haviam preparado e feito por merecer.

NB — Tempos depois, quando o padre ecônomo mencionado nesse relato verídico já tinha envelhecido, falavam em presença dele de um abade recentemente nomeado que chegava de Paris, e cujo rigor era temido.

"Não me preocupo com ele", disse o reverendo; "por mais rigoroso que for, jamais terá a coragem de tirar de um velho o lugar junto à lareira nem a chave da adega."

## 23. FELICIDADE EM VIAGEM

Um dia, montado em meu bom cavalo La Joie, eu percorria as alegres encostas do Jura.

Eram os piores dias da Revolução, e eu ia a Dôle procurar o representante Prôt, para obter um salvo-conduto que me impedisse de ir à prisão e quem sabe depois ao cadafalso.

Ao chegar, pelas onze da manhã, a uma hospedaria do pequeno burgo ou aldeia de Mont-sous-Vaudrey, primeiro fiz que minha montaria fosse bem tratada; depois, ao passar pela cozinha, me deparei com um espetáculo que nenhum viajante teria visto sem prazer.

Sobre um fogo forte e brilhante girava um espeto admiravelmente guarnecido de opulentas codornas e daqueles pequenos francolins de pés verdes que são tão gordos. Essa caça especial despejava suas últimas gotas sobre uma imensa fatia de pão torrado, preparação que indicava a mão de um caçador; e bem ao lado se via, já cozida, uma daquelas lebrezinhas de costas redondas, que os parisienses não conhecem, e cujo aroma encheria uma igreja.

"Muito bom!", digo a mim mesmo, reanimado por essa visão; "a Providência não me abandona por completo. Colhamos ainda esta flor no caminho; sempre haverá tempo de morrer."

Então, dirigindo-me ao hospedeiro, um homem de porte gigantesco que, durante esse exame, passeava pela cozinha assobiando e com as mãos nas costas, disse-lhe: "Meu caro, o que tem de bom para o meu almoço?". "Só coisa boa, senhor; boa carne cozida, boa porção de batatas, boa perna de carneiro e bons feijões."

A essa resposta inesperada, um calafrio de desapontamento percorreu todo o meu corpo; o leitor sabe que não como carne cozida, porque é carne menos seu suco; as batatas e os feijões fazem engordar; e não me sentia com dentes de aço para dilacerar a perna de carneiro: esse cardápio era feito expressamente para me desolar, e todos os meus infortúnios voltaram a desabar sobre mim.

O hospedeiro me olhava com um ar matreiro, e parecia adivinhar a causa de meu desapontamento... "E para quem o senhor reserva essa deliciosa caça?", perguntei-lhe num tom bastante contrariado. "Sinto muito", ele respondeu condoído, "mas não posso dispor dela; tudo isso pertence a uns senhores da Justiça que estão aqui há dez dias, para uma avaliação de bens solicitada por uma dama muito rica; eles encerraram ontem a avaliação, e comemoram esse feliz acontecimento com um banquete, com uma 'revolta', como dizemos aqui." "Senhor", repliquei após meditar por uns instantes, "faça-me a gentileza de dizer a esses senhores que um homem de boa companhia roga, como um favor, ser admitido à mesa deles, que pagará sua parte na despesa e sobretudo ficará profundamente em dívida para com eles." Falei assim e ele partiu.

Passado algum tempo, vejo entrar um homenzinho gordo, bochechudo, atarracado, com ar esperto, que veio espiar a comida, mexeu em algumas panelas, levantou a tampa de uma caçarola e desapareceu.

"Bem", disse a mim mesmo, "eis aí o observador que vem me avaliar!" E voltei a ter esperanças, pois a experiência me ensinara que minha aparência exterior não é repugnante.

No entanto, meu coração batia como o de um candidato que aguarda o final do escrutínio, quando o hospedeiro finalmente reapareceu para me anunciar que os cavalheiros estavam muito lisonjeados com minha proposta e apenas me aguardavam para ser servido o almoço.

Parti aos saltos de dança; recebi a acolhida mais lisonjeira, e ao cabo de alguns minutos estava sendo servido.

Que bela refeição!!! Não contarei os detalhes; mas devo uma menção honrosa a um soberbo fricassê de frango, como só na província se come, e tão ricamente dotado de trufas que havia o suficiente para rejuvenescer o velho Titono da mitologia.

O assado já foi descrito; seu gosto correspondia a seu aspecto externo: estava cozido ao ponto; e a dificuldade que eu havia experimentado para me aproximar dele realçava ainda mais seu sabor.

A sobremesa era composta de creme de baunilha, queijo e frutas excelentes. Regamos tudo isso com um vinho leve e cor de grená; mais tarde, com vinho do Ermitage; mais tarde ainda, com vinho branco licoroso, igualmente generoso e doce: e, para completar, um excelente café, preparado pelo esperto observador, que teve também a gentileza de não nos privar de alguns licores de Verdun, retirando-os de uma espécie de tabernáculo do qual só ele tinha a chave.

O almoço não foi apenas bom, mas também muito alegre.

Após terem falado com circunspecção das questões do momento, esses senhores passaram a fazer brincadeiras uns com os outros que me puseram a par de alguns aspectos de suas biografias; falaram pouco do assunto que os havia reunido; contamos algumas anedotas, cantamos, e aproveitei a ocasião para declamar alguns versos inéditos de minha autoria; inclusive improvisei alguns, que foram muito aplaudidos; ei-los;

*Air du Maréchal ferrant*

*Qu'il est doux pour les voyageurs*
*De trouver d'aimables buveurs!*
*C'est une vraie béatitude.*
*Entouré d'aussi bons enfants*
*Ma foi, je passerais céans,*
*Libre de toute inquiétude,*
*Quatre jours,*

*Quinze jours,*
*Trente jours,*
*Une année.*
*Et bénirais ma destinée.\**

    Se registro aqui esses versos, não é por julgá-los excelentes; já fiz melhores, graças a Deus, e teria refeito estes se o quisesse; mas preferi deixá-los em sua forma de improviso, a fim de que o leitor concorde comigo que alguém capaz de versejar assim, mesmo com um comitê revolucionário em seu encalço, esse alguém, digo eu, tinha com certeza a cabeça e o coração de um francês.
    Fazia já quatro horas que estávamos à mesa, e começava-se a pensar na maneira de encerrar o encontro; faríamos um longo passeio para auxiliar a digestão, e na volta um jogo de cartas para esperar a refeição da noite, que consistiria em um prato de trutas em conserva e restos do almoço, ainda muito desejáveis.
    A todas essas propostas fui obrigado a responder com uma recusa: o sol declinando no horizonte me aconselhava partir. Meus amigos insistiram o quanto a polidez permite, e se detiveram quando lhes assegurei que não viajava inteiramente por prazer.
    O leitor já adivinhou que eles não quiseram saber do meu quinhão: assim, sem fazerem perguntas importunas, me viram montar o cavalo e nos separamos depois das despedidas mais afetuosas.
    Se algum daqueles que me acolheram tão bem ainda estiver vivo, e este livro cair em suas mãos, quero que saiba que, após mais de trinta anos, este capítulo foi escrito com a mais viva gratidão.
    Uma felicidade jamais vem sozinha, e minha viagem foi coroada com um sucesso quase inesperado.
    A bem dizer, encontrei o representante Prôt fortemente predisposto contra mim; olhou-me com ar sinistro, e pensei que fosse me mandar prender;

---

\* Canção do Ferrador: "Como é bom para os que viajam/ a companhia amável dos que bebem!/ É uma verdadeira beatitude./ Cercado de tão bons camaradas,/ Palavra, eu ficaria aqui,/ Livre de toda inquietude,/ Quatro dias,/ Quinze dias,/ Trinta dias,/ Um ano,/ A bendizer meu destino." (N. T.)

mas foi apenas um susto, pois, após alguns esclarecimentos, me pareceu que seus traços se distendiam um pouco.

Não sou daqueles que se contraem com o medo, e acho que aquele homem não era mau; mas tinha pouca capacidade e não sabia o que fazer do poder temível que lhe haviam confiado: era um garoto armado com a maça de Hércules.

O sr. Amondru, cujo nome registro aqui com muito prazer, teve realmente alguma dificuldade em fazê-lo aceitar uma ceia na qual ficou combinado que eu compareceria; no final ele aceitou, mas me recebeu de uma maneira bastante fria.

Fui um pouco menos mal acolhido pela sra. Prôt, a quem fui apresentar meus respeitos. As circunstâncias que me levavam até ali admitiam pelo menos um interesse de curiosidade.

Já nas primeiras frases, ela me perguntou se eu gostava de música. Ó felicidade inesperada! ela parecia ser uma aficionada, e, como eu próprio era um músico muito bom, a partir desse momento nossos corações vibraram em uníssono.

Conversamos antes da ceia, e fizemos o que se chama um exame minucioso do assunto. Ela falou dos tratados de composição, eu os conhecia a todos; falou das óperas mais em voga, eu as sabia de cor; disse o nome dos autores mais conhecidos, a maioria deles eu já tinha visto. Ela não parava de falar porque havia muito não encontrava ninguém com quem conversar do assunto, do qual falava como amadora, embora depois eu viesse a saber que havia dado aulas de canto.

Depois da ceia foi buscar seus cadernos de música; ela cantou, eu cantei, nós cantamos; jamais pus tanto zelo nisso, jamais isso me deu maior prazer. O sr. Prôt já havia falado várias vezes em se retirar, ela não lhe dava atenção, e soávamos como dois clarins o duo de *La fausse magie: Vous souvient-il de cette fête?*, quando ele fez ouvir a ordem de partida.

Desta vez era preciso terminar; mas, no momento em que nos despedimos, a sra. Prôt me disse: "Cidadão, quando alguém cultiva como o senhor as belas-artes, ele não trai seu país. Sei que pede algo a meu marido: o senhor o terá; sou eu que lhe prometo".

Ao ouvir essas palavras confortadoras, beijei-lhe a mão com o mais profundo sentimento; e, de fato, na manhã seguinte recebi meu salvo-conduto bem assinado e magnificamente selado.

Assim cumpriu-se o propósito de minha viagem. Voltei para casa de cabeça erguida; e graças à harmonia, essa adorável filha do céu, minha ascensão foi retardada por um bom número de anos.

## 24. POÉTICA

*Nullla placere diu, nec vivere carmina possunt,*
*Quae scribuntur aquae potoribus. Ut male sanos*
*Adscripsit Liber Satyris Faunisque Poetas,*
*Vina fere dulces oluerunt mane Camoenae.*
*Laudibus arguitur vini vinosus Homerus.*
*Ennius ipse pater nunquam, nisi potus ad arma*
*Prosiluit dicenda: "Forum putealque Libonis*
*Mandabo siccis; adimam cantare severis".*
*Hoc simul edixit, non cessavere poetae*
*Nocturno certare mero, potare diurno.\**

Horácio, Epist., I, 19, vs. 2-11

Se eu tivesse bastante tempo, teria feito uma seleção criteriosa das poesias gastronômicas desde os gregos e os latinos até os nossos dias, e as teria dividido por épocas históricas, para mostrar a íntima aliança que sempre existiu entre a arte de bem dizer e a arte de bem comer.

O que não fiz, um outro o fará.\*\* Veremos como a mesa sempre deu o tom à lira, e esta será uma prova adicional da influência do físico sobre o moral.

---

\* "Nenhum verso poderá agradar e viver por muito tempo/ Se escrito por um bebedor de água. Desde que Baco alistou os poetas,/ meio embriagados, entre os Faunos e os Sátiros,/ as doces Musas trouxeram-lhes o vinho desde a manhã./ O elogio do vinho traiu o gosto de Homero;/ O venerável Ênio jamais se lançou a cantar os combates/ sem antes beber: 'Às gargantas secas deixo o fórum, os debates;/ A esses espíritos enfadonhos proíbo de cantar'./ Desde então, os poetas, sem trégua, e graças ao vinho,/ Lutaram à noite e beberam [Horácio diz *putere diurno*: "federam de dia".] de dia." (N. E.)
\*\* Eis aí, se não me engano, a terceira obra que delego aos pesquisadores: 1) Monografia da obesidade; 2) Tratado teórico e prático dos descansos de caça; 3) Coletânea cronológica das poesias gastronômicas.

Até meados do século XVIII, as poesias desse gênero tiveram sobretudo por objeto celebrar Baco e suas dádivas, porque então beber vinho, e beber muito, era o mais alto grau de exaltação gustativa a que se podia chegar. Contudo, para quebrar a monotonia e ampliar o tema, associava-se ao vinho o Amor, embora não seja certo que tal associação convenha ao amor.

A descoberta do Novo Mundo e as aquisições que dela decorreram, trouxeram uma nova ordem de coisas.

O açúcar, o café, o chá, o chocolate, as bebidas alcoólicas e todas as misturas resultantes fizeram da boa mesa um todo mais variado, do qual o vinho tornou-se apenas um acessório mais ou menos indispensável; pois o chá pode perfeitamente substituir o vinho no desjejum.*

Assim abriu-se um caminho mais vasto aos poetas de nossos dias; eles puderam cantar os prazeres da mesa sem precisarem necessariamente se afogar no barril; e poemas encantadores já celebraram os novos tesouros que enriqueceram a gastronomia.

Como outros leitores, abri as coletâneas e me deliciei com o perfume dessas oferendas etéreas. Mas, ao mesmo tempo em que admirava os recursos do talento e degustava a harmonia dos versos, eu encontrava uma satisfação ainda maior em ver todos esses autores aderirem a meu sistema favorito; pois a maior parte desses belos poemas foi feita para o jantar, durante o jantar ou depois do jantar.

Espero que mãos hábeis explorem a parte de meu domínio que lhes confio, e me contento em oferecer aos leitores um pequeno número de peças escolhidas ao sabor do meu capricho, acompanhadas de notas muito curtas, para que não quebrem a cabeça tentando descobrir a razão de minha escolha.

CANÇÃO DE DEMÓCARES AO FESTIM DE DÊNIAS — A canção intitula-se "Viagem do jovem Anacársis"; essa razão é suficiente.

Bebamos, louvemos Baco,

Ele se compraz com nossas danças, se compraz com nossos cantos; ele dissipa a inveja, o ódio e as tristezas. Às Graças sedutoras, aos Amores encantadores, ele deu origem.

Amemos, bebamos; louvemos Baco.

---

* Os ingleses e os holandeses comem, no desjejum, pão, manteiga, peixe, presunto, ovos, e quase sempre bebem apenas chá.

O futuro ainda não existe, o presente logo deixará de existir, o único instante da vida é o instante do gozo.

Amemos, bebamos; louvemos Baco.

Sábios de nossas loucuras, ricos de nossos prazeres, calquemos com os pés a terra e suas vãs grandezas; e na doce embriaguez que momentos tão belos fazem verter nossas almas,

Bebamos, louvemos Baco.

(*Viagem do jovem Anacársis à Grécia*, t. II, cap. 25)

A seguinte é de Motin [1566-1610], que, segundo dizem, foi o primeiro na França a fazer canções de beber. Ela é dos bons velhos tempos da bebedeira, e não deixa de ter verve.

*Poétique*

*Que j'aime en tout temps la taverne!*
*Que librement je m'y gouverne!*
*Elle n'a rien d'égal à soi;*
*J'y vois tout ce que je demande;*
*Et les torchons y sont pour moi*
*De fine toile de Hollande.*

*Pendant que le chaud nous outrage,*
*On ne trouve point de bocage*
*Agréable et frais comme elle;*
*Et quand la froidure m'y mène,*
*Un malheureux fagot m'y plaît,*
*Plus que tout le bois de Vincennes.*

*J'y trouve à souhait toutes choses:*
*Les chardons m'y semblent des roses,*
*Et les tripes des ortolans;*
*L'on n'y combat jamais qu'au verre.*
*Les cabarets et les brelans*
*Sont les paradis de la terre.*

C'est Bacchus que nous devons suivre:
Le nectar dont il nous enivre
A quelque chose de divin,
Et quiconque a cette louange
D'être homme sans boire du vin,
S'il en buvait serait un ange.

Le vin me rit, je le caresse;
C'est lui qui bannit ma tristesse
Et réveille tous mes esprits;
Nous nous aimons de même force:
Je le prends, après j'en suis pris,
Je le porte, et puis il m'emporte.

Quand j'ai mis quarte dessus pinte,
Je suis gai, l'oreille me tinte,
Je recule au lieu d'avancer;
Avec le premier je me frotte,
Et je fais, sans savoir danser,
De beaux entrechats dans la crotte.

Pour moi, jusqu'à ce que je meure,
Je veux que le vin blanc demeure,
Avec le clairet dans mon corps,
Pourvu que la paix les assemble;
Car je les jetterai dehors
S'ils ne s'accordent bien ensemble.\*

---

\* Poética: "Como gosto da taverna!/ Nela sou livre e me governo!/ Não há outro lugar igual;/ Vejo ali tudo o que eu quero,/ Vejo os próprios panos de prato/ como finos tecidos da Holanda.

Quando o calor nos castiga,/ não há sombra mais agradável/ Nem mais fresca do que ela;/ E seu pobre feixe de lenha/ Me aquece melhor no inverno/ Que o bosque inteiro de Vincennes.

Nela encontro a coisa certa:/ Os cardos me parecem rosas/ E as tripas um prato de rei;/ Disputas, somente no copo./ Os botequins e as espeluncas/ São os paraísos da terra.

É Baco que nos comanda:/ Seu néctar que nos embriaga/ Tem qualquer coisa de divino,/ E aquele que se enaltece/ De ser homem sem beber vinho,/ Se bebesse seria um anjo.

A próxima é de Racan [1589-1670], um de nossos mais antigos poetas; ela é cheia de graça e de filosofia, serviu de modelo a muitas outras, e parece mais jovem que seu registro de nascimento.

*A Maynard*

*Pourquoi se donner tant de peine?*
*Buvons plutôt, à perdre haleine,*
*De ce nectar délicieux,*
*Qui, pour l'excellence, précède*
*Celui même que Ganimède*
*Verse dans la coupe des dieux.*

*C'est lui qui fait que les années*
*Nous durent moins que les journées;*
*C'est lui qui nous fait rajeunir,*
*E qui bannit de nos pensées*
*Le regret des choses passées*
*El la crainte de l'avenir.*
*Buvons, Maynard, à pleine tasse;*
*L'âge insensiblement se passe,*
*Et nous même à nos derniers jours;*
*L'on a beau faire de prières,*
*Les ans, non plus que les rivières,*
*Jamais ne rebroussent leurs cours.*

*Le printemps, vêtu de verdure,*
*Chassera bientôt la froidure;*

---

O vinho me alegra, eu o afago;/ Ele expulsa a minha tristeza/ E desperta os meus talentos;/ Nos amamos com a mesma força:/ Primeiro sou eu que o tomo,/ Depois sou tomado por ele.

Quando esvazio mais um copo,/ Fico alegre, o ouvido tilinta,/ Recuo em vez de avançar;/ Com o primeiro me roço,/ E faço, sem saber dançar,/ Piruetas de dança na lama.

Para mim, até que eu morra,/ Quero que o vinho branco fique/ Com o tinto no meu corpo,/ Contanto que fiquem em paz;/ Pois para fora os mandarei/ Se os dois não se derem bem."

*La mer a son flux et reflux;*
*Mais, depuis que notre jeneusse,*
*Quite la place à la vieillesse,*
*Le temps ne la ramène plus.*

*Les lois de la mort sont fatales*
*Aussi bien aux maisons royales*
*Qu'aux taudis couverts de roseaux;*
*Tous nos jours sont sujets aux Parques*
*Ceux des bergers et des monarques*
*Sont coupés des mêmes ciseaux.*

*Leurs rigueurs, par qui tout s'efface,*
*Ravissent, en bien peu d'espace,*
*Ce qu'on a de mieux établi,*
*Et bientôt nous mèneront boire,*
*Au-delà de la rive noire,*
*Dans les eaux du fleuve d'oubli.\**

Esta é do professor, que também a musicou. Ele recuou diante dos obstáculos de imprimir a partitura, apesar do prazer que teria em saber-se colocado em todos os pianos; mas, por uma felicidade inaudita, ela pode ser cantada e *será cantada* na ária do *vaudeville de Fígaro*.

---

\* A Maynard: "Por que sofrer tanto?/ Bebamos, até perder o fôlego,/ Desse néctar delicioso,/ Que, pela excelência, precede/ Até mesmo o que Ganimedes/ Derrama na taça dos deuses.
    Ele é que faz que os anos/ nos durem menos que os dias;/ Que nos faz rejuvenescer/ Afastando do nosso pensar/ O lamento das coisas passadas/ E o temor das futuras.
    Bebamos, Maynard, a taças cheias;/ o tempo insensivelmente passa/ e nós também até os últimos dias;/ Por mais que façamos preces,/ Os anos, assim como os rios,/ jamais remontam seu curso.
    A primavera, vestida de verde,/ Em breve expulsará o inverno;/ O mar tem seu fluxo e refluxo;/ Mas, depois que a juventude/ cede o lugar à velhice,/ O tempo não a traz mais de volta.
    As leis da morte são fatais/ Tanto nas mansões reais/ Como nas choupanas de palha;/ Os dias submetem-se às Parcas,/ Que cortam com a mesma tesoura/ Os dos pastores e dos monarcas.
    Suas sentenças, que tudo apagam,/ Em pouco tempo arrebatam/ O que havia de mais seguro,/ E logo nos farão beber,/ Para além da margem sombria,/ Nas águas do rio do esquecimento."

*Le choix des sciences*

*Ne poursuivons plus la gloire:*
*Elle vend cher ses faveurs;*
*Tâchons d'oublier l'histoire:*
*C'est um tissu de malheurs.*
*Mais appliquons-nous à boire*
*Ce vin qu'aiment nos aïeux.*
*Qu'il est bon, quando il est vieux! (bis)*

*J'ai quitté l'astronomie,*
*Je m'égarais dans les cieux;*
*Je renonce à la chimie,*
*Ce goût devient trop coûteux.*
*Mais pour la gastronomie*
*Je veux suivre mon penchant.*
*Qu'il est doux d'être gourmand! (bis)*

*Jeune je lisais sans cesse;*
*Mes cheveux en sont tous gris:*
*Les sept sages de la Grèce*
*Ne m'ont pourtant rien appris.*
*Je travaille la paresse:*
*C'est un aimable péché.*

*Ah! comme on est bien couché! (bis)*
*J'étais fort en médecine,*
*Je m'en tirais à plaisir:*
*Mais tout ce qu'elle imagine*
*Ne fait qu'aider à mourir.*
*Je préfère la cuisine:*
*C'est um art réparateur:*
*Quel grand homme qu'un traiteur! (bis)*

*Ces travaux sont un peu rudes,*
*Mais sur le déclin du jour,*
*Pour égayer mes études,*

341

*Je laisse approcher l'amour.*
*Malgré les caquets des prudes,*
*L'amour est un joli jeu:*
*Jouons-le toujours un peu. (bis)* *

Eu vi *nascer* a copla seguinte, e por esse motivo a *plantei*. As trufas são a divindade da época; e talvez não sejamos dignos dessa idolatria.

*Impromptu*

*Buvons à la truffe noire,*
*Et ne soyons point ingrats:*
*Elle assure la victoire*
*Dans les plus charmants combats*
    *Au secours*
    *Des amours,*
*Du plaisir, la Providence*
*Envoya cette substance:*
*Qu'on se serve tous les jours.* **
    Por B... de V..., *aficionado distinto e discípulo dileto do professor.*

---

* A escolha das ciências: "Não busquemos mais a glória:/ Seus favores custam caro;/ Tratemos de esquecer a história:/ É um tecido de infortúnios./ Mas bebamos esse vinho/ Que amavam nossos avós./ Que ele é bom quando velho! (*bis*)

Abandonei a astronomia,/ eu me perdia nos céus;/ Renuncio à química,/ Esse gosto é muito caro./ Mas quanto à gastronomia/ não desisto da vocação./ Como é doce ser gourmand! (*bis*)

De tanto ler, quando jovem,/ Meus cabelos ficaram grisalhos:/ Os sete sábios da Grécia/ Nada porém me ensinaram./ Agora curto a preguiça;/ É um agradável pecado./ Ah! como é bom ficar deitado! (*bis*)

Eu gostava de remédios,/ Por qualquer coisa os tomava:/ Mas tudo o que eles fazem/ É ajudar a morrer./ Prefiro a culinária:/ É uma arte revigorante./ Que coisa boa é um restaurante! (*bis*)

Meu trabalho é um pouco rude./ Mas ao declinar do dia,/ Para alegrar meus estudos,/ Deixo que o amor se aproxime./ Apesar dos mexericos e dos probos,/ O amor é um jogo bonito:/ Joguemo-lo sempre um pouco. (*bis*)"

** Improviso: "Brindemos à trufa negra,/ E não sejamos ingratos:/ Ela assegura a vitória/ Nos mais deliciosos combates./ Em favor/ Do amor,/ Do prazer, a Providência/ Enviou essa substância:/ Comamos trufas todos os dias."

Termino com uns versos que pertencem à Meditação 26.*

Quis musicá-los e não consegui satisfatoriamente; um outro fará melhor, sobretudo se for um pouco mais persistente. O acompanhamento harmônico deve ser forte, marcando na segunda estrofe que o estado do doente piora.

*L'agonie*
*Romance physiologique*

*Dans tous meus sens, hélas! faiblit la vie;*
*Mon oeil est terne et mon corps sans chaleur.*
*Louise en pleure, et cette tendre amie,*
*En frémissant, met la main sur mon coeur.*
*Des visiteurs la troupe fugitive*
*A pris congé pour ne plus revenir;*
*Le docteur part et le pasteur arrive:*
    *Je vais mourir.*

*Je veux prier, ma tête s'y refuse,*
*Je veux parler, et ne puis m'exprimer,*
*Un tintement m'inquiète et m'abuse;*
*Je ne sais quoi me paraît voltiger.*
*Je ne vois plus. Ma poitrine oppressée*
*Va s'épuiser pour former un soupir:*
*Il errera sur ma bouche glacée...*
    *Je vais mourir.***

De autoria do professor

---

\* Ver p. 232 e seguintes.
\*\* A agonia, Romança fisiológica:
"A vida se apaga em todos os meus sentidos;/ Perde o brilho meu olhar, meu corpo esfria./ Luísa chora, e essa querida companheira,/ Põe, a tremer, a mão sobre meu peito./ Os amigos que vieram me ver/ Despediram-se para não mais voltar;/ O médico parte, o padre chega:/ Vou morrer.

Quero rezar, minha cabeça se recusa,/ Quero falar, e não posso me exprimir,/ Um dobre de sino me inquieta e me ilude,/ Algo parece flutuar em minha volta./ Não vejo mais. Meu peito oprimido/ Vai se esgotar para formar um suspiro/ Que sairá de minha boca gelada.../ Vou morrer."

## 25. O SR. H. DE P.

Eu acreditava de boa-fé ter sido o primeiro a conceber, *em nossos dias*, a ideia da Academia dos Gastrônomos; mas temo ter sido precedido, como acontece às vezes. Isso pode ser julgado pelo seguinte fato, ocorrido há cerca de quinze anos.

O magistrado H... de P..., cuja alegria espiritual desafiou os gelos da idade, dirigindo-se a três dos mais distintos cientistas da época atual (srs. de Laplace, Chaptal e Berthollet), dizia-lhes em 1812: "Considero a descoberta de uma nova iguaria, que mantém nosso apetite e prolonga nossos prazeres, como um acontecimento bem mais interessante que a descoberta de uma estrela; já há suficientes estrelas para se ver.

"Não considerarei", prosseguia ele, "as ciências como suficientemente honradas, nem como convenientemente respeitadas, enquanto não vir um cozinheiro tomar seu assento como titular do Instituto."

Esse caro magistrado sempre manifestou interesse pelo objeto de meu trabalho; queria me fornecer uma epígrafe, e dizia que não foi o *Espírito das leis* que abriu a Montesquieu as portas da Academia. Foi por intermédio dele que fiquei sabendo que o professor Berriat-Saint-Prix havia escrito um romance; e foi ele também que me sugeriu o capítulo que trata da indústria alimentar dos emigrados. Assim, como a justiça deve ser feita, erigi a ele a seguinte quadra, que contém ao mesmo tempo sua história e seu elogio.

*Versos*
Para serem inscritos abaixo do retrato do sr. H... de P...

*Em seus doutos trabalhos foi infatigável;*
*Teve grandes funções, que cumpriu com dignidade:*
*E embora fosse profundo, erudito e sábio,*
*Jamais se julgou dispensado de ser amável.*

O magistrado H... assumiu, em 1814, a pasta da Justiça, e os funcionários desse ministério ainda se lembram da resposta que ele lhes deu, quando foram em conjunto prestar-lhe uma primeira homenagem.

"Senhores", disse ele naquele tom paternal que combinava tão bem com sua estatura imponente e sua avançada idade, "é provável que não ficarei com vocês o tempo suficiente para lhes fazer algo de bom; mas ao menos estejam certos de que nada lhes farei de mal."

## 26. INDICAÇÕES

Meu livro chega ao fim; no entanto, para mostrar que não estou sem fôlego, vou matar três coelhos de uma cajadada.

Darei a meus leitores de todos os países indicações que lhes serão proveitosas; darei a meus artistas prediletos uma lembrança que eles merecem, e darei ao público uma amostra do que sou capaz.

1) Mme. Chevet, loja de comestíveis, Palais-Royal, 220, perto do Teatro Francês. Sou para ela mais um cliente fiel do que um grande consumidor: nossas relações datam de seu surgimento no horizonte gastronômico, e certa vez ela teve a bondade de chorar minha morte; felizmente foi apenas um equívoco por semelhança de nome.

Mme. Chevet é a intermediária indispensável entre a alta comestibilidade e as grandes fortunas. Deve sua prosperidade à pureza de sua fé comercial: tudo o que o tempo deteriorou desaparece como por encanto de sua loja. A natureza de seu comércio exige que ela tenha um considerável lucro; mas uma vez estabelecido o preço, tem-se a certeza de adquirir algo de excelente qualidade.

Essa fé será hereditária; e suas filhas, mal saídas da infância, já seguem invariavelmente os mesmos princípios.

Mme. Chevet tem representantes em todos os lugares onde os desejos dos mais caprichosos gastrônomos podem ser atendidos; e quanto mais rivais ela tem, mais elevada é sua reputação.

2) O sr. Achard, fabricante de *petit fours*, rua de Grammont, 9, natural de Lyon, estabelecido em Paris há cerca de dez anos, começou sua reputação com biscoitos de fécula e filhós de baunilha que por muito tempo não tiveram similares.

Tudo em sua casa tem algo de perfeito e de gracioso que se buscaria em vão noutra parte; a mão do homem não aparece. Dir-se-ia serem produtos naturais de algum país encantado: assim, tudo o que se faz em sua casa é vendido no mesmo dia, e pode-se dizer que ele não tem amanhã.

Nos belos dias de verão, vê-se a todo instante chegar à rua de Grammont uma luxuosa carruagem, geralmente transportando um cavalheiro elegante e sua dama emplumada. O primeiro se precipita na casa Achard, onde se arma de um grande pacote de guloseimas. Ao retornar, é saudado por um: "Oh! querido, como isso parece bom!", ou então: "*O dear! how it looks good! my mouth...*". E o cavalo parte às pressas, levando tudo aquilo ao bosque de Boulogne.

Os gourmands têm tanto ardor e benevolência que por muito tempo suportaram as asperezas de uma desagradável balconista. Esse inconveniente desapareceu. O balcão foi renovado, e as belas mãozinhas da srta. Anna Achard dão um novo mérito a iguarias que já se recomendam por si próprias.

3) O sr. Limet, rua de Richelieu, 79, meu vizinho, padeiro de várias altezas, é também um dos meus eleitos.

Tendo adquirido um estabelecimento bastante insignificante, ele prontamente o elevou a um alto grau de prosperidade e reputação.

Seus pães a preço tabelado são muito belos; e é difícil reunir nos pães de luxo tanta brancura, sabor e leveza.

Os estrangeiros, assim como os habitantes do interior, sempre encontram na padaria do sr. Limet o pão a que estão acostumados; assim os consumidores vêm em pessoa, e às vezes chegam a fazer fila.

Esses sucessos não surpreenderão quando se souber que o sr. Limet não se arrasta na trilha da rotina; trabalha com empenho para descobrir novos recursos, e segue os conselhos dos maiores entendidos.

## 27. AS PRIVAÇÕES. ELEGIA HISTÓRICA

Primeiros pais do gênero humano, cuja gula é histórica, o que perdestes por uma maçã? o que não teríeis feito por um peru com trufas? Mas no paraíso terrestre não havia nem cozinheiros nem confeiteiros.

Como vos lamento!

Reis poderosos que arruinastes a soberba Troia, vosso valor passará de geração a geração, mas vossa mesa era ruim. Reduzidos à coxa de boi e ao lombo de porco, ignorastes sempre os encantos da caldeirada e as delícias do fricassê de frango.

Como vos lamento!

Aspásia, Cloé, e vós todas cujas formas o cinzel dos gregos eternizou para o desespero das belas de hoje: jamais vossa boca encantadora provou a suavidade de um merengue de baunilha ou de rosa; mal chegastes a conhecer o pão de mel.

Como vos lamento!

Doces sacerdotisas de Vesta, cumuladas de tantas honras e ameaçadas de tão horríveis suplícios: se ao menos tivésseis degustado os agradáveis xaropes que refrescam a alma, as frutas em conserva que desafiam as estações, os cremes perfumados, maravilhas de nossos dias!

Como vos lamento!

Poderosos romanos que dominastes todo o universo conhecido, jamais vossos salões tão renomados viram aparecer essas geleias suculentas, delícias dos preguiçosos, nem esses sorvetes variados que desafiam a zona tórrida.

Como vos lamento!

Paladinos invencíveis, celebrados pelos trovadores, depois de fender ao meio gigantes, libertar damas, exterminar exércitos, jamais uma cativa de olhos negros vos ofereceu um champanhe espumoso, a malvasia do madeira, os licores, criação do grande século; vos reduzistes à cerveja e ao vinho de Suresnes.

Como vos lamento!

Abades com mitra e báculo, dispensadores dos favores do céu; e vós, terríveis templários, que pegastes em armas para exterminar os sarracenos, não conhecestes as doçuras do chocolate que restaura, nem da fava arábica que faz pensar.

Como vos lamento!

Soberbas castelãs, que durante o vazio das Cruzadas elevastes à posição suprema vossos capelães e vossos pajens, não partilhastes com eles as delícias do biscoito e do bolo de amêndoas.

Como vos lamento!

E vós enfim, gastrônomos de 1825, que encontrais a saciedade no seio da abundância, e sonhais com novas especialidades, não desfrutareis das descobertas que as ciências preparam para o ano 1900, como esculências minerais, bebidas resultantes da pressão de cem atmosferas, não vereis as importações que viajantes ainda não nascidos farão chegar daquela metade do globo ainda por descobrir ou explorar.

Como vos lamento!

# Mensagem aos gastrônomos dos dois mundos

Excelências!

O trabalho que vos ofereço tem por objetivo desenvolver, aos olhos de todos, os princípios da ciência da qual sois o ornamento e o sustentáculo.

Presto também uma primeira homenagem à Gastronomia, essa jovem imortal que, apenas agora ornada de sua coroa de estrelas, já se eleva acima de suas irmãs, semelhante a Calipso, cuja cabeça se destacava acima do grupo encantador das ninfas que a cercavam.

O templo da Gastronomia, ornamento da metrópole do mundo, em breve elevará aos céus seus pórticos imensos; havereis de fazê-los ressoar com vossas vozes, de enriquecê-los com vossos dons; e, quando a academia prometida pelos oráculos se estabelecer sobre as bases imutáveis do prazer e da necessidade, vós, gourmands esclarecidos, convivas amáveis, vós sereis seus membros ou seus correspondentes.

Enquanto isso, erguei vossas faces radiosas para o céu, avançai com vossa força e vossa majestade; o universo esculento está aberto diante de vós.

Trabalhai, Excelências; professai em favor da ciência culinária; digeri bem em vosso interesse particular; e se, no curso de vossos trabalhos, vierdes a fazer alguma descoberta importante, concordai em comunicá-la ao mais humilde de vossos servidores.

*O Autor das "Meditações gastronômicas"*

1ª EDIÇÃO [1995] 9 reimpressões
2ª EDIÇÃO [2017] 3 reimpressões

ESTA OBRA FOI COMPOSTA PELA PÁGINA VIVA EM MINION PRO E
IMPRESSA PELA GEOGRÁFICA EM OFSETE SOBRE PAPEL PÓLEN NATURAL
DA SUZANO S.A. PARA A EDITORA SCHWARCZ EM MAIO DE 2023

A marca FSC® é a garantia de que a madeira utilizada na fabricação do papel deste livro provém de florestas que foram gerenciadas de maneira ambientalmente correta, socialmente justa e economicamente viável, além de outras fontes de origem controlada.